Frank Wohlrabe

Infrarot-Datenübertragung

Frank Wohlrabe

Infrarot-Datenübertragung

Elektor-Verlag, Aachen

© 2002: Elektor-Verlag GmbH, Aachen

Alle Rechte vorbehalten

Die in diesem Buch veröffentlichten Beiträge, insbesondere alle Aufsätze und Artikel sowie alle Entwürfe, Pläne, Zeichnungen und Illustrationen sind urheberrechtlich geschützt. Ihre auch auszugsweise Vervielfältigung und Verbreitung ist grundsätzlich nur mit vorheriger schriftlicher Zustimmung des Herausgebers gestattet.

Die Informationen im vorliegenden Buch werden ohne Rücksicht auf einen eventuellen Patentschutz veröffentlicht. Die in diesem Buch erwähnten Soft- und Hardwarebezeichnungen können auch dann eingetragene Warenzeichen sein, wenn darauf nicht besonders hingewiesen wird. Sie gehören den jeweiligen Warenzeicheninhabern und unterliegen gesetzlichen Bestimmungen.

Bei der Zusammenstellung von Texten und Abbildungen wurde mit größter Sorgfalt vorgegangen. Trotzdem können Fehler nicht vollständig ausgeschlossen werden. Verlag, Herausgeber und Autor können für fehlerhafte Angaben und deren Folgen weder eine juristische Verantwortung noch irgendeine Haftung übernehmen.

Für die Mitteilung eventueller Fehler sind Verlag und Autor dankbar.

Umschlaggestaltung: Ton Gulikers, Segment, Beek (NL)
Satz und Aufmachung: Jürgen Treutler, Headline, Aachen
Druck: Bariet, Ruinen (NL)

1. Auflage
Printed in the Netherlands

ISBN 3-89576-115-X
Elektor-Verlag GmbH
019008-1D

Inhaltsverzeichnis

1.	**Infrarot-Sendedioden**	**11**
1.1	Allgemein	11
1.2	Begriffsdefinitionen bei IREDs	12
1.3	Elektrisch-optische Eigenschaften	14
1.4	Technologien	15
1.5	Bauformen	17
1.6	Typenübersicht	18
1.7	Design-Hinweise	18
1.8	Datenblatt LD274	20
2.	**Detektoren**	**25**
2.1	Fototransistor	25
	2.1.1 Einteilung in Gruppen	27
	2.1.2 Spektrale Empfindlichkeit	27
	2.1.3 Schaltverhalten	28
	2.1.4 Bauformen	28
	2.1.5 Anwendungsgebiete	29
	2.1.6 Foto-Darlington-Transistor	29
	2.1.7 Datenblatt des Fototransistors BPY62 von Infineon (Siemens)	29
2.2	Fotodiode	36
	2.2.1 PIN-Fotodiode	38
	2.2.2 Spektrale Empfindlichkeit	38
	2.2.3 Anwendungsgebiete	39
	2.2.4 Datenblatt der Fotodiode BPW33 von Osram (Siemens)	39
2.3	Fotoelement	44
	2.3.1 Spektrale Empfindlichkeit	44
	2.3.2 Grenzfrequenz	45
	2.3.3 Anwendungsgebiete	45
	2.3.4 Datenblatt des Fotoelements BP11 von Siemens	45

Inhaltsverzeichnis

2.4	Infrarotindikatorkarte	50
	2.4.1 Funktionsprinzip	50
	2.4.2 Aufladung	50
	2.4.3 Indikatorbetrieb	50
3.	**Übertragungsverfahren**	**53**
3.1	Blitzen	54
3.2	Modulieren	55
3.3	Beispiel-IC für beide Übertragungsformen	55
4.	**Störer**	**57**
4.1	Gleichlichtquellen	57
4.2	Fluoreszenzlampen	58
4.3	Elektromagnetische Strahlung	59
4.4	Einflüsse der Versorgungsspannung	59
5.	**Infrarot-Filter**	**61**
6.	**Berechnung einer Infrarot-Sendestufe**	**63**
6.1	Einflussgrößen	63
	6.1.1 Betriebsspannung	63
	6.1.2 Flussspannung der Sendediode	64
	6.1.3 Anzahl der Sendedioden	65
	6.1.4 U_{CESAT} des Treibertransistors	65
	6.1.5 Stromverstärkung des Treibertransistors	66
	6.1.6 Belastbarkeit des Strombegrenzungswiderstandes	67
	6.1.7 Belastbarkeit des Transistors	67
	6.1.7.1 Impulsverlustleistung	69
	6.1.8 Belastbarkeit der Sendediode	71
	6.1.9 Schaltzeiten	72
6.2	Vorschläge für Treibertransistoren	73
	6.2.1 Mosfet-Transistoren	73
6.3	Schaltbilder einiger Infrarot-Sendestufen	74
7.	**Bausteine für Infrarot-Sender**	**79**
7.1	RECS80-Code	79
	7.1.1 SAA3004	80
	7.1.1.1 Pinbeschreibung	81
	7.1.1.2 Adressenmatrix	83
	7.1.1.3 Kommandomatrix	83

7.2	RC5-Code	84
	7.2.1 SAA3010	84
	7.2.1.1 Pinbeschreibung	86
	7.2.1.2 Kommandomatrix	88
	7.2.1.3 Adressenmatrix	89
7.3	NEC-Code	89
	7.3.1 PT2221	90
	7.3.1.1 Pinbeschreibung	91
	7.3.1.2 Adressencodegenerierung	92
	7.3.1.3 Kommandomatrix	93
7.4	Microcontroller	93
	7.4.1 M50560 von Mitsubishi	95
8.	**Infrarot-Datenübertragungs-Protokolle**	**99**
8.1	Allgemein	99
8.2	RC5-Code	101
8.3	SIRCS- bzw. CNTRL-S-Code	105
8.4	DENON-Code	109
8.5	NEC-Code	110
8.6	RECS80-Code	112
8.7	MOTOROLA-Code	114
8.8	JAPAN-Code	116
8.9	SAMSUNG-Codes	117
	8.9.1 SAMSUNG-Code 1	117
	8.9.2 SAMSUNG-Code 2	117
8.10	FERNOST-Code	119
9.	**Infrarot-Empfänger-ICs**	**121**
9.1	Auflistung verschiedener Infrarot-Empfänger	122
	9.1.1 Pinbelegung	124
9.2	Technischer Aufbau eines Foto-Moduls	124
	9.2.1 Eingangsstufe	125
	9.2.2 AGC-Verstärker (AGC = *Automatic Gain Control*)	125
	9.2.3 Bandpassfilter	125
	9.2.4 Signalauswertung	126
	9.2.5 Kurzzeitsteuerung	126
	9.2.6 Langzeitregelung	126
9.3	Einsatz unter verschiedenen Telegrammsituationen	127
	9.3.1 Einfluss der Kurzzeitsteuerung	127
	9.3.2 Einfluss der Langzeitregelung	127

Inhaltsverzeichnis

9.4	Infrarot-Empfänger TSOP12.. von Vishay	129
9.5	Infrarot-Vorverstärker SL486 von Plessey	133
	9.5.1 AGC	135
	9.5.2 Pulsdehnung	135
	9.5.3 Interner Spannungsregler	135
	9.5.4 Störfestigkeit	135
9.6	Infrarot-Vorverstärker TDA2320 von SGS-Thomson Microelectronics	138

10.	**Bausteine für Infrarot-Decodierung**	**141**
10.1	RC5- und RECS80-Code	141
	10.1.1 SAA3049	141
	10.1.1.1 Pinbeschreibung	143
	10.1.1.2 Beispielapplikation	144
10.2	Microcontroller	145

11.	**Reichweite**	**147**
11.1	Bauelemente	148
11.2	Batterien	148
11.3	Telegramm	149
11.4	Softwaretoleranz	149
11.5	Umgebung	150
11.6	Störer	151
11.7	Fazit	151

12.	**Aufbau einer handelsüblichen Fernbedienung**	**153**
12.1	Tastatur	153
12.2	IC	154
12.3	Takterzeugung	154
12.4	Treiber	155
12.5	Sendediode	155
12.6	Platine	155
12.7	Gesamtsystem	155

13.	**Test und Reparatur einer Fernbedienung**	**157**
13.1	Testen der Fernbedienung	157
	13.1.1 Fehlerquellen	157
13.2	Reparatur	158
	13.2.1 Ausgelaufene Batterien?	159
	13.2.2 Abgenutzte bzw. verschmutzte Tastaturmatte?	159
	13.2.3 Oxidierte bzw. verschmutzte Schaltfolie?	159

	13.2.4	Schlechte Lötstellen?	160
	13.2.5	Bauteildefekt?	160

14. Software 161
14.1 Tips zur Auswahl eines Protokolls 161
14.2 Tastendecodierung 162
14.3 Synchronisation der Empfängersoftware 163
    14.3.1 Abtasten zu timergesteuerten Zeitpunkten 164
    14.3.2 Abtasten der Pulse nach Auslösen eines Interrupts
           und einer Wartezeit 167
    14.3.3 Abtasten und Ausmessen der Pulse durch Polling 170
    14.3.4 Ausmessen der Pulse mit Interruptsteuerung 175
14.4 Stromsparmöglichkeiten 177
    14.4.1 Sender 177
    14.4.2 Empfänger 178
14.5 Fehlerunterdrückung 179
    14.5.1 Pulsaufbau 179
    14.5.2 Parity 180
    14.5.3 Inverser Code 181
    14.5.4 Mehrfachübertragung 182

15. IrDA 183
15.1 Geschichte 183
15.2 Vorteile von IrDA 184
15.3 IrDA 1.0 Spezifikation 184
15.4 Definition der Schichten von IrDA 187
    15.4.1 Physical Layer 188
    15.4.2 IrLAP 188
    15.4.3 IrLMP 189
    15.4.4 IAS 189
    15.4.5 TinyTP 189
    15.5.6 IrCOMM 190
    15.5.7 IrLAN 190
15.5. IrOBEX 191
15.6 Ausblick 191

16. Schaltungen 193
16.1 Einfach-Infrarot-Fernsteuerung mit geringem Stromverbrauch 193
16.2 NEC-Code-Sender 197
16.3 RC5-Code-Sender 198
16.4 Modellbaufernsteuerung mit RC5-IR-Signalen 204

Inhaltsverzeichnis

16.5	Lernfähiger RC5-Fernbedienungs-Empfänger Nr. 1	209
16.6	Lernfähiger RC5-Fernbedienungs-Empfänger Nr. 2	211
16.7	IR-Multicode-Empfänger	216
16.8	Infrarot-Empfänger am I²C-Bus	223
16.9	IR-gesteuerter Schalter	226
16.10	Fernschalten mit RECS80-IR-Signalen	231
16.11	Laufschrift (gesteuert von PC-Tastatur mit Infrarotübertragung)	234
16.12	Übertragung des Tastencodes einer Computer-Tastatur durch Infrarot	241
16.13	Infrarot-Fernbedienungs-Analyser	245
16.14	Miniatur-PCM-Modellbau-Fernsteuerung	252
16.15	Infrarot-Scheinwerfer	272
16.16	Infrarot-„wake up"-Schaltung	273
16.17	Infrarot-Fernbedienungstester	275
16.18	Objekterkennung mit Infrarot	279
16.19	Abstandsmessung mit Infrarot	281
16.20	Schaltungen mit Foto-Transistoren	286
16.21	IR-Lichtschranke	289
16.22	Geschwindigkeitsmessung mit IR-Lichtschranke	292
16.23	Datenübertragung mit IrDA	303
17.	**Adressenverzeichnis und Bestellhinweise**	**307**
18.	**Quellenverzeichnis**	**312**

1. Infrarot-Sendedioden

1.1 Allgemein

Infrarotstrahlung unterliegt im Allgemeinen den gleichen Ausbreitungsbedingungen wie sichtbares Licht. Mit optischen Mitteln (Reflektoren, Sammellinse) kann das Signal gebündelt werden, um gerichtete Übertragung mit großer Reichweite zu erzielen. In geschlossenen Räumen findet die nichtrichtungsgebundene diffuse Abstrahlung Verwendung. So ermöglicht die Ausnützung von Wandreflexionen auch dann eine Signalübertragung, wenn der Sender den Empfänger nicht direkt bestrahlt.

Infrarot-Lumineszensdioden (IREDs) basieren auf GaAs, dessen Bandabstand bei 1,43 eV liegt, was einer Emission bei ca. 900 nm entspricht. Mit ihnen lassen sich höhere externe Quantenwirkungsgrade erzielen als bei Lumineszensdioden für den sichtbaren Bereich. Die infrarote Strahlung erfolgt aufgrund einer Rekombination von Löchern und Elektronen im Leitungs- und Valenzband. Die abgestrahlte Lichtenergie korrespondiert dadurch sehr nahe mit der Bandabstandsenergie E_g.

Die Wellenlänge des Lichts kann gemäß der Formel λ (μm) = 1,240 / Eg (eV) bestimmt werden. Die interne Effizienz hängt von der Bandstruktur, dem Grad der Dotierung sowie dem Dotierungsmaterial ab. Aufgrund der Technologie wird die erzeugte Strahlung im Diodenkörper nur wenig absorbiert. Ein Teil der Strahlung verlässt den Körper auf direktem Weg durch die nahe Oberfläche. Aber auch die in Richtung Substrat emittierte Strahlung ist nutzbar. Dazu wird die Rückseite des Diodenkörpers verspiegelt und dient als Reflexionsfläche (siehe Bild 3).

IREDs sind in Plastikgehäusen oder in hermetisch dichten Glas-Metallgehäusen montiert. Bei den Plastikbauformen (3 und 5 mm) kommt dem transparenten Kunststoffkörper neben der notwendigen Schutzfunktion im Gegensatz zu anderen Halbleiterbauelementen noch zusätzlich die Funktion der Strahlauskopplung und Strahlführung zu.

Zum einen wird durch den Kunststoff der Grenzwinkel der Totalreflexion für den aus dem Diodenkörper austretenden Strahl herabgesetzt und damit die Strahlungsauskopplung erhöht; zum anderen wirkt die gekrümmte Kunststoffoberfläche wie eine Linse und beeinflusst damit die Abstrahlcharakteristik.

Zur Typenunterscheidung sind die IREDs leicht eingefärbt (grau, blaugrau), wobei durch Fertigungsschwankungen eine leichte Farbstreuung auftreten kann. Die Einfärbung hat keinerlei Einfluss auf die opto-elektronischen Eigenschaften der Bauelemente.

1. Infrarot-Sendedioden

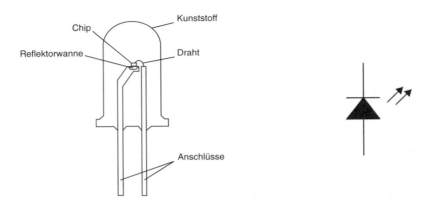

Bild 1. IRED im Plastikgehäuse sowie Schaltbild

Wesentlich für den Anwender ist die Abstrahlcharakteristik, die je nach Anwendungsfall einen kleinen oder großen Öffnungswinkel der Strahlung erfordert. Beispielsweise soll der Strahlengang in einem Lochstreifenlesekopf eng gebündelt sein, während man bei einer Fernbedienung einen möglichst breiten Abstrahlwinkel bevorzugt.

1.2 Begriffsdefinitionen bei IREDs

Um die Angaben in den Datenbüchern besser interpretieren zu können, sind nachfolgend die wichtigsten Begriffe erläutert.

φ Abstrahlwinkel (Grad)

Der Abstrahlwinkel definiert den Bereich, mit dem das emittierte Licht die Sendediode verlässt. Der Winkel wird durch den Linsencharakter des Gehäuses bestimmt. Schon ein geringfügig engerer Winkel führt zu einer deutlich höheren Lichtstärke, und zwar im mittleren Winkelbereich um rund 50 % je 5° Abnahme des Halbwinkels. Deshalb sollten bei der Auswahl einer IRED die Lichtstärkewerte nur zusammen mit den Abstrahlwinkeln verglichen werden.

I_F Durchlassstrom (mA)

Der Durchlassstrom bezieht sich in der Regel auf eine Chiptemperatur von 25 °C und stellt den maximalen Dauerstrom dar. Zu beachten ist, dass sich der Chip erwärmt und damit die Ströme unter Umständen erheblich niedriger sein müssen!

1.2 Begriffsdefinitionen bei IREDs

V_F Durchlassspannung (V)

Die Durchlassspannung ist die Spannung, die am Chip bei gegebenem Strom abfällt. Je höher der Strom ist, desto höher ist auch die Durchlassspannung. Je nach Technologie ergeben sich hier große Unterschiede.

Φ_e Gesamtstrahlungsfluss (mW)

Der Gesamtstrahlungsfluss ist die gesamte in Form von Strahlung auftretende Leistung.

V_R Sperrspannung (V)

Die Sperrspannung ist die Spannung, bis zu der die Betriebsspannung verpolt angelegt werden darf, bevor der Chip geschädigt wird.

I_{FSM} Stoßstrom (A)

Der Stoßstrom stellt den Strom dar, der für kurze Zeit maximal angelegt werden darf. Dieser Wert ist oft definiert für eine Pulsdauer von 10 µs. Zu beachten ist, dass dem Chip bei diesen Strömen immer genügend Zeit gelassen wird, um sich abzukühlen, das heißt, das Puls-Pause-Verhältnis ist entsprechend zu definieren.

I_e Strahlstärke (W/sr)

Strahlstärke ist die Strahlungsleistung pro Raumwinkel.

t_r, t_f Schaltzeiten (µs)

Die Schaltzeiten geben an, bis die Fotoströme 10 % bzw. 90 % ihrer Endwerte angenommen haben. Je schneller die Schaltzeiten einer IRED sind, desto höher ist die mögliche Datenrate.

λ_{peak} Wellenlänge der Strahlung (nm)

Dieser Wert stellt die Wellenlänge dar, bei der die maximale Strahlung ausgesendet wird.

1. Infrarot-Sendedioden

1.3 Elektrisch-optische Eigenschaften

Die emittierte Strahlung ändert sich im normalen Betriebsbereich annähernd linear mit dem Durchlassstrom. Ist der Durchlassstrom sehr hoch, nähert sich die Kurve asymptotisch einem Grenzwert. Ursache dafür ist eine starke Erwärmung des Halbleitersystems. Der Linearitätsbereich lässt sich erweitern durch Übergang vom statischen zum Impulsbetrieb. Bei kleinen Durchlassströmen tritt ebenfalls eine Nichtlinearität auf. Sie wird durch nicht zur Strahlung beitragende Stromanteile verursacht, die der Anwender nicht beeinflussen kann. Die Strahlungsleistung in Abhängigkeit vom Durchlassstrom ist in Bild 2a dargestellt.

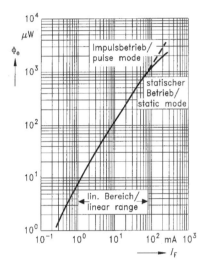
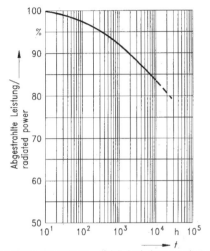

Definition: Lebensdauer = Abfall der Leistung auf 50 %.

Bild 2. Strahlungsleistung in Abhängigkeit vom Durchlassstrom (a).
Abgestrahlte Leistung in Abhängigkeit von der Lebensdauer (b).

Die Strahlstärke nimmt bei einem festen eingeprägten Strom mit zunehmender Temperatur ab. Der Temperaturkoeffizient beträgt für GaAs -0.7 % pro Grad Celsius. Dies ist für viele Anwendungen vernachlässigbar. Wenn die Temperaturabhängigkeit stört, kann sie mit Kompensationsschaltungen weitgehend eleminiert werden. Um eine IRED effizient nutzen zu können, betreibt man sie im Impulsbetrieb. Je höher die Spitzenleistung des Impulses ist, desto größer muss auch das Impuls-Pause-Verhältnis sein, um die Diode nicht thermisch zu überlasten. Ein Kompromiss zwischen Impulsleistung (= Reichweite) und Datenrate muss für jedes Übertragungssystem individuell gefunden werden.

Bei Lumineszensdioden nimmt die emittierende Strahlungsleistung mit zunehmender Betriebsdauer ab. Bei IREDs beträgt die mittlere Lebensdauer, in Abhängigkeit von Betriebsstrom und Umgebungstemperatur, etwa 10^5 Stunden (extrapoliert aus Dauerversuchen). Die Zusammenhänge dazu sind in Bild 2b ersichtlich.

1.4 Technologien

Moderne Infrarot-Sendedioden werden mittlerweile in verschiedenen Technologien angeboten, um möglichst alle Einsatzspektren optimal abzudecken. Die ursprünglich verwendete GaAs-Technologie wurde verfeinert, so dass noch zwei weitere Ausführungen mit speziellen optischen und elektrischen Eigenschaften existieren. Der Anwender hat damit die Aufgabe, entsprechend den Anforderungen seiner Applikation den passenden Typ auszusuchen.

GaAs

Die am weitesten verbreitete Technologieform der Infrarot-Sendedioden ist der Aufbau durch GaAs (Gallium Arsenid). Auf einem N-Typ Substrat werden zwei Silizium-dotierte Schichten aufgebracht. Auf der Ober- und Unterseite gewährleisteten Kontakte in Aluminium- bzw. Goldverbindungen einen niederohmigen Anschluss zur Außenwelt.

Wie weiter oben angemerkt, verlässt das infrarote Licht den Chip direkt an der Oberfläche und wird zusätzlich durch Spiegelung an der Unterseite nochmals durch den Chip geleitet, bis diese Strahlen dann auch an der Oberfläche austreten.

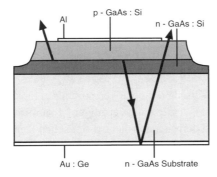

Bild 3. Aufbau einer Infrarot-Sendediode in GaAs-Technologie

Die beschriebene Technologie ist die preiswerteste und findet sich bei allen Sendedioden für allgemeine Anwendungen. Ein Vorteil dieses Aufbaus ist der niedrige Wert der Durchlassspannung V_F bei hohen Strömen.

1. Infrarot-Sendedioden

GaAlAs

Die GaAlAs-Technologie benötigt kein absorbierendes und damit leistungsminderndes Substrat sondern nur eine dicke epitaxiale Schicht. Folgende Abbildung zeigt den Aufbau.

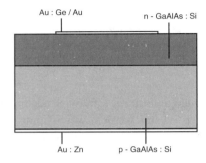

Bild 4. Aufbau einer Infrarot-Sendediode in GaAlAs-Technologie

Dieser Chip besitzt die höchste Ausgangsleistung. Aufgrund der niedrigeren Wellenlänge von < 950 nm des abgestrahlten Lichts ergeben sich bestimmte Vorteile im Zusammenhang mit Silizium-Detektoren, die bei diesen Wellenlängen ihre maximale Empfindlichkeit aufweisen. Dazu zählen integrierte Opto-Halbleiter wie z. B. Verstärker oder Schmitt-Trigger. Das Gleiche gilt auch für Foto-Transistoren. Ein weiterer Vorteil ist die hohe Linearität bis zu einem Betriebsstrom von 1,5 A, wobei die Durchlassspannung jedoch höher liegt als bei der GaAs-Technologie.

GaAlAs „double hetero"-Technologie (DH)

Diese Technologie verbindet die Vorteile der oben genannten Ausführungen und stellt damit momentan das Optimum dar, was IREDs zu leisten vermögen. Kombiniert sind eine relativ niedrige Durchlassspannung mit hoher Effizienz bei den elektro-optischen Kennwerten. Die schnellen Schaltzeiten bieten eine Basis für hohe Datenraten, wie sie z. B. bei IrDA benötigt werden.

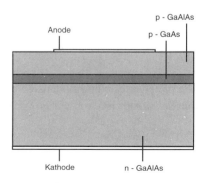

Bild 5. Aufbau einer Infrarot-Sendediode in GaAlAs „double-hetero"-Technologie

1.5 Bauformen

Infrarot-Sendedioden gibt es – wie jede andere LED auch – in den verschiedensten Bauformen. In Sendern der Unterhaltungselektronik finden sich nahezu ausschließlich Ausführungen in 5 mm Größe aufgrund ihrer guten Abstrahlcharakteristik. Die Kombination von größerer aktiver Chipfläche mit dem als Linse ausgebildeten Kunststoffgehäuse erlaubt hohe Strahlstärken, wie sie für eine zuverlässige Datenübertragung über eine Distanz von mehreren Metern nötig ist. Die Ausführungen im Metallgehäuse erlauben aufgrund der besseren Wärmeableitung höhere Betriebsströme.

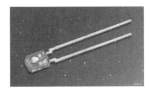 

„Sidelooker"   *„Sidelooker" in SMT-Ausführung*

Infrarot-Diode in SMT-Bauweise

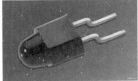 

Infrarot-Dioden im SMR®-Gehäuse (Surface Mount Radial)

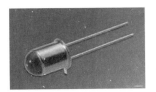 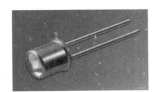 

Infrarot-Dioden im hermetisch dichten Metallgehäuse

1. Infrarot-Sendedioden

1.6 Typenübersicht

Übersicht gängiger Infrarot-Sendedioden mit typischen Eigenschaften (940, 950 nm)

Typ	Gehäuse	Φ_e I_F = 100 mA / 1 A (mW)	I_e I_F = 100 mA / 1 A / 1.5 A (mW/r)	V_F I_F = 100 mA / 1 A / 1.5 A (V)	Abstrahl- winkel	t_r, t_f I_F = 100 mA (µs)	Hersteller
TSUS5200	5 mm	13 / --	20 / -- / 180	-- / -- / 2.2	± 15°	0.8, 0.8	Vishay
TSUS5202	5 mm	15 / --	30 / -- / 280	-- / -- / 2.2	± 15°	0.8, 0.8	Vishay
TSAL7200	5 mm	35 / --	60 / 500 / --	1.35 / 2.6 / --	± 17°	0.8, 0.8	Vishay
TSAL6100	5 mm	35 / --	130 / 1000 / --	1.35 / 2.6 / --	± 10°	0.8, 0.8	Vishay
TSUS4300	3 mm	20 / --	18 / -- / 160	1.3 / -- / 2.2	± 16°	0.8, 0.8	Vishay
TSUS4400	3 mm	20 / --	15 / -- / 140	1.3 / -- / 2.2	± 18°	0.8, 0.8	Vishay
TSAL4400	3 mm	35 / --	30 / 240 / --	1.35 / 2.6 / --	± 25°	0.8, 0.8	Vishay
LD271	5 mm	18 / --	15 / 120 / --	1.3 / 1.9 / --	± 25°	1 / 1	Osram
LD274	5 mm	15 / --	-- / 350 / --	1.3 / 1.9 / --	± 10°	0.5 / 0.5	Osram
LD274-3	5 mm	15 / --	-- / 800 / --	1.3 / 1.9 / --	± 10°	0.5 / 0.5	Osram
SFH4501	5 mm	32 / --	75 / 550 / --	1.5 / 3.2 / --	± 7°	0.01 / 0.01	Osram
SFH4502	5 mm	32 / --	137 / 310 / --	1.5 / 3.2 / --	± 18°	0.01 / 0.01	Osram
SFH4503	5 mm	32 / --	130 / 1200 / --	1.5 / 3.2 / --	± 4°	0.01 / 0.01	Osram
Typen in GaAlAs "double hetero" (DH) Technologie (870 nm):							
TSFF5200	5 mm	40 / --	160 / 1600 / --	1.45 / 2.5 / --	±10°	0.01 / 0.01	Vishay
TSHF5200	5 mm	35 / --	100 / 1000 / --	1.35 / 2.4 / --	±10°	0.03 / 0.03	Vishay
Typen in GaAlAs-Technologie (875 nm...890 nm):							
QED123	5 mm	-- / --	80 / -- / --	1.7 / -- / --	±9°	0.8 / 0.8	Fairchild
OP290B	5 mm	-- / --	-- / -- / 240 (mW / cm^2)	2.0 / -- / 4	±50°	0.5 / 0.25	Optek
TSHA5200	5 mm	22 / --	40 / -- / 500	1.5 / -- / --	±12°	0.6 / 0.6	Vishay
TSHA5203	5 mm	25 / --	65 / -- / 800	1.5 / -- / --	±12°	0.6 / 0.6	Vishay

Anm. - - = keine Herstellerangaben

1.7 Design-Hinweise

Während der Planungsphase einer Schaltung müssen bei der Auswahl einer Sendediode folgende Punkte berücksichtigt werden, um die optimale Leistung zu erzielen:

- **Datenübertragungsgeschwindigkeit**

Bedingt durch die internen Kapazitäten und der damit verbundenen Flankensteilheit, ist der maximalen Taktrate eine Grenze gesetzt. Aufschluss über diesen Parameter gibt das Datenblatt mit der Grenzfrequenz. Berücksichtigt werden muss dieser Parameter aber erst bei Geschwindigkeiten > 500 kHz.

1.7 Design-Hinweise

- **Optimale spektrale Anpassung an den Empfänger**

Sender und Empfänger müssen für eine optimale Leistung aufeinander abgestimmt sein. Dies betrifft im Wesentlichen die Wellenlänge wie beispielsweise 940 nm, bei der beide Bauteile ihr Leistungsoptimum haben müssen. Bei der Auswahl sollten auch die Gesamtsystemkosten betrachtet werden, ob es beispielsweise nicht günstiger wäre, eine andere Wellenlänge zu wählen, weil hierfür die Empfänger vielleicht preiswerter und leichter erhältlich sind. Die gängigen Foto-Module für Fernsteueranwendungen arbeiten im Bereich von 940 nm. Damit bringen Infrarot-Dioden in GaAlAs-Ausführung keine Vorteile, da deren maximale Strahlung bei 880 nm liegt.

- **Auszuleuchtender Raum**

Die Sendeleistung muss auf die Größe des Raumes, den man konkret besitzt oder für ein Projekt fiktiv annimmt, abgestimmt sein. Hier sollte ein Kompromiss zwischen Abstrahlwinkel und Strahlstärke gefunden und geprüft werden, und ob man dem Nutzer ein gerichtetes oder ungerichtetes „Zielen" mit der Fernbedienung auf den Empfänger zumuten möchte. Gegebenenfalls schafft der Einsatz einer weiteren Sendediode hier Abhilfe.

- **Maximale Leistung**

Maximale Leistung geht in der Regel einher mit bestimmten physikalischen Parametern und dem Preis. Je nach Technologie muss beispielsweise mit einer entsprechend hohen Flussspannung gerechnet werden, was unter Umständen einen Batteriebetrieb mit zwei Zellen à 1,5 V ausschließt.

Hohe Strahlstärke und Geschwindigkeit sind auch zwei Parameter, die sich nicht gerade ergänzen. Als Beispiel soll hier IrDA angeführt werden, wo eine Datenübertragung mit 115 kBd „nur" bis etwa 3 m Abstand funktioniert.

- **Preis**

Wie weiter oben angeführt, muss immer ein Kompromiss zwischen Verfügbarkeit, benötigter Leistung und Preis gefunden werden. Dies betrifft genauso den Empfänger, wodurch eine Sendediode nicht allein betrachtet werden sollte.

- **Zu durchdringendes Medium**

Soll eine Datenübertragung durch Luft erfolgen, braucht man sich keine besonderen Gedanken über die zu wählende Wellenlänge machen. Soll eine Datenübertragung durch Glas hindurch erfolgen, bieten sich Sendedioden im Bereich von 875 nm an, da bei dieser Wellenlänge das Absorbtionsverhalten von Glas geringer ist als beispielsweise bei 950 nm.

1. Infrarot-Sendedioden

- **Betriebsspannung**

Die zur Verfügung stehende Betriebsspannung kann einen leistungsmindernden Faktor darstellen. Je nach Sendediodentechnologie und dem U_{CESAT} des Treibertransistors müssen Abstriche bei der gewünschten Strahlstärke gemacht werden, insbesonders wenn mit 3 V gearbeitet werden soll. Hier sind die Diagramme der Daten des Treibertransistors und der Kennlinie der Durchlassspannung in Abhängigkeit vom Betriebsstrom zu beachten.

Bei Batterieeinsatz sollte eine Funktion des Gerätes auch noch bei einer Spannung von ca. 1,2 V / Zelle gewährleistet sein bei akzeptabler Reichweite.

An dieser Stelle ist es sinnvoll, auf die Problematik mit billigen Zink-Kohle-Batterien, die keine hohen Pulsströme liefern können, hinzuweisen. Man sollte nur Markenbatterien in Alkali-Mangan-Technik einsetzten, da die Zink-Kohle-Typen für die in Infrarot-Fernbedienungen auftretenden hohen Pulsströme nicht geeignet sind. Diese Batterien zeigen unbelastet die volle Spannung, die jedoch bei Betrieb stark einbricht und damit die Funktion der Fernbedienung stört bzw. unmöglich macht. Beim Bau von Seriengeräten muss dieses mit einkalkuliert werden, da mit dem gesamtem Spektrum von Benutzerverhalten gerechnet werden muss.

1.8 Datenblatt LD274

Das Datenblatt für die Diode LD274 folgt auf den nächsten vier Seiten.

1.8 Datenblatt LD274

SIEMENS

GaAs-IR-Lumineszenzdiode
GaAs Infrared Emitter

LD 274

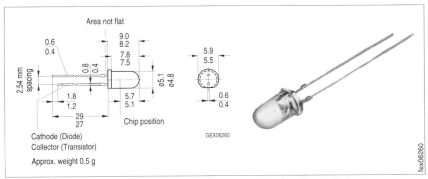

Maße in mm, wenn nicht anders angegeben/Dimensions in mm, unless otherwise specified.

Wesentliche Merkmale

- Sehr enger Abstrahlwinkel
- GaAs-IR-LED, hergestellt im Schmelzepitaxieverfahren
- Hohe Zuverlässigkeit
- Hohe Impulsbelastbarkeit
- Gruppiert lieferbar
- Gehäusegleich mit SFH 484

Features

- Extremely narrow half angle
- GaAs infrared emitting diode, fabricated in a liquid phase epitaxy process
- High reliability
- High pulse handling capability
- Available in groups
- Same package as SFH 484

Anwendungen

- IR-Fernsteuerung von Fernseh- und Rundfunkgeräten, Videorecordern, Lichtdimmern, Geräten

Applications

- IR remote control of hi-fi and TV-sets, video tape recorders, dimmers, of various equipment

Typ Type	Bestellnummer Ordering Code	Gehäuse Package
LD 274	Q62703-Q1031	5-mm-LED-Gehäuse (T 1 $^3/_4$), graugetöntes Epoxy-Gießharz, Anschlüsse im 2.54-mm-Raster ($^1/_{10}$"), Kathodenkennzeichnung: Kürzerer Lötspieß, flat 5 mm LED package (T 1 $^3/_4$), grey colored epoxy resin lens, solder tabs lead spacing 2.54 mm ($^1/_{10}$"), cathode marking: shorter solder lead, flat
LD 274-2[1]	Q62703-Q1819	
LD 274-3	Q62703-Q1820	

[1] Nur auf Anfrage lieferbar.
[1] Available only on request.

Semiconductor Group   1   1997-11-01

1. Infrarot-Sendedioden

SIEMENS   LD 274

Grenzwerte ($T_A = 25\ °C$)
Maximum Ratings

Bezeichnung / Description	Symbol	Wert / Value	Einheit / Unit
Betriebs- und Lagertemperatur / Operating and storage temperature range	T_{op}; T_{stg}	−55 ... +100	°C
Sperrschichttemperatur / Junction temperature	T_j	100	°C
Sperrspannung / Reverse voltage	V_R	5	V
Durchlaßstrom / Forward current	I_F	100	mA
Stoßstrom, $t_p = 10\ \mu s$, $D = 0$ / Surge current	I_{FSM}	3	A
Verlustleistung / Power dissipation	P_{tot}	165	mW
Wärmewiderstand / Thermal resistance	R_{thJA}	450	K/W

Kennwerte ($T_A = 25\ °C$)
Characteristics

Bezeichnung / Description	Symbol	Wert / Value	Einheit / Unit
Wellenlänge der Strahlung / Wavelength at peak emission $I_F = 100\ mA$, $t_p = 20\ ms$	λ_{peak}	950	nm
Spektrale Bandbreite bei 50 % von I_{max} / Spectral bandwidth at 50 % of I_{max} $I_F = 100\ mA$, $t_p = 20\ ms$	$\Delta\lambda$	55	nm
Abstrahlwinkel / Half angle	φ	± 10	Grad
Aktive Chipfläche / Active chip area	A	0.09	mm²
Abmessungen der aktive Chipfläche / Dimension of the active chip area	$L \times B$ / $L \times W$	0.3 × 0.3	mm
Abstand Chipoberfläche bis Linsenscheitel / Distance chip front to lens top	H	4.9 ... 5.5	mm
Schaltzeiten, I_e von 10 % auf 90 % und von 90 % auf 10 %, bei $I_F = 100\ mA$, $R_L = 50\ \Omega$ / Switching times, I_e from 10 % to 90 % and from 90 % to 10 %, $I_F = 100\ mA$, $R_L = 50\ \Omega$	t_r, t_f	1	μs

1.8 Datenblatt LD274

SIEMENS
LD 274

Kennwerte ($T_A = 25\ °C$)
Characteristics

Bezeichnung Description	Symbol Symbol	Wert Value	Einheit Unit
Kapazität Capacitance $V_R = 0\ V, f = 1\ MHz$	C_o	25	pF
Durchlaßspannung Forward voltage $I_F = 100\ mA, t_p = 20\ ms$ $I_F = 1\ A, t_p = 100\ µs$	V_F V_F	1.30 (≤ 1.5) 1.90 (≤ 2.5)	V V
Sperrstrom, $V_R = 5\ V$ Reverse current	I_R	0.01 (≤ 1)	µA
Gesamtstrahlungsfluß Total radiant flux $I_F = 100\ mA, t_p = 20\ ms$	Φ_e	15	mW
Temperaturkoeffizient von I_e bzw. Φ_e, $I_F = 100\ mA$ Temperature coefficient of I_e or Φ_e, $I_F = 100\ mA$	TC_I	– 0.55	%/K
Temperaturkoeffizient von V_F, $I_F = 100\ mA$ Temperature coefficient of V_F, $I_F = 100\ mA$	TC_V	– 1.5	mV/K
Temperaturkoeffizient von λ, $I_F = 100\ mA$ Temperature coefficient of λ, $I_F = 100\ mA$	TC_λ	+ 0.3	nm/K

Gruppierung der Strahlstärke I_e in Achsrichtung
gemessen bei einem Raumwinkel $\Omega = 0.001\ sr$
Grouping of radiant intensity I_e in axial direction
at a solid angle of $\Omega = 0.001\ sr$

Bezeichnung Description	Symbol Symbol	Wert Value			Einheit Unit
		LD 274	LD 274-2[1]	LD 274-3	
Strahlstärke Radiant intensity $I_F = 100\ mA, t_p = 20\ ms$	$I_{e\ min}$ $I_{e\ max}$	50 –	50 100	80 –	mW/sr mW/sr
Strahlstärke Radiant intensity $I_F = 1\ A, t_p = 100\ µs$	$I_{e\ typ.}$	350	600	800	mW/sr

[1] Nur auf Anfrage lieferbar.
[1] Available only on request.

Semiconductor Group

1. Infrarot-Sendedioden

SIEMENS LD 274

Relative spectral emission
$I_{rel} = f(\lambda)$

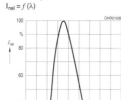

Radiant intensity $\frac{I_e}{I_e\,100\,mA} = f(I_F)$
Single pulse, $t_p = 20\,\mu s$

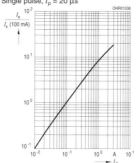

Max. permissible forward current
$I_F = f(T_A)$

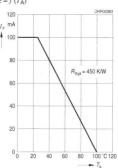

Forward current
$I_F = f(V_F)$, single pulse, $t_p = 20\,\mu s$

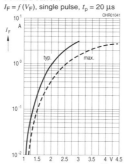

Radiation characteristics, $I_{rel} = f(\varphi)$

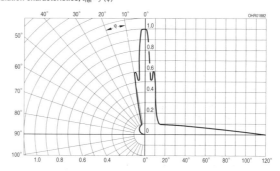

Permissible pulse handling capability
$I_F = f(\tau)$, $T_C \leq 25\,°C$,
duty cycle D = parameter

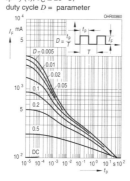

Semiconductor Group   1997-11-01

2. Detektoren

2.1 Fototransistor

Im Prinzip entspricht ein Fototransistor einer Fotodiode (Kollektor-Basis-Diode) mit nachgeschaltetem Transistor als Verstärker. Fototransistoren sind optoelektronische Halbleiter-Bauelemente sehr hoher Empfindlichkeit, da man neben der Erzeugung der Ladungsträger durch Licht auch die Verstärkereigenschaften des Transistors ausnutzt. Er wird vorwiegend in Emitterschaltung mit offener Basis betrieben und verhält sich dabei ähnlich wie ein NF-Transistor.

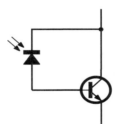

Bild 1. Prinzipschaltbild eines Fototransistors

Diese Bauelemente werden von den Halbleiterherstellern mit und ohne Basisanschluss geliefert. Grundsätzlich können Fototransistoren immer mit offener Basis betrieben werden, wodurch zugleich die höchste Empfindlichkeit erzielt wird. Anderenfalls ergibt sich die Möglichkeit, den Arbeitspunkt, die Ansprechschnelligkeit und die Empfindlichkeit vorab einzustellen.

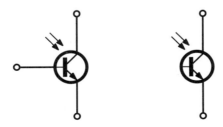

Bild 2. Schaltbild eines Fototransistors mit und ohne Basisanschluss

2. Detektoren

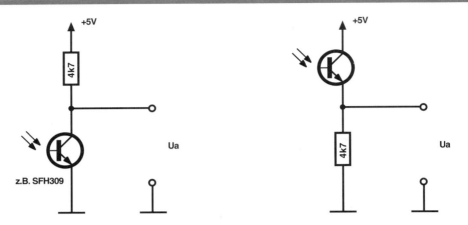

Bild 3. Grundschaltungen eines Fototransistors

Ohne Beleuchtung fließt nur der kleine Kollektor-Emitter-Reststrom I_{CE0}, der auch Dunkelstrom I_d genannt wird. Er ergibt sich aus dem Sperrstrom I_{CB0} des Kollektor-Basis-PN-Übergangs und der Stromverstärkung B des Transistors in Emitterschaltung.

$$I_d \approx B \cdot I_{CB0}$$

Der Strom I_{CB0} erhöht sich bei Lichteinfall um den Dioden-Fotostrom I_P, wodurch sich ein Fotostrom $I_P \approx B \cdot (I_{CB0} + I_P)$ ergibt. Der Fotostrom I_P des Fototransistors ändert sich – im Gegensatz zur Foto-

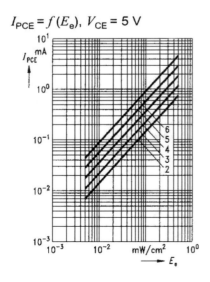
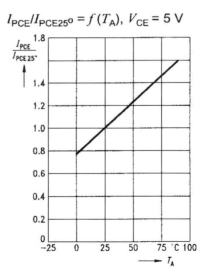

Bild 4. Parameter des Fotostroms beim BPY62.
      Links (a) der Zusammenhang zwischen Fotostrom und Bestrahlungsstärke.

2.1 Fototransistor

Diode – nicht ganz linear mit der Beleuchtungsstärke, da die Stromverstärkung B selbst stromabhängig ist. Die Fotoempfindlichkeit ist etwa 100- bis 500-mal größer als bei vergleichbaren Fotodioden.

Der Quotient aus Fotostrom und Bestrahlungsstärke stellt die Empfindlichkeit des Transistors dar und ändert sich gemäß Abb. 4b mit der Umgebungstemperatur.

2.1.1 Einteilung in Gruppen

Fototransistoren werden aufgrund von unvermeidlichen Fertigungstoleranzen in Gruppen eingeteilt. In der Regel ist die Bezeichnung der Bauelemente innerhalb einer Gruppe bis auf die Zusätze hinter dem Oberbegriff gleich. Die Zusätze kennzeichnen bestimmte elektrische Eigenschaften.

Als Beispiel soll an dieser Stelle der Typ BPY62 von Infineon genannt werden, der aufgrund der Schwankungen des Fotostroms folgende Bezeichnungen hat:

Typ	I_P min (µA)	I_P max (µA)
BPY62-2	500	1.000
BPY62-3	800	1.600
BPY62-4	1.250	2.500
BPY62-5	> 2.500	Keine Angabe

2.1.2 Spektrale Empfindlichkeit

Die spektrale Empfindlichkeit liegt im Infrarotbereich und weist je nach Typ einen Bereich zwischen 380...1150 nm auf. Die maximale Empfindlichkeit wird dem Datenblatt entnommen und liegt z. B. bei 850 nm beim Typ BPY62 von Infineon. Je nach Sendediode bzw. zu detektierender Strahlung

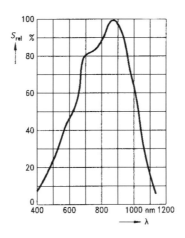

Bild 5. Relative spektrale Empfindlichkeit des BPY62

2. Detektoren

kann durch die Vielfalt der Fototransistoren der am besten passende Typ gewählt werden, um ein Maximum an Empfindlichkeit zu erzielen.

In Bild 5 sind das Maximum und die Verteilung der relativen spektralen Empfindlichkeit aufgezeigt. Der Fototransistor ist demnach in seinen Empfangseigenschaften sehr breitbandig ausgeführt und überstreicht damit nahezu den gesamten Infrarotbereich. Das Empfindlichkeitsmaximum liegt bei 870 nm.

2.1.3 Schaltverhalten

Im dynamischen Verhalten sind Fototransistoren ungünstiger als Fotodioden, da zu den Sammel- und Ladevorgängen in Fotodioden noch die Verzögerungszeit durch den Verstärkungsmechanismus (Millereffekt) hinzukommt. Zur Anstiegs- und Abfallzeit t_r und t_f kommt beim Transistor noch die Verzögerungszeit t_d hinzu. Dies ist die Zeit, die vergeht, bis der Fotostrom nach Einschalten eines optischen Rechteckimpulses 10 % seines Endwertes erreicht hat. Die Anstiegs- bzw. Abfallzeiten von typischen Fototransistoren reichen bei 1 kΩ Lastwiderstand von 5 bis etwa 30 µs. Daher eignen sie sich besonders zum Einsatz im Frequenzbereich bis zu einigen 100 kHz, der für Anwendungen wie Lichtschranken, Lochstreifen- bzw. Lochkartenleser ausreichend ist.

2.1.4 Bauformen

Je nach Anwendungsgebiet sind spezielle Fototransistoren verfügbar. Beispielsweise besitzt der Typ BPY62 ein linsenförmiges Lichtfenster zur Bündelung der eintreffenden Strahlung. Hierdurch erübrigt sich eine zusätzliche Optik auf der Empfängerseite. Durch das Metallgehäuse ist die erlaubte

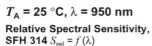

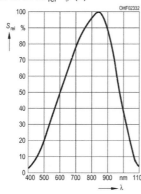 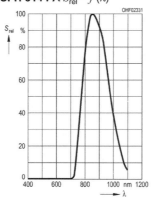

Bild 6. Einfluss eines eingefärbten Gehäuses auf die spektrale Empfindlichkeit. Links Gehäuse in klarer und rechts in eingefärbter Ausführung.

Verlustleistung höher als bei Typen im Kunststoffgehäuse. Neben den Bauformen in SMT werden die bedrahteten Kunststofftypen in 3- und 5-mm-Ausführungen teilweise mit speziell eingefärbtem und auf die maximale Empfindlichkeit abgestimmtem Filtergehäuse angeboten. Hierdurch erfolgt ein Verringern bzw. Abblocken von Umgebungslichteinflüssen in der Auswerteschaltung. Nachfolgende Abbildung zeigt den Einfluss eines eingefärbten Gehäuses am Beispiel des Typs SFH314.

2.1.5 Anwendungsgebiete

- Optokoppler
- Reflexlichtschranken
- Helligkeitskontrolle in Fernsehern
- Bandkontrolle in Videorekordern und Kassettendecks

2.1.6 Foto-Darlington-Transistor

Einige Schaltungen erfordern höhere Ströme und Empfindlichkeiten, als sie von herkömmlichen Fototransistoren geliefert werden können. Für diese Anwendungen werden Foto-Darlington-Transistoren eingesetzt, bei denen dem Fototransistor ein weiterer Transistor zur Erhöhung der Verstärkung nachgeschaltet ist. Ein Nachteil dieser Schaltungsanordnung ist die reduzierte obere Grenzfrequenz. Ein Vertreter dieser Bauelemente ist beispielsweise der S289P im 3-mm-T1-Gehäuse von Vishay.

2.1.7 Datenblatt des Fototransistors BPY62 von Infineon (Siemens)

Das Datenblatt des Fototransistors folgt auf den nächsten Seiten.

2. Detektoren

SIEMENS

NPN-Silizium-Fototransistor
Silicon NPN Phototransistor

BPY 62

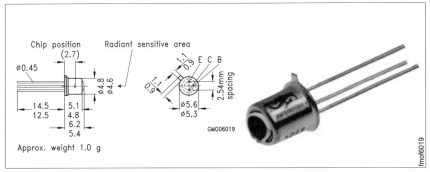

Maße in mm, wenn nicht anders angegeben/Dimensions in mm, unless otherwise specified

Wesentliche Merkmale

- Speziell geeignet für Anwendungen im Bereich von 420 nm bis 1130 nm
- Hohe Linearität
- Hermetisch dichte Metallbauform (TO-18) mit Basisanschluß, geeignet bis 125 °C
- Gruppiert lieferbar

Features

- Especially suitable for applications from 420 nm to 1130 nm
- High linearity
- Hermetically sealed metal package (TO-18) with base connection suitable up to 125 °C
- Available in groups

Anwendungen

- Lichtschranken für Gleich- und Wechsellichtbetrieb
- Industrieelektronik
- "Messen/Steuern/Regeln"

Applications

- Photointerrupters
- Industrial electronics
- For control and drive circuits

Typ Type	Bestellnummer Ordering Code
BPY 62	Q60215-Y62
BPY 62-2	Q60215-Y1111
BPY 62-3	Q60215-Y1112
BPY 62-4	Q60215-Y1113
BPY 62-5[1]	Q62702-P1113

[1] Eine Lieferung in dieser Gruppe kann wegen Ausbeuteschwankungen nicht immer sichergestellt werden. Wir behalten uns in diesem Fall die Lieferung einer Ersatzgruppe vor.

[1] Supplies out of this group cannot always be guaranteed due to unforeseeable spread of yield. In this case we will reserve us the right of delivering a substitute group.

Semiconductor Group · 1 · 1999-02-04

2.1 Fototransistor

SIEMENS BPY 62

Grenzwerte
Maximum Ratings

Bezeichnung Description	Symbol Symbol	Wert Value	Einheit Unit
Betriebs- und Lagertemperatur Operating and storage temperature range	T_{op}; T_{stg}	– 40 ... + 100	°C
Löttemperatur bei Tauchlötung Lötstelle ≥ 2 mm vom Gehäuse, Lötzeit $t \leq 5$ s Dip soldering temperature ≥ 2 mm distance from case bottom, soldering time $t \leq 5$ s	T_S	260	°C
Löttemperatur bei Kolbenlötung Lötstelle ≥ 2 mm vom Gehäuse, Lötzeit $t \leq 3$ s Iron soldering temperature ≥ 2 mm distance from case bottom, soldering time $t \leq 3$ s	T_S	300	°C
Kollektor-Emitterspannung Collector-emitter voltage	V_{CE}	50	V
Kollektorstrom Collector current	I_C	100	mA
Kollektorspitzenstrom, $\tau < 10$ μs Collector surge current	I_{CS}	200	mA
Emitter-Basisspannung Emitter-base voltage	V_{EB}	7	V
Verlustleistung, $T_A = 25$ °C Total power dissipation	P_{tot}	200	mW
Wärmewiderstand Thermal resistance	R_{thJA}	500	K/W

SIEMENS BPY 62

Kennwerte ($T_A = 25\ °C$, $\lambda = 950$ nm)
Characteristics

Bezeichnung / Description	Symbol	Wert / Value	Einheit / Unit
Wellenlänge der max. Fotoempfindlichkeit / Wavelength of max. sensitivity	$\lambda_{S\ max}$	850	nm
Spektraler Bereich der Fotoempfindlichkeit $S = 10\ \%$ von S_{max} / Spectral range of sensitivity $S = 10\ \%$ of S_{max}	λ	420 ... 1130	nm
Bestrahlungsempfindliche Fläche / Radiant sensitive area	A	0.12	mm^2
Abmessung der Chipfläche / Dimensions of chip area	$L \times B$ $L \times W$	0.5×0.5	mm × mm
Abstand Chipoberfläche zu Gehäuseoberfläche / Distance chip front to case surface	H	2.4 ... 3.0	mm
Halbwinkel / Half angle	φ	± 8	Grad / deg.
Fotostrom der Kollektor-Basis-Fotodiode / Photocurrent of collector-base photodiode $E_e = 0.5$ mW/cm^2, $V_{CB} = 5$ V $E_v = 1000$ lx, Normlicht/standard light A, $V_{CB} = 5$ V	I_{PCB} I_{PCB}	4.5 17	μA μA
Kapazität / Capacitance $V_{CE} = 0$ V, $f = 1$ MHz, $E = 0$ $V_{CB} = 0$ V, $f = 1$ MHz, $E = 0$ $V_{EB} = 0$ V, $f = 1$ MHz, $E = 0$	C_{CE} C_{CB} C_{EB}	8 11 19	pF pF pF
Dunkelstrom / Dark current $V_{CE} = 35$ V, $E = 0$	I_{CEO}	5 (≤ 100)	nA

2.1 Fototransistor

SIEMENS BPY 62

Die Fototransistoren werden nach ihrer Fotoempfindlichkeit gruppiert und mit arabischen Ziffern gekennzeichnet.
The phototransistors are grouped according to their spectral sensitivity and distinguished by arabian figures.

Bezeichnung Description	Symbol Symbol	Wert Value				Einheit Unit
		-2	-3	-4	-5	
Fotostrom, $\lambda = 950$ nm Photocurrent $E_e = 0.5$ mW/cm², $V_{CE} = 5$ V $E_v = 1000$ lx, Normlicht/ standard light A, $V_{CE} = 5$ V	I_{PCE} I_{PCE}	0.5 ... 1.0 3.0	0.8 ... 1.6 4.6	1.25 ... 2.5 7.2	≥ 2.0 11.4	mA mA
Anstiegszeit/Abfallzeit Rise and fall time $I_C = 1$ mA, $V_{CC} = 5$ V, $R_L = 1$ kΩ	t_r, t_f	5	7	9	12	µs
Kollektor-Emitter-Sättigungsspannung Collector-emitter saturation voltage $I_C = I_{PCEmin}{}^{1)} \times 0.3$, $E_e = 0.5$ mW/cm²	V_{CEsat}	150	150	160	180	mV
Stromverstärkung Current gain $E_e = 0.5$ mW/cm², $V_{CE} = 5$ V	$\dfrac{I_{PCE}}{I_{PCB}}$	170	270	420	670	

[1] I_{PCEmin} ist der minimale Fotostrom der jeweiligen Gruppe
[1] I_{PCEmin} is the min. photocurrent of the specified group

2. Detektoren

SIEMENS — BPY 62

Relative spectral sensitivity
$S_{rel} = f(\lambda)$

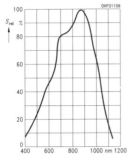

Photocurrent
$I_{PCE} = f(E_e)$, $V_{CE} = 5$ V

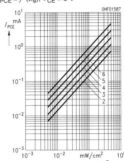

Total power dissipation
$P_{tot} = f(T_A)$

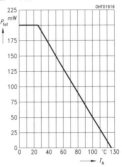

Output characteristics
$I_C = f(V_{CE})$, I_B = Parameter

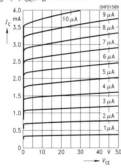

Output characteristics
$I_C = f(V_{CE})$, I_B = Parameter

Dark current
$I_{CEO} = f(V_{CE})$, $E = 0$

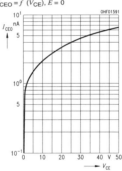

Photocurrent
$I_{PCE}/I_{PCE25°} = f(T_A)$, $V_{CE} = 5$ V

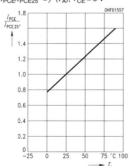

Dark current
$I_{CEO}/I_{CEO25°} = f(T_A)$, $V_{CE} = 25$ V, $E = 0$

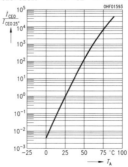

Collector-emitter capacitance
$C_{CE} = f(V_{CE})$, $f = 1$ MHz, $E = 0$

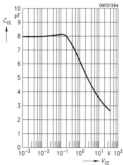

Semiconductor Group   5   1999-02-04

2.1 Fototransistor

SIEMENS BPY 62

Collector-base capacitance
$C_{CB} = f\ (V_{CB}), f = 1\ \text{MHz}, E = 0$

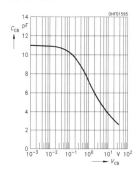

Emitter-base capacitance
$C_{EB} = f\ (V_{EB}), f = 1\ \text{MHz}, E = 0$

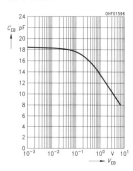

Directional characteristics $S_{rel} = f\ (\varphi)$

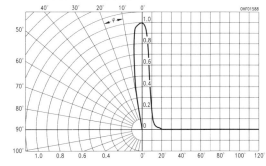

2. Detektoren

2.2 Fotodiode

Fotodioden lassen sich durch die Wahl der Betriebsweise und durch geeigneten inneren Aufbau optimal dem jeweiligen Anwendungszweck anpassen. Sie haben nur einen PN-Übergang, der dem Licht durch ein Glasfenster möglichst gut zugänglich gemacht ist. Dringen Lichtquanten mit ausreichender Energie in eine Fotodiode ein, so werden innerhalb des Halbleiters Elektron-Lochpaare erzeugt (innerer Fotoeffekt). Das elektrische Feld in der Raumladungszone bewirkt eine Trennung der Ladungsträgerpaare, wodurch ein Stromfluss hervorgerufen wird. Ist der PN-Übergang bzw. die Diode in Sperrrichtung geschaltet, erhöhen diese zusätzlichen Ladungsträger den Sperrstrom. Da die Anzahl der zusätzlich generierten Ladungsträgerpaare proportional zur eingestrahlten Intensität ist, kann mit Hilfe einer Fotodiode die Lichtintensität innerhalb des Empfindlichkeitsbereiches über den Sperrstrom gemessen werden. Der Sperrstrom, der ohne Einstrahlung gemessen wird, heißt Dunkelstrom der Fotodiode.

Bild 7. Schaltsymbol einer Fotodiode

Fotodioden werden in der Regel in Sperrrichtung mit einem nachgeschaltetem Verstärker betrieben. In der Schaltung gemäß Bild 8 bewirkt jeder Signalstrom durch die Diode einen Spannungsabfall am Widerstand, der dem gewünschten Maß entsprechend verstärkt werden kann.

Bei der Dimensionierung des Widerstandes gilt es mehrere Parameter zu berücksichtigen. Ist R zu gering dimensioniert, ist der Spannungsabfall entsprechend gering mit der Folge, dass der Verstärker höher verstärken muss und Probleme mit Rauschen und Schwingneigungen auftreten können.

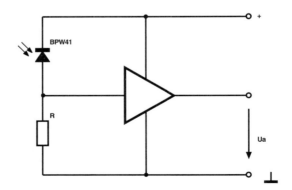

Bild 8. Grundschaltung einer Fotodiode mit Verstärker

2.2 Fotodiode

Bei einem hochohmigen Verstärker wird die Bandbreite der Schaltung durch die Kapazität der Fotodiode und dem Wert von R bestimmt. Wird der Widerstand erhöht, so sinkt die Grenzfrequenz des Gesamtsystems, und ab einem bestimmten Wert können eintreffende hochfrequente Infrarotdatenpulse nicht mehr ausreichend verstärkt werden.

Ein weiterer limitierender Faktor für den Wert von R stellt das Umgebungslicht dar, das neben dem Infrarotlicht einen Fotostrom hervorruft. Damit wird wieder die Kapazität der Diode erhöht mit dem gleichzeitigen Absenken der Systembandbreite. Bei viel zu hohem Widerstandswert kann der Spannungsabfall an R den Wert der Versorgungsspannung übersteigen, wodurch eine Signalauswertung unmöglich wird.

Als Ergebnis dieser Betrachtungen wird die einfache Beschaltung mit einem Widerstand bei Schaltungen angewendet, bei denen nicht mit zu starkem Umgebungslicht zu rechnen ist. Die typischen Widerstandswerte beispielsweise für die Fotodiode BPW41 bewegen sich damit im Bereich zwischen 100...300 kΩ, womit sich eine Bandbreite von ca. 30...100 kHz ergibt. Die Fotoströme betragen zwischen 30...100 µA unter Berücksichtigung eines mit Glühlampenlicht ausgeleuchteten Raumes.

Die Wünsche nach einer hohen Verstärkung des Nutzsignals und gleichzeitigem nur schwachem Verstärken von Gleichlichtanteilen lassen sich nur mit einem aktiven Widerstand erfüllen. Nachfolgend findet der Leser einen Applikationsvorschlag der Firma Zetex, bei dem selbst im direkten Sonnenlicht noch eine Auswertung des Nutzsignals möglich sein soll.

Wird eine Fotodiode als Fotoelement betrieben, wirkt das Bauteil als Stromquelle, die Strahlungsenergie in elektrische Energie umwandelt. Für diesen Zweck werden besonders großflächige Fotodioden hergestellt, die als Solarzellen bezeichnet werden. Die Leerlaufspannung steigt unabhängig von der Diodenfläche logarithmisch mit der Beleuchtungsstärke an und erreicht für Siliziumdioden bei 1000 lx einen Wert von ca. 0,5 V.

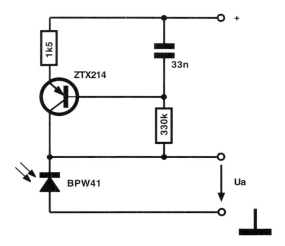

Bild 9. Aktive Last an einer Fotodiode

2. Detektoren

Fotodioden weisen eine Reihe von Vorteilen auf:

- Ihr Fotostrom ändert sich linear mit der Beleuchtungsstärke über etwa sechs Zehnerpotenzen. Vorausgegangene Belichtungen bleiben ohne Einfluss. Fotodioden eignen sich daher gut für quantitative Lichtmessungen.
- Die Anstiegs- und Abfallzeiten des Fotostroms sind sehr klein, die Grenzfrequenz ist deshalb höher als bei allen anderen Halbleiter-Fotobauelementen.
- Die elektrischen Daten besitzen eine ausgezeichnete Stabilität.

2.2.1 PIN-Fotodiode

Bei PIN-Fotodioden wird im Gegensatz zur PN-Diode das meiste Licht in der Raumladungszone absorbiert. Diese Bauelemente werden dort eingesetzt, wo es auf hohe Geschwindigkeit ankommt, wie beispielsweise bei der Kommunikation nach dem IrDA-Standard. Zusammen mit einem niederohmigen äußeren Lastwiderstand werden sehr kleine Zeitkonstanten erzielt. Auch bei niedrigen Frequenzen (bzw. Baudraten) haben PIN-Fotodioden Vorteile. Es können relativ großflächige Diodenchips verwendet werden, die dennoch eine sehr niedrige Kapazität aufweisen. Das ermöglicht den Betrieb mit niedriger Betriebsspannung und mit hochohmigen Lastwiderständen, wodurch sich hohe Signalpegel ergeben.

2.2.2 Spektrale Empfindlichkeit

Der Spektralbereich einer Fotodiode ist vom Bandabstand des verwendeten Halbleitermaterials abhängig. Er liegt bei Dioden aus Silizium zwischen 0,6...1 µm und bei Germanium-Dioden zwischen 0,5...1,7 µm. Bild 10 zeigt die spektrale Empfindlichkeit zusammen mit dem Bereich des menschlichen Auges, das seine maximale Empfindlichkeit im gelbgrünen Bereich bei etwa 565 nm hat.

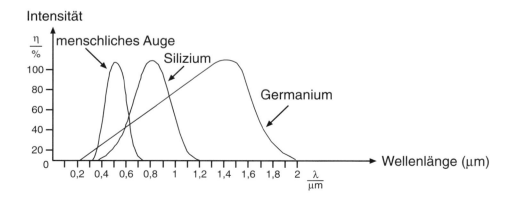

Bild 10. Verlauf der spektralen Empfindlichkeit

2.2 Fotodiode

2.2.3 Anwendungsgebiete

- Infrarot-Fernsteuerung
- Rauchmelder
- Laserstrahlerkennung in CD-Spielern
- Lichtschranken
- Näherungsschalter
- Regensensor in Automobilen
- Blut-Sensorik
- Autofocus-Systeme in Kameras

2.2.4 Datenblatt der Fotodiode BPW33 von Osram (Siemens)

Das Datenblatt der Fotodiode folgt auf den nächsten Seiten.

SIEMENS

Silizium-Fotodiode
Silicon Photodiode

BPW 33

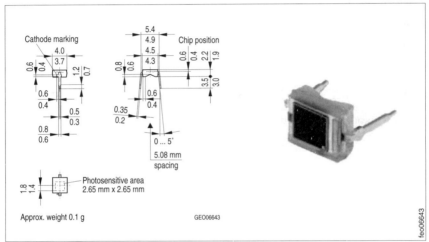

Maße in mm, wenn nicht anders angegeben/Dimensions in mm, unless otherwise specified.

Wesentliche Merkmale
- Speziell geeignet für Anwendungen im Bereich von 350 nm bis 1100 nm
- Sperrstromarm (typ. 20 pA)
- DIL-Plastikbauform mit hoher Packungsdichte

Anwendungen
- Belichtungsmesser
- Farbanalyse

Features
- Especially suitable for applications from 350 nm to 1100 nm
- Low reverse current (typ. 20 pA)
- DIL plastic package with high packing density

Applications
- Exposure meters
- Color analysis

Typ / Type	Bestellnummer / Ordering Code
BPW 33	Q62702-P76

Semiconductor Group   1   1997-11-19

2.2 Fotodiode

SIEMENS BPW 33

Grenzwerte
Maximum Ratings

Bezeichnung / Description	Symbol / Symbol	Wert / Value	Einheit / Unit
Betriebs- und Lagertemperatur / Operating and storage temperature range	T_{op}; T_{stg}	$-40 \ldots +85$	°C
Sperrspannung / Reverse voltage	V_R	7	V
Verlustleistung, $T_A = 25$ °C / Total power dissipation	P_{tot}	150	mW

Kennwerte ($T_A = 25$ °C, Normlicht A, $T = 2856$ K)
Characteristics ($T_A = 25$ °C, standard light A, $T = 2856$ K)

Bezeichnung / Description	Symbol / Symbol	Wert / Value	Einheit / Unit
Fotoempfindlichkeit, $V_R = 5$ V / Spectral sensitivity	S	75 (≥ 35)	nA/lx
Wellenlänge der max. Fotoempfindlichkeit / Wavelength of max. sensitivity	$\lambda_{S\,max}$	800	nm
Spektraler Bereich der Fotoempfindlichkeit $S = 10$ % von S_{max} / Spectral range of sensitivity $S = 10$ % of S_{max}	λ	350 ... 1100	nm
Bestrahlungsempfindliche Fläche / Radiant sensitive area	A	7.34	mm^2
Abmessung der bestrahlungsempfindlichen Fläche / Dimensions of radiant sensitive area	$L \times B$ / $L \times W$	2.71×2.71	mm $\times$ mm
Abstand Chipoberfläche zu Gehäuseoberfläche / Distance chip front to case surface	H	0.5	mm
Halbwinkel / Half angle	φ	± 60	Grad / deg.
Dunkelstrom, $V_R = 1$ V / Dark current	I_R	20 (≤ 100)	pA
Nullpunktsteilheit, $E = 0$ / Zero crossover	S_0	≤ 2.5	pA/mV

SIEMENS BPW 33

Kennwerte (T_A = 25 °C, Normlicht A, T = 2856 K)
Characteristics (T_A = 25 °C, standard light A, T = 2856 K) (cont'd)

Bezeichnung / Description	Symbol	Wert / Value	Einheit / Unit
Spektrale Fotoempfindlichkeit, λ = 850 nm / Spectral sensitivity	S_λ	0.59	A/W
Quantenausbeute, λ = 850 nm / Quantum yield	η	0.86	Electrons / Photon
Leerlaufspannung, E_v = 1000 lx / Open-circuit voltage	V_O	440 ($\geq$ 375)	mV
Kurzschlußstrom, E_v = 1000 lx / Short-circuit current	I_{SC}	72	μA
Anstiegs- und Abfallzeit des Fotostromes / Rise and fall time of the photocurrent R_L = 1 kΩ; V_R = 5 V; λ = 850 nm; I_p = 70 μA	t_r, t_f	1.5	μs
Durchlaßspannung, I_F = 100 mA, E = 0 / Forward voltage	V_F	1.3	V
Kapazität, V_R = 0 V, f = 1 MHz, E = 0 / Capacitance	C_0	630	pF
Temperaturkoeffizient von V_O / Temperature coefficient of V_O	TC_V	–2.6	mV/K
Temperaturkoeffizient von I_{SC} / Temperature coefficient of I_{SC}	TC_I	0.2	%/K
Rauschäquivalente Strahlungsleistung / Noise equivalent power V_R = 1 V, λ = 850 nm	NEP	4.3×10^{-15}	$\dfrac{W}{\sqrt{Hz}}$
Nachweisgrenze, V_R = 1 V, λ = 850 nm / Detection limit	D^*	6.3×10^{13}	$\dfrac{cm \cdot \sqrt{Hz}}{W}$

Semiconductor Group

2.2 Fotodiode

SIEMENS

BPW 33

Relative spectral sensitivity $S_{rel} = f(\lambda)$

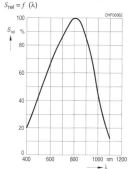

Photocurrent $I_P = f(E_v)$, $V_R = 5$ V
Open-circuit voltage $V_O = f(E_v)$

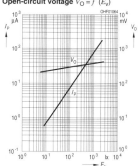

Total power dissipation $P_{tot} = f(T_A)$

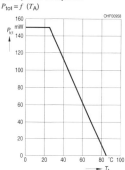

Dark current $I_R = f(V_R)$, $E = 0$

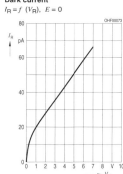

Capacitance $C = f(V_R)$, $f = 1$ MHz, $E = 0$

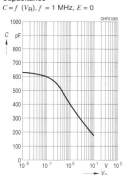

Dark current $I_R = f(T_A)$, $V_R = 1$ V, $E = 0$

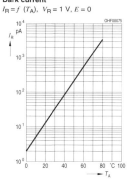

Directional characteristics $S_{rel} = f(\varphi)$

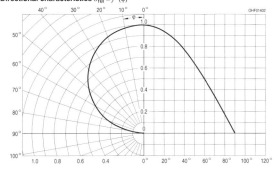

Semiconductor Group

1997-11-19

2. Detektoren

2.3 Fotoelement

Fotoelemente sind aktive Zweipole, die optische in elektrische Energie umsetzen, ohne eine äußere Spannungsquelle zu benötigen. Sie entsprechen im Wesentlichen den Fotodioden und sind besser bekannt unter dem Namen „Solarzelle". Die Eigenschaften eines Fotoelements werden im Wesentlichen durch die Leerlaufspannung und den Kurzschlussstrom gekennzeichnet.

Wenn die Oberfläche ganzflächig beleuchtet ist, steigt der Kurzschlussstrom I_K linear mit der Beleuchtungsstärke an und ist proportional zur Größe der lichtempfindlichen Fläche. Diese lineare Abhängigkeit ändert sich in eine quasilogarithmische Abhängigkeit, je nachdem, wie viel Prozent der fotoempfindlichen Fläche nicht beleuchtet werden. Der Kurzschlussstrom ist von der Zellentemperatur abhängig und steigt um etwa 0,07 % / K.

Die Leerlaufspannung V_0 entspricht der Spannung über der internen Diode, wenn der gesamte erzeugte Fotostrom in diese Diode fließt. Bei sehr kleinen Einstrahlungen (und damit auch kleinen Fotoströmen) ist demnach die Leerlaufspannung niedrig und steigt mit zunehmendem Lichteinfall exponentiell an; sie erreicht einen typischen Wert von 0,5...0,6 V bei etwa 1000 lx. Um einem Fotoelement die maximale Energie zu entziehen, muss der Belastungswiderstand R_L in der Größenordnung von $R_i = V_0 / I_{SC}$ liegen. Der Innenwiderstand R_i einer Fotozelle sollte möglichst klein sein, um die Verluste zu minimieren. Bis zu einem Belastungswiderstand von $R_i \approx V_0 / 2I_{SC}$ gilt die Proportionalität zwischen optischen und elektrischen Signal. Die Leerlaufspannung ist temperaturabhängig und sinkt um etwa 0,4 % / K.

Fotoelemente können durch Anlegen einer Spannung in Sperrrichtung prinzipiell auch im Diodenbetrieb verwendet werden. Diese Spannung darf natürlich die maximale Sperrspannung von ca. 1 V nicht überschreiten.

2.3.1 Spektrale Empfindlichkeit

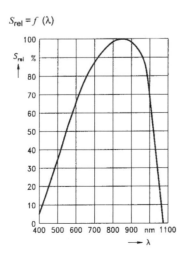

Bild 11. Relative spektrale Empfindlichkeit eines Fotoelements (BPY11)

Je nach Ausführung liegt das Maximum der spektralen Empfindlichkeit eines Fotoelements zwischen 800...900 nm. Unter Berücksichtigung von Verlusten werden gemäß Bild 11 auch Wellenlängen zwischen 400...1050 nm verarbeitet.

2.3.2 Grenzfrequenz

Bei der Anwendung der Fotoelemente ist die durch Sperrschichtkapazität und Lastwiderstand bestimmte Zeitkonstante frequenzbestimmend. Die Ansprechträgheit gegenüber Lichtwechselfrequenzen ist bei Verwendung sehr kleiner Lastwiderstände (und damit kleiner Zeitkonstanten) von der Wellenlänge abhängig. Die Grenzfrequenz nimmt zu kürzeren Lichtwellenlängen hin zu.

Die Grenzfrequenz berechnet sich gemäß der Formel

$$f = \frac{1}{2\pi \cdot C \cdot R_L}$$

wobei für C die Kapazität des Fotoelements laut Datenblatt eingesetzt wird.

2.3.3 Anwendungsgebiete

- Mess-, Steuer- und Regeltechnik
- Abtasten von Lichtpulsen
- Quantitative Lichtmessung im sichtbaren Bereich und im nahen Infrarot
- Spannungsversorgung für Kleingeräte
- Ladeschaltungen
- Papiersensor

2.3.4 Datenblatt des Fotoelements BP11 von Siemens

Das Datenblatt des Fotoelements folgt auf den nächsten Seiten.

2. Detektoren

SIEMENS

Silizium-Fotoelement
Silicon Photovoltaic Cell

BPY 11 P

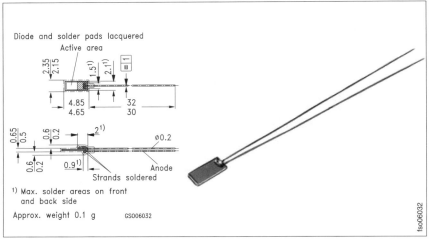

Maße in mm, wenn nicht anders angegeben/Dimensions in mm, unless otherwise specified.

Wesentliche Merkmale
- Speziell geeignet für Anwendungen im Bereich von 420 nm bis 1060 nm
- Kathode = Chipunterseite
- Mit feuchtigkeitsabweisender Schutzschicht überzogen
- Gruppiert lieferbar

Anwendungen
- für Meß-, Steuer- und Regelzwecke
- zur Abtastung von Lichtimpulsen
- quantitative Lichtmessung im sichtbaren Licht- und nahen Infrarotbereich

Features
- Especially suitable for applications from 420 nm to 1060 nm
- Cathode = back contact
- Coated with a humidity-proof protective layer
- Binned by spectral sensitivity

Applications
- For control and drive circuits
- Light pulse scanning
- Quantitative light measurements in the visible light and near infrared range

Typ Type	Bestellnummer Ordering Code
BPY 11 P IV	Q60215-Y111-S4
BPY 11 P V	Q60215-Y111-S5

Semiconductor Group   183   10.95

2.3 Fotoelement

SIEMENS

BPY 11 P

Grenzwerte
Maximum Ratings

Bezeichnung Description	Symbol Symbol	Wert Value	Einheit Unit
Betriebs- und Lagertemperatur Operating and storage temperature range	T_{op}; T_{stg}	$-55 \ldots +100$	°C
Sperrspannung Reverse voltage	V_R	1	V

Kennwerte ($T_A = 25$ °C, Normlicht A, $T = 2856$ K)
Characteristics ($T_A = 25$ °C, standard light A, $T = 2856$ K)

Bezeichnung Description	Symbol Symbol	Wert Value	Einheit Unit
Fotoempfindlichkeit, $V_R = 0$ V Spectral sensitivity	S	60 (≥ 47)	nA/lx
Wellenlänge der max. Fotoempfindlichkeit Wavelength of max. sensitivity	$\lambda_{S\,max}$	850	nm
Spektraler Bereich der Fotoempfindlichkeit $S = 10$ % von S_{max} Spectral range of sensitivity $S = 10$ % of S_{max}	λ	420 ... 1060	nm
Bestrahlungsempfindliche Fläche Radiant sensitive area	A	7.6	mm²
Abmessungen der bestrahlungsempfindlichen Fläche Dimensions of radiant sensitive area	$L \times B$ $L \times W$	1.95×4.45	mm
Halbwinkel Half angle	φ	± 60	Grad deg.
Dunkelstrom, $V_R = 1$ V; $E = 0$ Dark current	I_R	1 (≤ 10)	µA
Spektrale Fotoempfindlichkeit, $\lambda = 850$ nm Spectral sensitivity	S_λ	0.55	A/W
Quantenausbeute, $\lambda = 850$ nm Quantum yield	η	0.80	Electrons Photon
Leerlaufspannung, $E_v = 1000$ lx Open-circuit voltage	V_O	440 (≥ 260)	mV
Kurzschlußstrom, $E_v = 1000$ lx Short-circuit current	I_{SC}	60 (≥ 47)	µA

Semiconductor Group

2. Detektoren

SIEMENS   BPY 11 P

Kennwerte (T_A = 25 °C, Normlicht A, T = 2856 K)
Characteristics (T_A = 25 °C, standard light A, T = 2856 K)

Bezeichnung / Description	Symbol / Symbol	Wert / Value	Einheit / Unit
Anstiegs und Abfallzeit des Fotostromes / Rise and fall time of the photocurrent R_L = 1 kΩ; V_R = 1 V; λ = 850 nm; I_p = 50 μA	t_r, t_f	3	μs
Temperaturkoeffizient von V_O / Temperature coefficient of V_O	TC_V	− 2.6	mV/K
Temperaturkoeffizient von I_{SC} / Temperature coefficient of I_{SC}	TC_I	0.12	%/K
Kapazität, V_R = 1 V, f = 1 MHz, E = 0 / Capacitance	C_0	0.8	nF

Fotoempfindlichkeitsgruppen
Spectral sensitivity groups

Typ / Type	I_{SC} (E_v = 1000 lx)
BPY 11 P IV	47 ... 63 μA
BPY 11 P V	≥ 56 μA

Semiconductor Group

2.3 Fotoelement

SIEMENS

BPY 11 P

Relative spectral sensitivity
$S_{rel} = f(\lambda)$

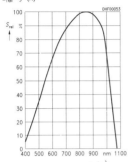

Open-circuit voltage $V_O = f(E_V)$
Short-circuit current $I_{SC} = f(E_V)$

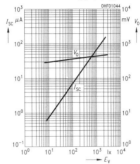

Capacitance
$C = f(V_R), f = 1\text{ MHz}, E = 0$

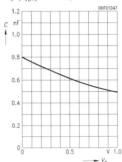

Dark current
$I_R = f(T_A), V_R = 1\text{ V}, E = 0$

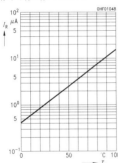

Dark current
$I_R = f(V_R), E = 0$

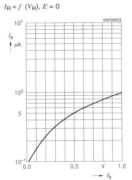

Directional characteristics $S_{rel} = f(\varphi)$

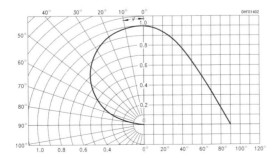

Semiconductor Group

2. Detektoren

2.4 Infrarotindikatorkarte

Infrarotindikatorkarten wurden entwickelt mit dem Ziel, dem Anwender eine schnelle, kostengünstige und vor allem unkomplizierte Möglichkeit zu geben, eine beliebige Strahlungsquelle auf Aussendung von Infrarotlicht hin zu prüfen.

2.4.1 Funktionsprinzip

Die aktive Leuchtfläche des IR-Indikators IR-B2 von Siemens besteht aus einem mit den Seltenerdmetallen Europium und Samarium dotierten feinkristallinen Halbleitermaterial. Dieses Material ist einem Energiespeicher vergleichbar, der mit blauem Licht aufgeladen (angeregt) wird. Die Energieabgabe (Entladung, Emission) erfolgt in Form von sichtbarem Licht, wobei als Stimulation Infrarotlicht dient. Die Leuchtdichte des abgestrahlten Lichts ist direkt proportional der Intensität des eingestrahlten Infrarotlichts.

Anwendungen:

- Überprüfung von Infrarot-LEDs und Infrarot-Laserdioden
- Beurteilung von Infrarot-Strahlstärke und Verteilung
- Abschätzung der Infrarot-Durchlässigkeit von Materialien

2.4.2 Aufladung

Die Ladedauer hängt von der Intensität des anregenden Lichts ab. Bei Ladung mit Sonnenlicht genügen einige Sekunden; bei mäßigem Dämmerlicht können es mehrere Minuten sein. Beim Laden insbesondere mit Glühlampenlicht ist zu beachten, dass die volle Ladesättigung nur mit infrarotfreiem Anregungslicht erreicht wird, da ein Infrarotanteil bereits während der Ladung eine teilweise Entladung herbeiführt. Zur Abtrennung des Infrarotanteils im Ladelicht hat sich das SCHOTT-Filter BG39 bewährt.

2.4.3 Indikatorbetrieb

Der Indikatorbetrieb entspricht einer Entladung des energiespeichernden Leuchtstoffs. Die Entladung wird durch Infrarotlicht gesteuert und zeigt sich als sichtbare Emission, deren Stärke proportional der Intensität der Infrarotstrahlung ist. Die Lichtausbeute ist während der Entladung nicht konstant, sondern fällt bei konstanter Infrarotbeleuchtung kontinuierlich ab. Die Entladedauer ist umgekehrt proportional zur Leuchtdichte des stimulierenden Lichts. Die Ansprech- und Abfallzeit der Emission liegt im Mikrosekundenbereich. Zur Abtrennung unerwünschter sichtbarer Anteile des zu untersuchenden Lichtstrahls kommen die Filter RG780 bis RG1000 von SCHOTT in Frage.

2.4 Infrarotindikatorkarte

Selbstentladung

Wie jeder Energiespeicher unterliegt auch die Infrarotindikatorkarte einer Selbstentladung, die sich als extrem schwache Emission äußert. Eine (fast) völlige Selbstentladung benötigt mehrere Monate; die Sättigungsladung hält sich etwa zehn Minuten.

Lebensdauer

Der Lade- und Entladezyklus unterliegt keiner wahrnehmbaren Alterung. Überladen ist nicht möglich, „Tiefentladungen" sind ebenfalls ohne Auswirkung. Ständige starke UV-Bestrahlung führt allerdings zu einer kontinuierlichen, irreversiblen Empfindlichkeitsabnahme. Ein plötzlicher Totalausfall des Indikators ist ausgeschlossen.

Anwendungshinweise

Vor Benutzung in Tages- oder Leuchtstofflampenlicht aufladen und bei Empfindlichkeitsabfall nach Infrarotbestrahlung oder Selbstentladung gegebenenfalls nachladen. Bei Glühlampenlicht empfiehlt sich die Vorschaltung eines Infrarot-Sperrfilters (z. B. BG39 von SCHOTT). Ist die Infrarotquelle zu schwach, muss das Umgebungslicht abgeschirmt wrden. Der Infrarotindikator ist feuchtigkeitsresistent und kann sowohl transmissiv als auch reflexiv eingesetzt werden.

3. Übertragungsverfahren

Bei der Übertragung von Nachrichten mittels Lichtstrahlen gelten prinzipiell die gleichen Gesetze wie bei der Funkübertragung. So können Informationseinheiten auf verschiedenartigsten Wegen gesendet werden. Abgesehen vom technischen Aufwand ist ein wesentliches Kriterium für die Brauchbarkeit eines Modulationsverfahrens die notwendige Bandbreite und der noch zulässige Störabstand (= logarithmisches Maß des Signal-Rausch-Verhältnisses). In Fernsteuersystemen werden relativ geringe Datenmengen zur Steuerung der Funktion der Geräte übertragen. Wesentliche Forderung ist hohe Übertragungssicherheit, wobei auszuschließen ist, dass Befehle falsch interpretiert werden. Nicht verstandene Befehlscodes müssen ignoriert werden. Üblicherweise werden Befehle so lange wiederholt, bis die gewünschte Wirkung eingetreten ist. Die Kontrolle liegt dabei beim Bediener, der ja die Reaktion des Geräts erwartet.

Die Befehle können verschieden kodiert übertragen werden. Es haben sich hier Modulationsverfahren etabliert, die nahezu alle Hersteller anwenden. Generell gibt es heute nur noch die digitale Übertragung von Befehlen, die in ihrer Länge und damit auch in der Anzahl der Bits variieren.

Die nachfolgende Abbildung zeigt drei unterschiedliche Verfahren zur Darstellung des Informationsgehalts eines Bits.

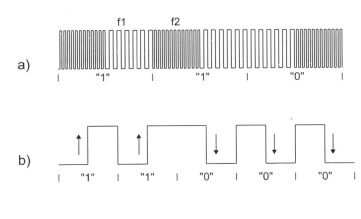

Bild 1.
Darstellungsmöglichkeiten
eines Bits

3. Übertragungsverfahren

Die Übertragung mit zwei Frequenzen (*Frequency-Shift-Keying*, FSK), wie in Bild 1a dargestellt, gilt zwar als sehr betriebssicher, sie hat allerdings den Nachteil höheren Aufwands und höheren Stromverbrauchs und wird nur noch selten verwendet. Ihr Hauptanwendungsgebiet liegt im Bereich der störungssicheren HF-Datenübertragung, wie es beispielsweise bei Modellbaufernsteuerungen nötig ist.

Bei den beiden anderen Kodierungen nach Bild 1b und 1c gibt es jeweils die Möglichkeit, die Übertragung moduliert oder als Puls zu übertragen. In den Anwendungen findet man die Zwei-Phasen-Modulation (engl.: *Bi-Phase-Modulation*) nur auf einen Träger moduliert, während man die Pulsabstandsmodulation (Bild 1c) sowohl trägermoduliert als auch im so genannten Blitz-Modus (engl.: *Flash-Mode*) findet. Hierbei werden schmale Impulse gleicher Form und Amplitude übertragen. Die Information steckt in deren zeitlicher Lage innerhalb des Abtasttakts.

Als Beispiel für eine Kodierung gemäß Bild 1b soll an dieser Stelle der RC5-Kode von Philips genannt sein. Der NEC-Code verwendet die modulierte Pulsabstandsmodulation. Beide Codes sind genauer im Kapitel 8 beschrieben.

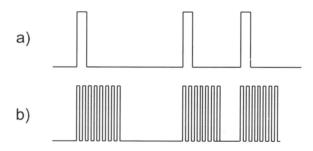

Bild 2. Pulsabstandsmodulation: a) Flash-Mode und b) Trägermoduliert

3.1 Blitzen

Beim Blitzen, auch Flash-Mode genannt, wird die Infrarot-Leuchtdiode nur kurz (typischerweise 10...20 µs) eingeschaltet. Der Abstand zwischen zwei Blitzen bestimmt den Informationsgehalt (Bit 0 oder 1). Der große Vorteil des Blitzens liegt in der geringen Sendeleistung pro Informationseinheit. Batteriebetriebene Systeme erzielen damit eine lange Betriebsdauer, da der oftmals mehrere 100 mA betragende Pulsstrom nur für sehr kurze Zeit fließt. Weiterhin sind Sender, die dieses Verfahren anwenden, in der Regel einfacher aufgebaut, da nicht noch zusätzlich die Trägerfrequenz generiert werden muss. Durch das große Puls-Pause-Verhältnis können Transistoren und Leuchtdioden problemlos mit ihren laut Datenblatt maximal zulässigen Pulsströmen angesteuert werden, ohne dass eine übermäßige Überhitzung des Halbleiters auftritt.

So einfach das Verfahren an sich auch ist, erfordert es jedoch auf der Empfängerseite einen nicht unerheblichen Schaltungsaufwand, damit nicht jedes im infraroten Bereich strahlendes System eine

Datenübertragung stört bzw. sogar unmöglich macht. Der Verstärker muss breitbandig und hochverstärkend aufgebaut sein, damit die kurzen Lichtblitze eindeutig als Information am Ausgang erscheinen. Gleichzeitig sollten Gleichlichtstörer wirksam unterdrückt und nur Änderungen des Lichteinfalls ausgewertet werden. Diese Forderungen benötigen rund um das Empfangs-IC eine Reihe von externen Komponenten. Einen Einblick in den Bauteileaufwand erhält der Leser beim Studieren des Datenblatts des Typs SL486 von Plessey, das im Kapitel 9 auszugsweise abgedruckt ist.

Aus Kosten- und Platzgründen gibt es heute auf dem Bauteilemarkt fast keine Empfänger mehr, die das Flash-Mode-Verfahren für die Steuerung von Geräten unterstützen. Anders verhält es sich bei der Infrarotkommunikation zwischen Computern, Handys und peripheren Geräten. Hier wurde mit IrDA ein Standard geschaffen, der mit kurzen Infrarotblitzen einen schnellen und preisgünstigen Datenaustausch zwischen Geräten ermöglicht. Einziger Nachteil von IrDA ist die geringe Reichweite, die in der Praxis bei ca. 1 m liegt.

3.2 Modulieren

Infrarot-Fernsteuerungen sollen auch bei hohen Infrarot-Störpegeln, wie sie beispielsweise von Heizungen, Glühlampen und ähnlichen Wärmequellen erzeugt werden, einwandfrei arbeiten. Um eine ausreichende Störfestigkeit gegenüber Umgebungsstrahlung zu erreichen und außerdem eine ausreichende Entfernung überbrücken zu können, werden die Daten im Allgemeinen moduliert. Der Empfänger benötigt dann natürlich einen geeigneten Detektor.

Zur Modulation der Sende-LED werden entweder feste Frequenzen oder Bursts benutzt, wobei für eine bestimmte Dauer wie zum Beispiel 2 ms das Licht mit einer Frequenz von typischerweise 36 kHz gesendet wird. Der Abstand zwischen zwei Paketen oder aber deren Länge bestimmt je nach Code die Information. In der Wahl der Modulationsfrequenz ist ein Entwickler relativ frei. So finden sich in der Praxis die verschiedensten Varianten im Bereich zwischen 30…50 kHz. Zu beachten ist, dass der Empfänger für eine maximale Empfindlichkeit genau auf die gewählte Frequenz abgestimmt sein sollte.

Durch die Modulation kann ein Empfänger weitaus störungsunempfindlicher und preiswerter aufgebaut werden, da die Verstärker und Filter anstatt breitbandig nur auf eine bestimmte Frequenz hin optimiert werden müssen. Nahezu alle Geräte der modernen Unterhaltungselektronik sind daher mit dieser Technik ausgestattet.

3.3 Beispiel-IC für beide Übertragungsformen

Die Halbleiterindustrie hat, um dem Anwender eine größtmögliche Flexibilität zu bieten, Sende-ICs entwickelt, die beide Übertragungsarten unterstützen. Durch einen Codiereingang wird festgelegt, welcher Modus für die Datenübertragung verwendet wird.

Als Beispiel hierfür soll der IC SAA3004 von Philips dienen, der die Signale codiert im Format RECS80 folgendermaßen an seinem Ausgangspin „REMO" ausgibt:

3. Übertragungsverfahren

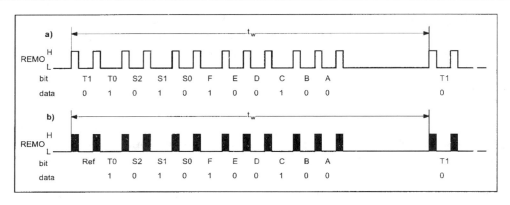

Bild 3. Übertragungsformate des IC SAA3004 von Philips

Bild 3a zeigt das Telegramm im Flash-Mode und 3b im modulierten Mode.

Bezogen auf eine Oszillatorfrequenz von 455 kHz, wird ein Bit mit folgenden Zeiten codiert:

Flash-Mode: Highphase: 8,8 µs

Lowphase :   (Bit = 0): 5,0512 ms

(Bit = 1): 7,5812 ms

Moduliert: Modulationsfrequenz: 37,8 kHz

Puls-Pause-Verhälnis: 8,8 µs / 17,6 µs = 0,5

Periodenanzahl: 6

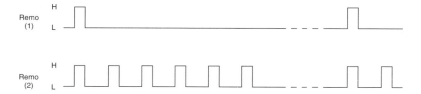

Bild 4. Bitdarstellung im Flash-Mode (1) und moduliert (2) beim SAA3004

4. Störer

Als Störquellen sind alle Quellen anzusehen, deren Strahlung im Detektor ein Signal erzeugt, und alle elektrischen Quellen, deren Frequenzspektrum im Empfangsspektralbereich liegt.

Die Störer lassen sich in folgende Gruppen einteilen mit entsprechend unterschiedlichen Auswirkungen auf den Empfänger.

4.1 Gleichlichtquellen

Die Sonne kann in erster Näherung als schwarzer Strahler betrachtet werden, dessen Spektrum in folgender Abbildung gestrichelt eingezeichnet ist. Bis auf kleine Abweichungen entspricht es dem Sonnenspektrum außerhalb der Erdatmosphäre.

Die untere Linie zeigt ein Sonnenspektrum, welches nach Durchtritt durch die Atmosphäre gemessen werden kann. Die Strahlung wird durch die Luftschichten nicht nur abgeschwächt, sondern auch spektral verändert.

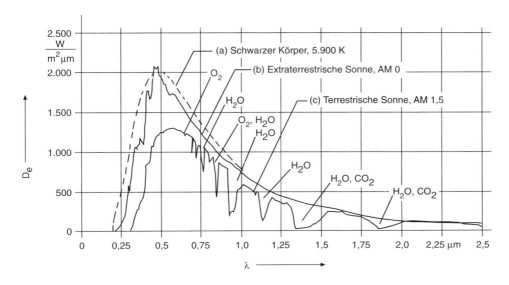

Bild 1. Spektrale Verteilung der Sonneneinstrahlung an der Obergrenze der Atmosphäre und am Erdboden (Meereshöhe)

4. Störer

Ein Teil der Strahlung wird wellenlängenabhängig von Luftmolekülen absorbiert und führt somit zur Formveränderung des Spektrums. Beispielsweise liegen im ultravioletten Bereich (< 300 nm) die Absorptionsbanden von Ozon, im Infrarot-Bereich (um 950 nm) absorbieren H_2O-, und bei etwa 1400 nm absorbieren CO_2-Moleküle.

Bei senkrechter Sonneneinstrahlung – dies ist nur in Äquatornähe möglich – durchdringt die direkte Sonnenstrahlung die Atmosphäre auf dem kürzesten Weg. Der so in Meereshöhe messbaren Strahlung ordnet man die atmosphärische Massenzahl (*air mass*) AM 1 zu. AM 1,5 bedeutet dann, dass die Sonne schräg steht und die Strahlung den 1,5fachen Weg durch die Luftschichten zurücklegen muss.

Sonnen- und Glühlampenlicht erzeugen einen Stromfluss im Inneren eines Fotodetektors, woraus ein weißes Rauschen resultiert. Die Einflüsse solcher Lichtquellen können durch geeignete optische Filter begrenzt werden.

Fernsteuerempfänger sind im sichtbaren Licht vollkommen unempfindlich, weil sie bewusst mit einem Kantenfilter bei z. B. 830 nm versehen sind und damit nur Strahlung oberhalb dieser Wellenlänge empfangen. Durch besondere Designmaßnahmen bei den Fotodioden wird dafür gesorgt, dass die Empfindlichkeit oberhalb der Übertragungswellenlänge von 950 nm so steil wie möglich zu langen Wellenlängen abfällt.

Der visuelle Eindruck einer Lichtquelle ist oftmals verschieden gegenüber den Auswirkungen auf einen Infrarot-Empfänger. So beträgt beispielsweise in einer Glühbirne der Anteil der einen Infrarot-Empfänger störenden Strahlung im Bereich um 950 nm fast dem 3-fachen des Wertes, was dem Sonnenlicht bei gleich empfundener Helligkeit entspricht.

4.2 Fluoreszenzlampen

Fluoreszenzlampen werden in vielen Varianten gefertigt. Je nach Ausführung und Empfängertyp kann die ausgesendete Strahlung ein Infrarotsystem mehr oder weniger stören. Besonders kritisch sind Gasentladungslampen mit elektronischen Vorschaltgeräten (Energiesparlampen), die eine Lichtmodulation im Bereich zwischen 20…40 kHz bewirken. Dies kann zu einem starken Empfindlichkeitsverlust durch die interne Abregelung des Empfängers führen, so dass die Reichweite eines Infrarot-Systems drastisch reduziert wird.

Es können auch vermehrt Spikes am Empfängerausgang auftreten, die ein Auswertesystem überfordern und damit eine Datenübertragung stark reduzieren.

Leuchtstofflampen senden im Abstand von der halben Bitperiode der Netzfrequenz (t = 10 ms bzw. 8,33 ms) im infraroten Bereich Störungen aus, die einem Nutzsignal sehr ähnlich sind. Störungen und Nutzsignal können in diesem Fall weniger effektiv unterschieden werden, was dazu führt, dass im 10-ms- oder 8,33-ms-Raster netzsynchron gehäuft Ausgangssignale durch diese Störungen verursacht werden.

Bei Applikationen mit hohen Beleuchtungsstärken durch Leuchtstofflampen sollte daher darauf geachtet werden, dass die Übertragungsprotokolle oben erwähntes Raster vermeiden. Darüber hinaus ist es sinnvoll, mögliche Störimpulse innerhalb von Telegrammen softwaremäßig zu unterdrücken.

4.3 Elektromagnetische Strahlung

Als Beispiel für eine Störung durch elektromagnetische Strahlung soll der Einfluss einer Bildschirmröhre dienen, wie es in Fernsehern vorkommen kann. Je näher der Infrarot-Empfänger an der Bildröhre platziert ist, desto größer ist die Störung durch elektromagnetische Strahlung. Die verschiedenen Ablenkfrequenzen sowie deren Harmonische bewirken einer dem Nutzsignal ähnlichen Modulation mit entsprechenden Schaltvorgängen am Empfängerausgang.

Die Hersteller von Fotomodulen begegnen diesem Problem auf unterschiedliche Art und Weise. Einige verwenden interne metallische Abschirmmaßnahmen, andere hüllen den kompletten Empfänger in ein Abschirmblech. Welche Typen unter diesen Bedingungen noch die besten Empfangseigenschaften liefern, kann an dieser Stelle nicht beantwortet werden. Zu komplex sind die Zusammenhänge zwischen Einbaulage und den zu erwartenden Störungen. Hier hilft nur das Ausprobieren verschiedener Empfänger am fertigen Gerät.

4.4 Einflüsse der Versorgungsspannung

Ein oftmals sträflich übersehener Faktor ist der Einfluss der Betriebsspannung, die ein maximales Maß an Glätte aufweisen sollte. Insbesondere in Applikationen, wo die Spannung durch ein Schaltnetzteil generiert wird, finden sich auf der Versorgungsspannung *Spikes*, die gefiltert werden müssen, damit die Empfindlichkeit des Infrarot-Empfängers nicht reduziert wird.

In Bild 2 erkennt man, dass die minimale Bestrahlungsstärke, bei der ein Foto-Modul Infrarot-Daten einwandfrei empfängt, mit zunehmender Amplitude der Störspannung auf der Versorgungsleitung erhöht werden muss.

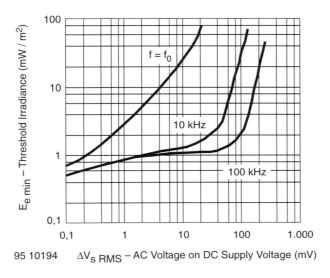

Bild 2. Einfluss von Störspannungen auf die Schwellenbeleuchtungsstärke am Beispiel des Foto-Moduls TFMM18... von Vishay

4. Störer

Dieser Vorgang ist eine Folge der internen Regelung, die die Verstärkung bei Störungen zurückregelt, damit keine unerwünschten Pulse am Ausgang auftreten.

Die Standardbeschaitung zur Vermeidung dieses Effekts besteht aus einem Tiefpass, gebildet durch einen Widerstand von 100 Ω und einem Kondensator von 10 µ.

Erwähnenswert an dieser Stelle sind einige Foto-Module der Firma Sharp, die eine interne Spannungsregelung besitzen, wonach damit laut Herstellerangaben eine externe Beschaltung mit R und C nicht mehr nötig ist.

5. Infrarot-Filter

Infrarotfilter werden bei der Infrarot-Datenübertragung hauptsächlich aus drei Gründen benötigt bzw. eingesetzt:

- **Optische Gründe**

In modernen Geräten der Unterhaltungselektronik ist das Design ein wesentliches Verkaufsargument. Elektronik interessiert eigentlich nur ein paar wenige Käufer und soll daher unsichtbar eingebaut sein. Da das Steuermedium, in diesem Fall Infrarot-Licht, ungehindert empfangen werden muss, werden Sender- und Empfängerelektronik hinter Infrarot-durchlässigen Abdeckungen versteckt. Diese Filterscheiben, in der Regel aus Plexiglas^{tm}, sind nahezu transparent für Infrarot-Strahlen, blocken aber sichtbares Licht ab. In nachfolgender Abbildung ist die Transmissionskurve für ein bestimmtes Plexiglasmaterial der Firma Röhm angegeben.

Zu beachten ist, dass jedes Filter einen bestimmten Prozentsatz an Verlusten des hindurchgelassenen Nutzlichtes verursacht und daraus eine Reichweitenreduzierung des optischen Systems resultiert.

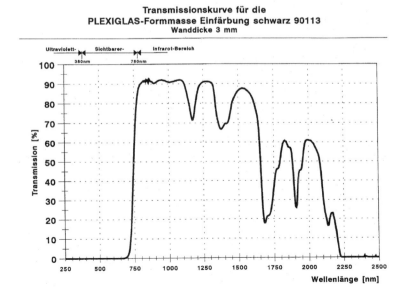

Bild 1. Transmissionskurve für eine Plexiglas-Formasse

5. Infrarot-Filter

- **Elektrische Gründe**

Die CE-Norm stellt hohe Anforderungen an die Störfestigkeit von Geräten. Unter anderem darf die Elektronik nicht geschädigt werden, wenn Spannungspulse im Bereich von 4 kV (z. B. durch elektrostatische Auflladung) auf die Geräte einwirken. Abdeckungen am Gehäuse bewirken dabei einen Berührungsschutz, durch den die Einhaltung von Normen erleichtert wird.

- **Gründe der Performance**

Umgebungslicht wie z. B. Sonnenlicht kann eine optische Datenübertragungsstrecke stark stören, indem die interne Regelung des Empfängers durch Gleichlicht an die Grenzwerte gefahren wird. Daraus resultiert unter Umständen eine drastische Reichweitenreduzierung. Insbesonders wenn keine mit bereits integrierten optischen Filtern versehene Foto-Module verwendet werden, empfiehlt sich immer das Davorschalten eines Filters, der nur noch Infrarotlicht hindurchlässt.

Sammellinse

Um die Systemreichweite zu erhöhen, können vor Infrarot-Empfängern Sammellinsen montiert werden.

Diese in schwarzem Infrarot-durchlässigen Kunststoff gefertigten Linsen bündeln das einfallende Infrarot-Licht und lassen sich auf Empfänger bis zu einer Größe von 13 mm aufsetzen. Die Linse wird von der Firma Mentor hergestellt und kann über den Bauteile-Versender Bürklin bezogen werden.

Gehäuse

Einige Hersteller von Kunststoffgehäusen bieten auch Ausführungen an, die Infrarot-durchlässig sind. Der Vorteil ist hier, dass die Elektronik nicht sichtbar ist und gleichzeitig störendes Fremdlicht abgeschirmt wird. Als Beispiel hierzu soll das Gehäuse Typ 222IR von Heddic angeführt werden, das z. B. bei ELV oder Bürklin erhältlich ist. Die Ausführung ist äußerlich nahezu schwarz, jedoch zu 95 % Infrarot-durchlässig.

Für Versuche und Eigenentwicklungen bietet sich entwickelter unbelichteter Diafilm an, da dieser eine hervorragende Infrarot-Durchlässigkeit besitzt.

Der Vollständigkeit halber sollen an dieser Stelle noch weitere Kunststoffe genannt werden, die sich für Infrarot-Filter eignen:

Fa. Bayer

Makrolon 2805: Farbe #: 45-601 (blau – schwarz)

Makrolon 2805: Farbe #: 45-401 (grün – schwarz)

Fa. General Electric

Lexan 21125, 21051, 21127

6. Berechnung einer Infrarot-Sendestufe

6.1 Einflussgrößen

Bei der Auslegung einer Infrarot-Sendestufe sind einige Faktoren zu berücksichtigen, damit die erwartete Leistungsfähigkeit eintritt und diese auch unter verschiedenen Einflussgrößen erhalten bleibt. Für den Treibertransistor stellt die Sendediode eine ohmsche Last dar, was weitere Betrachtungen stark vereinfacht.

Die wesentlichen zu beachtenden Punkte dabei sind folgende:

1. Betriebsspannung
2. Flussspannung der Sendediode
3. Anzahl der Sendedioden
4. U_{CESAT} des Treibertransistors
5. Stromverstärkung des Treibertransistors
6. Belastbarkeit des Strombegrenzungswiderstandes
7. Belastbarkeit des Transistors
8. Belastbarkeit der Sendediode
9. Schaltzeiten

6.1.1 Betriebsspannung

Aufgrund der Spannungsverluste in der Treiberschaltung sowie durch die Flussspannung der Diode sollte die minimale Betriebsspannung für eine zufrieden stellende Reichweite eines Datenübertragungssystems mindestens 2 V betragen. Für sehr kurze zu überbrückende Distanzen kann die Betriebsspannung zusammen mit dem Treiberstrom weiter reduziert werden. Als Beispiel dafür soll an dieser Stelle die Zeigerstandserkennung einer Funkuhr dienen, wo die Erkennung mit einer Reflexlichtschranke bis zu einer Spannung von etwa 1,3 V funktioniert.

6. Berechnung einer Infrarot-Sendestufe

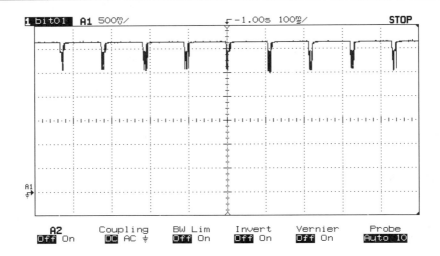

Bild 1. Spannungeinbruch bei Zink-Kohle-Batterien

Ein weiterer wichtiger Punkt bei der Betriebsspannung ist die Impulsbelastbarkeit. Einen entscheidenden Anteil an der Betriebssicherheit eines Infrarot-Senders besitzen damit die Batterien.

Bild 1 zeigt die Spannung an den Batterieklemmen eines Infrarot-Senders von Harman/Kardon. Die Batterien sind frische Zink-Kohle-Typen, deren Leerlaufspannung zusammen über 3 V liegt. Während der Datenaussendung erfolgt ein Spannungseinbruch von ca. 600 mV, der mit zunehmender Betriebsdauer noch höher wird.

Es kann an dieser Stelle nur davon abgeraten werden, billige Zink-Kohle-Typen einzusetzen, welche die erfoderlichen Pulsströme nicht liefern können. Es sollten ausschließlich Alkali-Mangan-Typen oder NC-Akkus in einer autarken Schaltung verwendet werden. Unerlässlich sind ferner Pufferkondensatoren, die, ausreichend dimensioniert, kurzzeitig die hohen Ströme liefern können und gleichzeitig den sicheren Betrieb des Sende-ICs gewährleisten.

6.1.2 Flussspannung der Sendediode

Betrachtet man folgende Abbildungen, so erkennt man die Abhängigkeit der Flussspannung V_F einer Sendediode von den Parametern Betriebsstrom (a) und Temperatur (b).

Die Diagramme sind dem Datenblatt der Sendedioden TSUS520x von Vishay entnommen und zeigen typische Kennwerte bei einer Umgebungstemperatur von 25 °C.

Die Flussspannung steigt mit zunehmenden Betriebsstrom an. Hier erkennt man, dass es bei niedrigen Betriebsspannungen eventuell nicht möglich sein kann, die Diode mit dem gewünschten Strom zu betreiben, da beispielsweise bei 1 A bereits ca. 2 V als Flussspannung „verloren" gehen. Das zu entwickelnde System muss daher mit dem Strom für die niedrigste garantierte Betriebsspannung ausgelegt werden.

6.1 Einflussgrößen

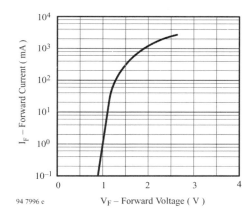
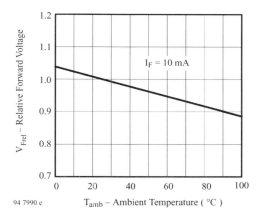

Bild 2. Abhängigkeit der Flussspannung V_F von Betriebsstrom (a) und Temperatur (b)

Bei den maximalen Datenblattangaben von 3,4 V Flussspannung mit den Parametern I_F = 1,5 A und t_p = 100 ms erkennt man den *Worst Case* beim Typ TSUS5201, der sich bedeutend von den typischen Kennwerten unterscheidet.

6.1.3 Anzahl der Sendedioden

Je größer die Anzahl der Sendedioden einem System ist, desto höher ist naturgemäß die Lichtstrahlung und damit die Reichweite eines Datenübertragungssystems.

Zwei in Reihe geschalteten Sendedioden verdoppeln die Lichtstrahlung ohne zusätzlichen Stromverbrauch. Bei der Reihenschaltung ist die Addition der Flussspannungen zu beachten, wodurch die minimale Betriebsspannung entsprechend höher sein muss.

6.1.4 U_{CESAT} des Treibertransistors

In Infrarot-Sendern wird der Treibertransistor als Schalter benutzt, der die Sendediode im Takt des Datenstroms ein- und ausschaltet. In dieser Betriebsart wird der Transistor – auch wenn dadurch längere Schaltzeiten entstehen – im Sättigungsbetrieb genutzt. Bei einer in der Praxis ausreichenden Übersteuerung mit dem Faktor 3 wird der Basiswiderstand folgendermaßen ermittelt, um den zulässigen Basisstrom nicht zu überschreiten:

$$R = \frac{h_{fe} \times R_c}{3}$$

Für diese Gleichung wird vorausgesetzt, dass die maximale positive Schaltspannung nicht größer wird als die Basisspannung. Anderseits ist der Basisvorwiderstand zu vergrößern.

6. Berechnung einer Infrarot-Sendestufe

Berechnungsbeispiel: Kollektorwiderstand = 470 Ω, Stromverstärkung = 200

$$R_B = \frac{200 \times 470\, R}{3} = 31{,}3\, K$$

Die Spannung, die im Sättigungszustand zwischen Kollektor und Emitter liegt, wird Kollektor-Emitter-Sättigungsspannung U_{CESAT} genannt. Ihre Größe ist stark vom Transistortyp und geringfügig vom eingestellten Kollektorstrom abhängig. Die Spannung U_{CESAT}, die im durchgeschaltetem Zustand gemessen werden kann, spielt eine umso größere Rolle, je niedriger die Betriebsspannung ist, da sie die Leistung einer Sendestufe beeinflusst.

6.1.5 Stromverstärkung des Treibertransistors

Legt man den durch eine Sendediode zu fließenden Strom fest, bestimmt der Wert der Stromverstärkung (h_{fe}) den Strom, der in der Basis fließen muss, um den gewünschten Kollektorstrom hervorzurufen. Die Stromverstärkung wird den Datenblattangaben entnommen und ist unter anderem vom Kollektorstrom abhängig.

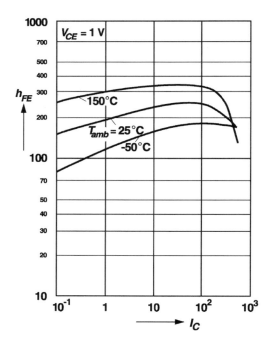

Bild 3. Abhängigkeit der Stromverstärkung h_{fe} vom Kollektorstrom (BC338)

6.1 Einflussgrößen

6.1.6 Belastbarkeit des Strombegrenzungswiderstandes

Bei der Wahl des Widerstandes, der den durch die Sendediode fließenden Strom begrenzt, ist man in der Regel sehr flexibel, da die auftretenden Ströme nur pulsartig fließen und dem Widerstand damit genug Zeit bleibt, sich wieder abzukühlen. Kritischer kann es beim Einsatz von SMD-Widerständen werden, wenn Pulströme im Bereich von 1 A geschaltet werden sollen. Hier kommt man nicht umhin, eine Verlustleistungsbilanz aufzustellen, damit sich die Bauteile nicht selber „auslöten".

Dicke Leiterbahnen auf der Platine sind Voraussetzung für die geforderten hohe Pulsströme.

6.1.7 Belastbarkeit des Transistors

Grenzwerte sind vom Hersteller angegebene Höchstwerte, die nicht überschritten werden dürfen, weil sich sonst die Kennwerte des Bauelements verändern, dessen Lebensdauer sich verringert oder gar das Bauelement zerstört wird.

Die Grenzwerte begrenzen somit den Arbeitsbereich des Transistors. Vom Hersteller werden Grenzwerte angegeben für die gesamte (totale) Verlustleistung P_{tot}, den Kollektorstrom I_C, die Kollektor-Emitter-Spannung U_{CE}, die Basis-Emitter-Spannung in Rückwärtsrichtung U_{EB} und die Sperrschichttemperatur ϑ_j. Die gesamte Verlustleistung setzt sich zusammen aus der Verlustleistung der Basis-Emitter-Strecke und der Verlustleistung der Kollektor-Emitter-Strecke.

P_{tot} Gesamtverlustleistung $P_{tot} = I_B * U_{BE} + I_C * U_{CE}$

I_B, I_C Transistorgrenzströme

U_{BE}, U_{CE} Transistorgrenzspannungen $\rightarrow P_{tot} \approx I_C * U_{CE}$

Die höchstzulässige Verlustleistung hängt von der Temperatur ab und wird deshalb für eine bestimmte Umgebungs- oder Gehäusetemperatur angegeben.

Während des Betriebes einer Transistorschaltstufe treten unterschiedliche Verlustleistungen auf. Dies sind

1. Die Sperrverlustleistung P_S
2. Die Durchlassverlustleistung P_D
3. Die Ein- und Ausschaltverlustleistung P_E / P_A

Die Sperrverlustleistung ist vernachlässigbar, da der Kollektorreststrom im gesperrten Zustand nahezu 0 beträgt. Die Durchlassverlustleistung setzt sich aus dem Produkt aus Kollektorstrom und U_{CESAT} zusammen. Während die beiden erstgenannten Verlustleistungen nicht sehr groß sind, können die während des Einschaltens auftretende Einschaltverlustleitung P_E und die während des Ausschaltens auftretende Ausschaltverlustleistung P_A erhebliche Werte annehmen. Es gilt hier folgende Formel unter der Maßgabe, dass P_{Amax} und P_{Emax} die gleiche Größe besitzen:

6. Berechnung einer Infrarot-Sendestufe

$$P = \frac{U_B}{2} \times \frac{I_{c\,max}}{2}$$

Die mittlere Verlustleistung P_m erhält man durch Bilden des Mittelwertes aller Verlustleistungen über die Zeitdauer einer Schaltperiode. Da man oft P_S und P_D vernachlässigen kann, rechnet man zum Ausgleich so, als würden P_{Emax} und P_{Amax} während der ganzen Schaltzeiten vorhanden sein, und erhält folgende Gleichung:

$$P_m = \frac{P_{E\,max} \times t_{ein} + P_{A\,max} \times t_{aus}}{T}$$

P_m mittlere Verlustleistung

P_{Emax} Scheitelwert der Ausschaltverlustleistung

P_{Amax} Scheitelwert der Einschaltverlustleistung

T   Dauer der Schaltperiode

Die mittlere Verlustleistung P_m darf höchstens so groß sein wie die vom Hersteller angegebene höchstzulässige Gesamtverlustleistung P_{tot}.

Um die trockene Theorie etwas mit Leben zu füllen, sollen anhand folgender Infrarot-Sendestufe die Formeln konkret angewendet werden.

Einschaltzeit t_{ein} = 100 ns

Ausschaltzeit t_{aus} = 200 ns

Kollektorwiderstand R_C = 20 Ω

Periodendauer   t = 1 µs

$$I_{C\,max} = \frac{U_B - U_F - U_{CESAT}}{R_C} = \frac{4{,}5\,V - 1{,}6\,V - 0{,}2\,V}{20\,\Omega} = 135\,mA$$

$$P_{E\,max} = P_{A\,max} = \frac{U_B}{2} \times \frac{I_{C\,max}}{2} = \frac{4{,}5\,V}{2} \times \frac{135\,mA}{2} = 152\,mW$$

$$P_m = \frac{P_{E\,max} \times t_{ein} + P_{A\,max} \times t_{aus}}{T} = \frac{152\,mW \times 100\,ns + 152\,mA \times 200\,ns}{1000\,ns} = 46\,mW$$

6.1 Einflussgrößen

6.1.7.1 Impulsverlustleistung

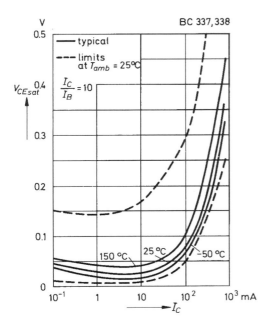
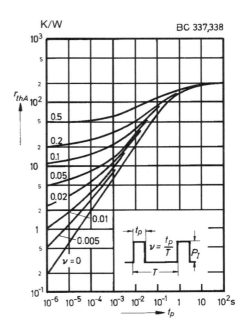

Bild 4. UCESAT in Abhängigkeit vom Kollektorstrom (a).
Höchstzulässige Impulsverlustleitung bei verschiedenen Tastverhältnissen (b)

Einige Transistorhersteller geben in ihren Datenbüchern für Schalttransistoren Diagramme an, anhand derer die höchstzulässige Impulsverlustleistung berechnet werden kann. Beispielhaft für andere Typen zeigt Bild 4 die zur Berechnung nötigen Kurven für den Transistortyp BC338 von ITT.

Das Tastverhältnis v berechnet sich
mit T als Perioden- und t_p als Pulsdauer

$$v = \frac{t_p}{T}$$

Mit dem gefundenen Wert für das Tastverhältnis kann aus Diagramm 4b der Wert des Impuls-Wärmewiderstands r_{thA} entnommen werden.

Das Produkt $P_I * r_{thA}$ darf nun höchstens so groß sein wie die Differenz zwischen höchstzulässiger Sperrschichttemperatur ϑ_j und Umgebungstemperatur ϑ_u.

$$P_I * r_{thA} \leq \vartheta_j - \vartheta_u$$

6. Berechnung einer Infrarot-Sendestufe

Damit ergibt sich für die höchstzulässige Impuls-Verlustleistung

$P_{I(max)}$	höchstzulässige Impuls-Verlustleistung	
ϑ_j	höchstzuläsige Sperrschichttemperatur	$P_{I(max)} = \dfrac{\vartheta_j - \vartheta_u}{r_{thA}}$
ϑ_u	Umgebungstemperatur Impuls-Wärmewiderstand	
r_{thA}	sperrschichtumgebende Luft	

Bei bekannter Impulsverlustleistung P_I kann die Sperrschichttemperatur ϑ_j gemäß

$$\vartheta_j = P_I * r_{thA} + \vartheta_u$$

berechnet werden.

Auch hierfür soll ein Beispiel anhand des Schalttransistors BC338 durchgerechnet werden:

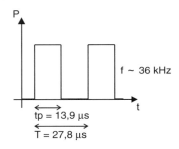

Bild 5. 36-kHz-Trägerfrequenz-Signal

Bei einer Infrarot-Sendestufe wird die Diode und damit der Transistor mit einer Frequenz von 36 kHz moduliert bei gegebenem Tastverhältnis von 0,5. Um die Reichweite des Senders zu maximieren, ist der größtmögliche Strom zu bestimmen.

Aus Bild 4b wird die Größe des Impuls-Wärmewiderstandes entnommen: $r_{thA} = 50\ °C/W$

Die höchstzulässige Sperrschicht-Temperatur beträgt laut Datenblatt 150 °C, die Umgebungstemperatur 25 °C.

$$P_{I(max)} = \frac{\vartheta_j - \vartheta_u}{r_{thA}} = \frac{150\ °C - 25\ °C}{50\ °C/W} = \frac{125\ °C}{50\ °C/W} = 2,5\ W$$

Die höchstzulässige Impulsverlustleistung beträgt 2,5 W. Gemäß den Ausführungen weiter oben gilt:

$$P_{E\,max} = P_{I\,max} = \frac{U_B}{2} \times \frac{I_{C\,max}}{2}$$

6.1 Einflussgrößen

$$I_{C\,max} = \frac{4 \cdot P_I}{U_B} = \frac{4 \cdot 2{,}5\,W}{4{,}5\,V} = 2{,}2\,A$$

Der Wert von 2,2 A als maximaler Strom bei gegebenem Tastverhältnis überschreitet den laut Datenblatt zulässigen Spitzenstrom. Zwar liegen die Hersteller mit ihren Angaben immer auf der sehr „sicheren" Seite, doch sollte man durch entsprechende Dimensionierung des Vorwiderstandes diesen Wert nicht überschreiten. In der Praxis tritt dieser Strom natürlich nicht kontinuierlich auf, da die zu sendenden Informationen in der Regel durch Pulspakete codiert sind und damit die Trägerfrequenz nur für kurze Zeit auftritt. Der Transistor wird sich damit nicht kritisch erwärmen, so dass auch keine weiteren Kühlmaßnahmen erforderlich sind.

Für die Vervollständigung der Dimensionierung der Beispiel-Sendeendstufe muss noch der Kollektorwiderstand für einen Kollektorstrom von 1 A bestimmt werden. Laut Datenblatt der Infrarot-Diode LD274 beträgt deren Flussspannung bei einem Strom von 1 A 1,9 V. Am Transistor tritt ein U_{CESAT} von 0,5 V auf, womit sich R_C folgendermaßen bestimmt:

$$I_{LED} = \frac{U_{BAT} - U_{CESAT} - U_F}{R_C} \Leftrightarrow R_C = \frac{U_{BAT} - U_{CESAT} - U_F}{I_{LED}} = \frac{4{,}5\,V - 0{,}5\,V - 1{,}9\,V}{1\,A} = 2{,}1\,\Omega$$

Der Basisvorwiderstand wird unter der Annahme einer Stromverstärkung h_{fe} von 100 mit

$$R_B = \frac{100 \times 2{,}1\,\Omega}{3} = 70\,\Omega$$

bestimmt. Der erforderliche Basisstrom ist mit einem U_{BE} von 1 V ca. 50 mA. Dieser Strom ist in der Regel für TTL-Bausteine oder Microcontroller zu hoch, weshalb sich hier die Zwischenschaltung eines weiteren Transistors wie z. B. dem Typ BC548 empfiehlt.

6.1.8 Belastbarkeit der Sendediode

Genau wie beim Treibertransistor muss der maximale Strom durch die Sendediode betrachtet werden, damit das Bauteil nicht geschädigt wird. Während im stationären Betrieb der Durchlassstrom beim Diodentyp LD274 Werte bis max. 100 mA annehmen darf, sind für den dynamischen Impulsbetrieb weitaus höhere Werte zulässig. Es sind hier sogar Werte bis maximal 3 A bei $t_p \leq 10\,\mu s$ laut Datenblatt möglich. Mit Hilfe des folgenden Diagramms kann beispielhaft bei bekanntem Tastverhältnis des Sendesignals der maximal zulässige Pulsstrom bestimmt werden. Zu beachten dabei ist, dass sich diese Werte auf eine Temperatur von $\leq 25\,°C$ beziehen und der Strom bei höheren Temperaturen entsprechend niedriger dimensioniert werden muss. Infrarot-Dioden haben einen T_K von ungefähr $-1{,}5\,mV/K$, wodurch eine Verringerung der Flussspannung mit steigender Temperatur eintritt.

6. Berechnung einer Infrarot-Sendestufe

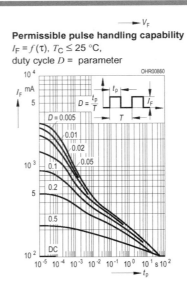

Bild 6 . Maximaler Pulsstrom durch eine Sendediode (LD274)

6.1.9 Schaltzeiten

Bei Datenübertragungssystemen, die eine Infrarot-Diode beispielsweise mit 36 kHz (RC5-Code) modulieren, braucht man sich keine Gedanken um die Grenzfrequenz zu machen. Alle Infrarot-Dioden arbeiten zuverlässig bis zu einer Grenzfrequenz von etwa 1 MHz. Die Parameter t_r, t_f geben im Datenblatt die Schaltzeiten an, bis die Fotoströme 10 % bzw. 90 % ihrer Endwerte angenommen haben. Je schneller die Schaltzeiten einer IRED sind, desto höher ist die mögliche Datenrate. Für die Datenübertragung nach dem schnellen IrDA-Standard sind diese Parameter sehr wichtig, damit während der sehr kurzen Einschaltzeiten die Sendediode genügend Strahlung abgibt.

Typ	I_{Cmax} (A) (Puls)	H_{fe} min. ($I_C = 0{,}5$ A)	U_{CESAT} (V) max. ($I_C = 0{,}5$ A)	Technologie	Gehäuse
BC338-40	1	170 bei 300 mA	0,7	NPN	TO92
BC368	2	85	0,5 bei 1 A	NPN	TO92
BC517	0,8	20.000	1,0 bei 100 mA	NPN Darlington	TO92
BC875	2	2.000	1,3	NPN Darlington	TO92
BCX38A	2	1.000	1,25 bei 800 mA	NPN Darlington	TO92
BD137	2	25	0,5	NPN	TO126
BDX42	2	2.000	1,6 bei 1 A	NPN Darlington	TO126
BD675	4	750 bei 1,5 A	2,8 bei 2 A	NPN Darlington	TO126
TIPP110	4	1.000 bei 1 A	2,5 bei 2 A	NPN Darlington	TO92
ZTX603	4	5.000	1,0	NPN Darlington	TO92
ZTX690B	6	400 bei 1 A	0,5 bei 1 A	NPN	TO92
2SC2001	0,7	~ 160	0,6	NPN	TO92
2SC3616	0,7	640	0,3 bei 300 mA	NPN	TO92
2SD1615	2	81 bei 1 A	0,3 bei 1 A	NPN	SMD
2N2905	0,8	30	1,6	PNP	TO39

6.2 Vorschläge für Treibertransistoren

Die Tabelle links unten zeigt eine Auswahl von möglichen Treibertransistoren, um den Anwender erste Hinweise zu geben. Auf dem Bauteilemarkt gibt es jedoch eine viel größere Auswahl, die in ihrer Gesamtheit hier nicht dargestellt werden kann.

6.2.1 Mosfet-Transistoren

Mosfet-Transistoren bieten eine Reihe von Vorteilen gegenüber Bipolar-Transistoren. Da ist zunächst der niedrige R_{DSON} zu erwähnen, der weitaus höhere Ströme ohne zusätzliche Kühlmaßnahmen erlaubt. Voraussetzung dafür ist die Bereitstellung einer entsprechend hohen Gatespannung, damit der Transistor voll durchgeschaltet ist und nicht im Widerstandsbereich seiner Kennlinie betrieben wird.

In Applikationen, wo nur 5 V Betriebsspannung zur Verfügung stehen, können Mosfet-Transistoren mit Logic-Level-Ansteuerung eingesetzt werden. Bei diesen Typen ist ein sicheres Durchschalten mit einer Gatespannung von 5 V gewährleistet. Der Wunsch nach immer kleineren Geräten und damit einhergehender niedrigerer Betriebsspannung hat die Halbleiterhersteller motiviert, Mosfets zu entwickeln, die schon ab einer Betriebsspannung von 1,8 V nahezu vollständig durchschalten. Ein Vertreter dieser Technologie ist der Typ MMFT3055VL von Motorola, dessen Datenblatt der interessierte Leser auf der Homepage des Herstellers findet. Bemerkenswert ist der hohe Pulsstrom von 5 A!

Dieser Transistor wird in den Infrarot-Fernbedienungen des Autos „Spider" von Alfa Romeo eingesetzt, wo aus zwei Lithium-Zellen CR2016 Strompulse von ca. 4 A durch die Sendediode fließen. Trotz dieser Ströme ist die Reichweite jedoch enttäuschend gering, was wohl vermutlich an der Empfängerauslegung oder Auswertesoftware liegt. Da die Sendediode ohne Vorwiderstand betrieben wird, bricht die Zellenspannung entsprechend ein und stabilisiert sich während des Protokolls auf ein Niveau von ca. 3,5 V, was sich aus der Flussspannung der Diode und dem R_{DSON} des MMFT3055 zusammensetzt. Gepuffert wird die Betriebsspannung für den steuernden Microcontroller von einem Tantal-Kondensator mit 47 µ.

Die statische Eingangsimpedanz des Mosfet-Transistors ist nahezu unendlich hoch. Es ist deshalb auch keine Steuerleistung erforderlich, um die beiden Schaltzustände „ein" bzw. „aus" zu halten. Beim Umschalten von einem Zustand in den anderen ist jedoch eine gewisse Steuerleistung erforderlich, um die Gatekapazität umzuladen. Diese Eigenschaften machen ihn zum idealen Schalt-Bauelement, um von TTL-Bausteinen oder Microcontrollern angesteuert zu werden.

Eine Eigenart, die durch die Kennlinien nicht dargestellt wird, ist der negative Temperaturkoeffizient dieses Transistortyps von etwa 0,7 % pro Grad Celsius, das heißt, der Drain-Strom sinkt, wenn die Temperatur steigt. Das ist ein erheblicher Vorteil gegenüber Bipolar-Transistoren, die sich bekanntlich bei Erwärmung selbst „hochschaukeln". MOS-Leistungs-Transistoren benötigen daher keine Extra-Schutzbeschaltung gegen thermisches Hochlaufen.

6. Berechnung einer Infrarot-Sendestufe

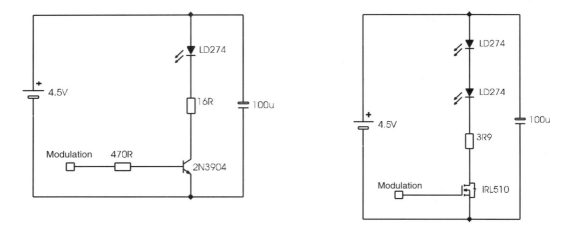

6.3 Schaltbilder einiger Infrarot-Sendestufen

Die obigen Schaltbilder zeigen zwei Grundkonzepte für Infrarot-Sendestufen. Am Modulationseingang wird das zu sendende Signal eingespeist, wobei die vorangeschaltete Elektronik den nötigen Basisstrom des Transistors liefern können muss. In der Version mit Mosfet-Transistor rechts besteht dieses Problem nicht, da diese Transistoren leistungslos angesteuert werden. Ein weiterer Vorteil hierbei sind die höhere Schaltgeschwindigkeit und der niedrige Widerstand R_{DSON}, der geringste Verluste garantiert. Zu beachten ist jedoch die minimale Gatespannung, die für ein garantiertes Durchschalten des Mosfets nötig ist.

Die zwei in Reihe geschalteten Sendedioden verdoppeln die Lichtstrahlung ohne zusätzlichen Stromverbrauch. Bei der Reihenschaltung ist die Addition der Flussspannungen zu beachten, wodurch die minimale Betriebsspannung höher sein muss als im Schaltbild links.

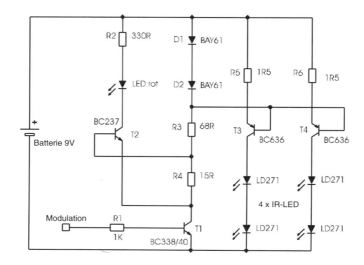

6.3 Schaltbilder einiger Infrarot-Sendestufen

Über den Treibertransistor T1 wird die Basis der zwei Endstufentransistoren T3 und T4 mit nahezu konstanter Amplitude angesteuert. Sie bilden mit ihren Emitter-Gegenkopplungswiderständen zwei Quasi-Konstantstromquellen und arbeiten auf die beiden in ihrem jeweiligen Kollektorstromkreis in Reihe geschalteten Sendedioden. Bei neuer Batterie fließt in jedem Zweig ein Dioden-Spitzenstrom von 800 mA. Verringert sich die Batteriespannung um die Hälfte, dann geht der Strom um etwa 30 % zurück. Zur Batterie- und Betriebskontrolle dient eine über den Transistor T2 angesteuerte Leuchtdiode. Sie zeigt an, ob gesendet wird, solange die Spannung der belasteten Batterie 5 V nicht unterschreitet. In der vorliegenden Schaltungsausführung mit dem Spannungsteiler R3 und R4 kann die Streuung der Basis-Emitter-Spannung von T2 zu einem Abschaltbereich der LED von 4,5 bis 5,5 V führen.

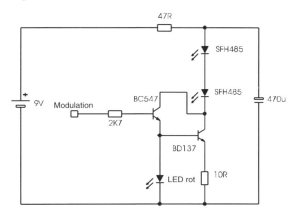

Die mit den beiden Transistoren aufgebaute Darlingtonstufe steuert zwei Infrarot-LEDs an. Im Einschaltaugenblick fließt ein hoher Spitzenstrom, der nur durch den 10R-Widerstand begrenzt wird. Der Spitzenstrom wird vom Speicherelko geliefert, der sich in den Modulationspausen nachlädt. Nach der Entladung sorgt der zweite Widerstand mit 47R dafür, dass die Dioden nicht überlastet werden. Zur Funktionskontrolle ist noch eine rote LED vorgesehen.

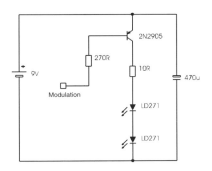 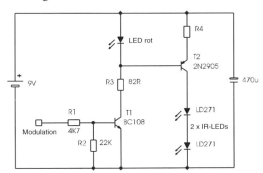

Die linke Schaltung stellt eine gewöhnliche Endstufe mit PNP-Transistor dar, die Vorteile bietet, wenn die Modulationselektronik einen höheren Strom nur nach Masse schalten kann, wie es bei vielen Microcontrollern der Fall ist. Der Strom durch die Infrarot-LED wird auf ca. 400 mA begrenzt.

6. Berechnung einer Infrarot-Sendestufe

Ein Nachteil kann die niedrige Eingangsimdedanz der linken Schaltung mit ca. 300 Ω sein sowie die Änderung des Treiberstroms bei Betriebsspannungsänderung. Die rechte Schaltung vermeidet diese Nachteile. Hier wird der Steuerstrom des 2N2905 vom Kollektor des ersten Transistors geliefert, der eine Eingangsimpedanz von ca. 5 K darstellt, hauptsächlich durch den Basiswiderstand bestimmt. Beträgt die Steuerspannung von T2 etwa null Volt, ist der Treiber ausgeschaltet und die LED stromlos. Wird T1 über R3 in die Sättigung gesteuert, bekommt auch der Treibertransistor Basisstrom und schaltet die beiden Infrarot-Dioden ein. Mit der LED im Kollektorzweig des Transistors T1 wird eine Stabilisierung des Basisstroms für die Ausgangsstufe erreicht, so dass der Strom durch die Infrarot-Dioden nur noch im geringen Maße von der Speisespannung abhängt. Genau genommen arbeitet diese Schaltung als Konstantstromquelle für die Ausgangs-LEDs. Schaltet T1 durch, liegen über der roten LED ca. 1,8 V, über R4 etwa 0,6 V weniger, also 1,2 V. Da die Spannung über R4 vom Emitterstrom von T2 bestimmt wird, wobei Kollektor- und Emitterstrom nahezu identisch sind, lässt sich zeigen, dass T2 als Konstantstromquelle wirkt. Der Spitzenstrom durch die LEDs beträgt ca. 1,2 V / R4.

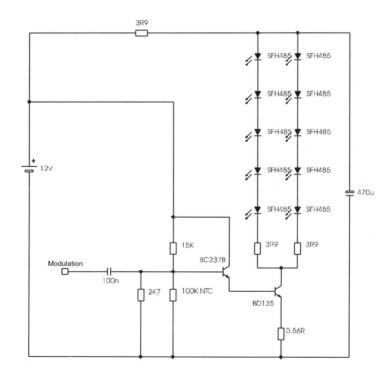

Diese Schaltung stellt die Sendeendstufe eines infrarotbetriebenen Kopfhörers dar. Das Musiksignal wird kapazitiv über einen 100-nF-Kondensator auf die Darlington-Endstufe geführt. Bei dieser Endstufe handelt es sich um eine steuerbare Konstantstromquelle, bei der der 0,56-Ω-Widerstand in der Emitterleitung den Gesamtstrom durch die Sendedioden bestimmt. Der fließende Strom teilt sich in zwei gleiche Teile auf je fünf Sendedioden auf. Dieser Weg wurde gewählt, damit mit der vorhande-

6.3 Schaltbilder einiger Infrarot-Sendestufen

nen Betriebsspannung eine so große Anzahl von Dioden angesteuert werden kann, deren Flussspannung bekanntermaßen jeweils bei ca. 1,7 V liegt.

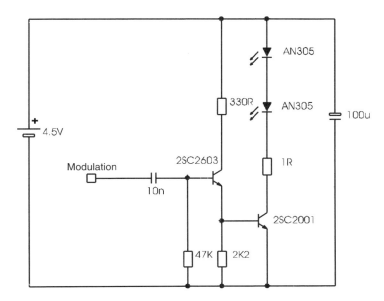

Mit einer fürs Wohnzimmer mehr als ausreichend empfundenen Reichweite wurde diese Endstufe in eine lernfähige Infrarot-Fernbedienung eines Videorekorders implementiert. Die Transistoren sind Typen, die in Fernost sehr gebräuchlich sind.

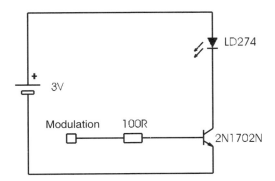

Diese Einfachstschaltung wurde in einer Fernbedienung für einen SAT-Receiver gefunden. Bemerkenswert ist die Ansteuerung der Sendediode ohne Vorwiderstand. Hier wird die Tatsache ausgenutzt, dass bei zwei Batterien die Spannung so niedrig ist, dass das Ansteigen der Flussspannung zusammen mit dem U_{CESAT} des Transistors und dem Innenwiderstand der Batterien bei einem bestimmten Strom ein sich selbst strombegrenzendes System darstellt. Das Steuer-IC benötigt damit einen guten Stützkondensator, um die Betriebsspannungsschwankungen tolerieren zu können.

6. Berechnung einer Infrarot-Sendestufe

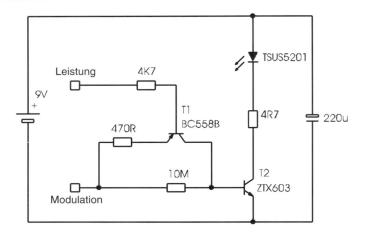

In der Fernsteuerung eines Lichtdimmers war gefordert, dass die Reichweite der Infrarotstrahlung zu Programmierzwecken bis auf ca. 20 cm verringert werden kann. Mit obiger Schaltung wurde dies erreicht, indem dem Darlingtontransistor T2 über einen 10-MΩ-Widerstand so wenig Basisstrom zugeführt wird, dass kaum noch Strom durch die Sendediode fließt. Im Normalbetrieb wird der hochohmige Widerstand durch T1 überbrückt, so dass Spitzenströme von ca. 1,3 A fließen können. Die Reichweite des Systems ist für häusliche Anwendungen mehr als ausreichend und gewährleistet einen sicheren Betrieb, auch ohne dass auf den Empfänger „gezielt" wird.

7. Bausteine für Infrarot-Sender

Die IC-Hersteller haben eine ganze Reihe von Bausteinen entwickelt, welche die unterschiedlichsten Bedürfnisse der Kunden beim Bau eines Infrarot-Senders abdecken. Dies betrifft zunächst den zu verwendenden Code, bei dem in der Regel jeder Hersteller seinen eigenen favorisiert. So vertritt die Firma Philips beispielsweise als Erfinder des RC5-Codes die ICs, die dieses Format unterstützen. Genau so verhält sich NEC, die eine ganze Reihe von Bausteinen anbieten, die ausschließlich den NEC-Code verwenden. Daneben gibt es noch Drittanbieter, die unter Lizenz ICs nachbauen und damit eine Alternative für ggf. nicht mehr beim Originalhersteller erhältliche Ware darstellen.

Je nach gewünschter Tastenanzahl und weiteren Funktionen haben die Bausteine entsprechend viele Anschlüsse und interne Schaltungen. Während in den Anfangsjahren noch viele Funktionen wie Treiber, Oszillator oder Reset-Erzeugung extern mit zusätzlichen Komponenten aufgebaut werden mussten, ist bei den modernen Varianten fast alles bereits integriert. Viele Typen beruhen auf einem Microcontroller, wobei der Hersteller sich die entsprechende Software für die Tastendecodierung und Codeerzeugung selbst erstellt hat.

Das Design des Sendergehäuses gibt oft die mögliche Betriebsspannung vor, da dies auf die einzusetzenden Batterien abgestimmt sein muss. Kleine Sender in Form eines Schlüsselanhängers arbeiten mit 12-V- oder 3-V-Lithium-Batterien. Für jeden Einsatzzweck werden Varianten angeboten, die an die gewünschte Betriebsspannung angepasst sind.

Nachfolgend wird ein Auszug des Angebotes an ICs dargestellt, die spezielle Code-Formate aussenden und die Daten auch mit einer bestimmten Trägerfrequenz wie z. B. 38 kHz modulieren können. Es soll an dieser Stelle nur auf die Codes RECS80, RC5 und NEC eingegangen werden, um den Rahmen dieses Buches nicht zu sprengen. Weiterführende Beschreibungen finden sich im Internet unter den Adressen der jeweiligen Hersteller.

7.1 RECS80-Code

Als Vorgänger zum RC5-Code entwickelte Philips mit dem RECS80-Code ein Übertragungsformat, das die Informationen mittels Puls-Abstands-Modulation aussendet. Der Code definiert 1280 Codierungen, aufgeteilt in 64 Befehle und 20 Subsysteme. Als Subsystem sind die verschiedenen Befehlsempfänger wie Fernseher, Videorecorder u.s.w. definiert. Hieraus ergibt sich mit einem Toggle- und Start-Bit eine maximale Wortlänge von 12 Bit.

7. Bausteine für Infrarot-Sender

Bedingt durch die historische Entwicklung des Codes, wird bei der Verwendung der Subadressen 1 bis 7 nur ein Datenwort von 11 Bits (3 Subadress-Bits) übertragen, was eine Dekodierung durch Software erschwert. Die Toggle-Bits werden von einem Zähler im Geber-IC gesetzt, der nach jedem neuen Tastendruck weitergezählt wird. Dies geschieht nicht bei andauerndem Tastendruck. Zu beachten ist, dass nur bei der Datenübertragung im Flash-Mode zwei Toggle-Bits verwendet werden. Bei ICs, die das Infrarotlicht moduliert ausstrahlen, wird das erste Toggle-Bit als Start-Bit mit konstanter Länge angesehen.

Philips bietet zwei ICs an, die sich in der Betriebsspannung und der Anzahl der Befehle unterscheiden. Alternativen dazu werden von der Firma SGS Thomson angeboten.

SAA3004 $V_{Batt} = 4$ to 11 V (max.); $7 \times 64 = 448$ Befehle (Fa. Philips)

SAA3008 $V_{Batt} = 2$ to $6,5$ V (max.); $20 \times 64 = 1.280$ Befehle (Fa. Philips)

M3004AB1 $V_{Batt} = 4$ to 11 V (max.); $7 \times 64 = 448$ Befehle (Fa. SGS Thomson)

M3005L $V_{Batt} = 2$ to $6,5$ V (max.); $7 \times 64 = 448$ Befehle (Fa. SGS Thomson)

M3006 L $V_{Batt} = 2$ to $6,5$ V (max.); $5 \times 36 = 180$ Befehle (Fa. SGS Thomson)

7.1.1 SAA3004

Der SAA3004 ist ein Sende-IC, das mit 7 verschiedenen Adressen 64 Befehle übermittelt, so dass sich insgesamt 448 Befehle ergeben. Die Adressen können entweder durch Tasten, Schalter oder Leiterbahnen gewählt werden. Mit einem angeschlossenen 455 kHz Resonator ergibt sich eine Trägerfrequenz von 38 kHz. Das IC kann die Daten wahlweise im Flash-Mode oder moduliert aussenden. Festgelegt wird die Betriebsart durch eine Verbindung zwischen den Pins DRV6N und ADRM:

Pins verbunden = Daten werden mit Trägerfrequenz moduliert

Pins nicht verbunden = Flash Mode

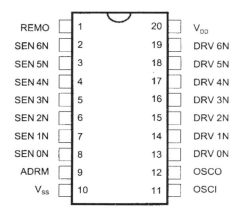

7.1 RECS80-Code

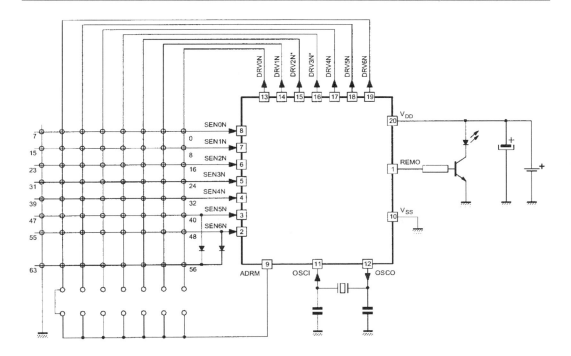

Bild 1. Pinbelegung und Applikationsschaltung des SAA3004 von Philips

Die wichtigsten technischen Daten:

Parameter	Minimal	Typisch	Maximal
Betriebsspannung	4 V		11 V
Ruhestrom			2 µA
Ausgangsstrom (REMO)		40 mA	
Einsatztemperatur	−20 °C		+ 70 °C

7.1.1.1 Pinbeschreibung

REMO

Ausgang der zu sendenden Daten. Die Ausgangsstufe vom Type *Push Pull* kann bis zu 40 mA Strom für die Basis eines angeschlossenen Treibertransistors liefern.

Je nach gewähltem Übertragungsformat (Flash- oder moduliertem Mode) wird das Telegramm anders ausgegeben, bezogen auf Bit T1.

7. Bausteine für Infrarot-Sender

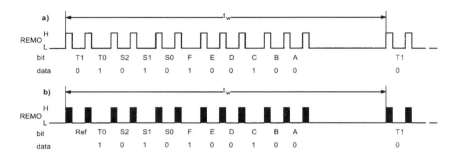

Bild 2. Ausgangssignal an Pin REMO: a) Flash-Mode, b) moduliert

OSCI, OSCO

Anschlüsse für den takterzeugenden Resonator. Bei einer Oszillatorfrequenz von 455 kHz ergibt sich eine Trägerfrequenz von 38 kHz. Der Resonator benötigt noch als Beschaltung zwei zusätzliche Kondensatoren.

DRV0N...DRV6N

Ausgangstreiber für den Scanvorgang der angeschlossenen Tastatur.

SEN0N...SEN6N

Eingänge für den Scanvorgang der angeschlossenen Tastatur.

ADRM

Die Adressen sowie das Übertragungsformat werden festgelegt durch Verbindung dieses Eingangs mit einem oder mehreren Ausgängen DRV0N...DRV6N. Wenn mehr als ein Ausgang mit ADRM verbunden werden soll, muss dieses mit Entkopplungsdioden geschehen.

Die Verbindung mit dem Ausgang mit der höchsten Nummer definiert die zu übertragende Adresse. Dieses Verhalten kann dazu benutzt werden, dass auf einen bestimmten Tastendruck hin die Adresse gewechselt wird. Folgendes Beispiel soll dieses Verhalten anschaulich machen:

DRV1N und ADRM sind über eine Leiterbahn fest verbunden. Es wird bei jedem Befehl die Adresse 2 übermittelt. Wird nun die Verbindung DRV3N mit ADRM hinzugeschaltet, wechselt der Adressen-Code auf die Adresse 4. Ein Wechsel der Adressen alleine veranlasst noch keine Aussendung eines Codes.

V_{DD}, V_{SS}

Betriebsspannung, Masse

7.1 RECS80-Code

7.1.1.2 Adressenmatrix

Ebene	Adresse			Treiber DRVnN						
	S2	S1	S0	0	1	2	3	4	5	6
0	1	1	1							o
1	0	0	0	o						o
2	0	0	1	x	o					o
3	0	1	0	x	x	o				o
4	0	1	1	x	x	x	o			o
5	1	0	0	x	x	x	x	o		o
6	1	0	1	x	x	x	x	x	o	o

o = Verbindung mit ADRM

blank = Keine Verbindung mit ADRM

x = Verbindung mit ADRM ohne Einfluss

Anm. In obigem Beispiel ist durch die ständige Verbindung zwischen DRV6N mit ADRM die modulierte Datenübertragung gewählt.

7.1.1.3 Kommandomatrix

Matrix-Treiber	Matrix-Eingang	Befehlscode						Position innerhalb der Matrix (siehe Applikation)
		F	E	D	C	B	A	
DRV0N	SEN0N	0	0	0	0	0	0	0
DRV1N	SEN0N	0	0	0	0	0	1	1
DRV2N	SEN0N	0	0	0	0	1	0	2
DRV3N	SEN0N	0	0	0	0	1	1	3
DRV4N	SEN0N	0	0	0	1	0	0	4
DRV5N	SEN0N	0	0	0	1	0	1	5
DRV6N	SEN0N	0	0	0	1	1	0	6
V_{ss}	SEN0N	0	0	0	1	1	1	7
Anm. 1	SEN1N	0	0	1	Anm. 2			8 bis 15
Anm. 1	SEN2N	0	1	0	Anm. 2			16 bis 23
Anm. 1	SEN3N	0	1	1	Anm. 2			24 bis 31
Anm. 1	SEN4N	1	0	0	Anm. 2			32 bis 39
Anm. 1	SEN5N	1	0	1	Anm. 2			40 bis 47
Anm. 1	SEN6N	1	1	0	Anm. 2			48 bis 55
Anm. 1	SEN5N und SEN6N	1	1	1	Anm. 2			56 bis 63

7. Bausteine für Infrarot-Sender

Anm. 1   Die komplette Matrix von DRV0N ist anwendbar auf die Matrix-Eingänge SEN1N...SEN6N und die Verbindung SEN5N/SEN6N (mittels Dioden).

Anm. 2   Die Codes C,B und A sind identisch mit denen von SEN0N, wie weiter oben dargestellt.

7.2 RC5-Code

Die Firma Philips bietet für ihren selbst entwickelten RC5-Code mit den Bausteinen SAA3006 und SAA3010 zwei Typen an, die mit verschiedenen Betriebsspannungen arbeiten. Alternativen dazu werden von den taiwanesischen Firmen Princeton und Holtek als PT2211 und HT6230 angeboten. Da diese im Wesentlichen baugleich sind, soll an dieser Stelle nur die Funktion des SAA3010 von Philips näher erläutert werden. Im Kapitel über Schaltungsvorschläge findet sich ein Sender mit diesem Baustein, den interessierte Leser leicht nachbauen können.

7.2.1 SAA3010

Der SAA3010 ist ein universeller Baustein, der für Infrarot-Datenübertragung mit moduliertem Licht im RC5-Code konzipiert wurde. Seine wesentlichen Merkmale sind die niedrige Betriebsspannung und die Fähigkeit, bis zu 2048 verschiedene Kommandos auszusenden. Mit einer intern festgelegten langen Entprellzeit können auch schlechte Kontakte mit einem maximalen Übergangswiderstand von 7 kΩ einwandfrei abgefragt werden. Die Kommandos werden auf 32 Systemadressen aufgeteilt, die detailliert im Kapitel über die Übertragungs-Codes beschrieben sind.

Der Chip wird nur dann aktiv, wenn eine an ihm angeschlossene Taste gedrückt wird. Der Vorteil hierbei ist der Wegfall eines separaten Ein/Aus-Schalters. Mit einem Ruhestromverbrauch von max. 10 µA kann er dauerhaft an eine Batterie angeschlossen bleiben.

Die wichtigsten technischen Daten:

Parameter	Minimal	typisch	Maximal
Betriebsspannung	2 V		8,5 V
Ruhestrom			10 µA
Ausgangsstrom			± 10 mA
Einsatztemperatur	–25 °C		+ 85 °C

7.2 RC5-Code

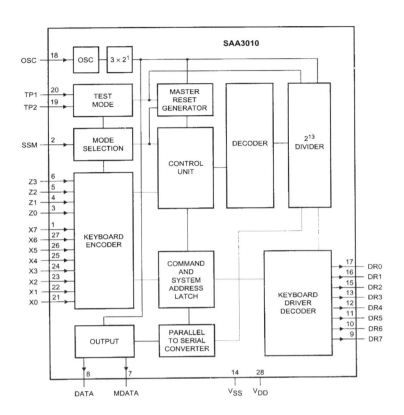

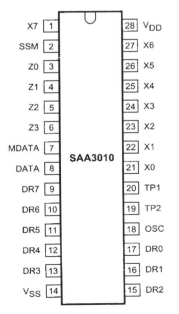

Bild 3. Blockschaltbild und Pinbelegung des SAA3010

7. Bausteine für Infrarot-Sender

7.2.1.1 Pinbeschreibung

DR0... DR7

Ausgänge für den Scanvorgang der angeschlossenen Tastatur.

X0...X7

Eingänge für den Scanvorgang der angeschlossenen Tastatur. An diesen Eingängen wird das Kommando dekodiert.

Z0...Z3

Eingänge für die Adressencodierung. Eine Verbindung zwischen diesen Eingängen und den Ausgängen DR0...DR7 bestimmt den Aufbau des Adressencodes. Diese Verbindung wird meistens durch eine Leiterbahn generiert und legt damit fest, welches Gerät wie z. B. Radio oder Fernseher auf den entsprechenden Befehl reagieren soll.

SSM (= *system mode selection input*)

SSM = Low: Jede Verbindung zwischen einem X- bzw. Z-Eingang mit den DR-Ausgängen wird als gültiger Tastendruck erkannt und damit ein Code erzeugt. Mit den Matrixtasten kann damit die Systemadresse ausgewählt werden, die das IC zusammen mit dem nächsten Befehlscode aussendet. Dank internem Adressspeicher muss man die (Adress-)Taste nur einmal betätigen und nicht etwa festhalten. Wird eine neue Systemadresse gewählt, versendet die Fernbedienung diese Adresse zusammen mit dem Befehlscode 111111(Binär) = SYSTEM SELECT. Das bringt das angewählte Gerät zum Beispiel aus dem Strom sparenden Standby-Betrieb in den Einschaltzustand.

SSM = High: Es muss eine Verbindung wie z. B. mittels Leiterbahn zwischen Z-Eingang und DR-Ausgang existieren (fest verdrahtete Adresse). Erst dann wird bei einer Verbindung zwischen X- und DR-Pins ein Code generiert.

MDATA

Ausgang für den Code, der mit 1/12 der Oszillatorfrequenz moduliert ist.

Der Code besteht gemäß der RC5-Definition aus zwei Start-Bits, einem Kontroll-Bit, fünf Adress-Bits und sechs Kommando-Bits.

DATA

Ausgang für unmodulierten Code. Kann beispielsweise zum Blitzen einer Infrarotdiode oder zur drahtgebundenen Kommunikation verwendet werden.

7.2 RC5-Code

OSC

Eingang für den anzuschließenden Resonator, der typischerweise auf eine Frequenz von 429 kHz abgestimmt sein sollte. In Reihe zu diesem muss ein Widerstand von 6,8 kΩ geschaltet werden.

TP1 / TP2

Testpins:	0 0	Normaler Betrieb
	0 1	Testmode 1
	1 0	Testmode 2
	1 1	Reset

V_{SS}

Masseanschluss.

V_{DD}

Betriebsspannungsanschluss.

Die Generierung des RC5-Protokolls geschieht je nach Verbindung zwischen dem Aus- und den Eingängen gemäß folgender Tabelle. Das Zeichen * steht dabei für eine Verbindung.

7. Bausteine für Infrarot-Sender

7.2.1.2 Kommandomatrix

Code	X-Eingänge								DR-Ausgänge								Kommandobits					
	0	1	2	3	4	5	6	7	0	1	2	3	4	5	6	7	5	4	3	2	1	0
0	*								*								0	0	0	0	0	0
1	*									*							0	0	0	0	0	1
2	*										*						0	0	0	0	1	0
3	*											*					0	0	0	0	1	1
4	*												*				0	0	0	1	0	0
5	*													*			0	0	0	1	0	1
6	*														*		0	0	0	1	1	0
7	*															*	0	0	0	1	1	1
8		*							*								0	0	1	0	0	0
9		*								*							0	0	1	0	0	1
10		*									*						0	0	1	0	1	0
11		*										*					0	0	1	0	1	1
12		*											*				0	0	1	1	0	0
13		*												*			0	0	1	1	0	1
14		*													*		0	0	1	1	1	0
15		*														*	0	0	1	1	1	1
16			*						*								0	1	0	0	0	0
17			*							*							0	1	0	0	0	1
18			*								*						0	1	0	0	1	0
19			*									*					0	1	0	0	1	1
20			*										*				0	1	0	1	0	0
21			*											*			0	1	0	1	0	1
22			*												*		0	1	0	1	1	0
23			*													*	0	1	0	1	1	1
24				*					*								0	1	1	0	0	0
25				*						*							0	1	1	0	0	1
26				*							*						0	1	1	0	1	0
27				*								*					0	1	1	0	1	1
28				*									*				0	1	1	1	0	0
29				*										*			0	1	1	1	0	1
30				*											*		0	1	1	1	1	0
31				*												*	0	1	1	1	1	1
32					*				*								1	0	0	0	0	0
33					*					*							1	0	0	0	0	1
34					*						*						1	0	0	0	1	0
35					*							*					1	0	0	0	1	1
36					*								*				1	0	0	1	0	0
37					*									*			1	0	0	1	0	1
38					*										*		1	0	0	1	1	0
39					*											*	1	0	0	1	1	1
40						*			*								1	0	1	0	0	0
41						*				*							1	0	1	0	0	1
42						*					*						1	0	1	0	1	0
43						*						*					1	0	1	0	1	1
44						*							*				1	0	1	1	0	0
45						*								*			1	0	1	1	0	1
46						*									*		1	0	1	1	1	0
47						*										*	1	0	1	1	1	1
48							*		*								1	1	0	0	0	0
49							*			*							1	1	0	0	0	1
50							*				*						1	1	0	0	1	0
51							*					*					1	1	0	0	1	1
52							*						*				1	1	0	1	0	0
53							*							*			1	1	0	1	0	1
54							*								*		1	1	0	1	1	0
55							*									*	1	1	0	1	1	1
56								*	*								1	1	1	0	0	0
57								*		*							1	1	1	0	0	1
58								*			*						1	1	1	0	1	0
59								*				*					1	1	1	0	1	1
60								*					*				1	1	1	1	0	0
61								*						*			1	1	1	1	0	1
62								*							*		1	1	1	1	1	0
63								*								*	1	1	1	1	1	1

7.2.1.3 Adressenmatrix

Code	Z-Eingänge				DR-Ausgänge								Adressbits				
	0	1	2	3	0	1	2	3	4	5	6	7	4	3	2	1	0
0	*				*								0	0	0	0	0
1	*					*							0	0	0	0	1
2	*						*						0	0	0	1	0
3	*							*					0	0	0	1	1
4	*								*				0	0	1	0	0
5	*									*			0	0	1	0	1
6	*										*		0	0	1	1	0
7	*											*	0	0	1	1	1
8		*			*								0	1	0	0	0
9		*				*							0	1	0	0	1
10		*					*						0	1	0	1	0
11		*						*					0	1	0	1	1
12		*							*				0	1	1	0	0
13		*								*			0	1	1	0	1
14		*									*		0	1	1	1	0
15		*										*	0	1	1	1	1
16			*		*								1	0	0	0	0
17			*			*							1	0	0	0	1
18			*				*						1	0	0	1	0
19			*					*					1	0	0	1	1
20			*						*				1	0	1	0	0
21			*							*			1	0	1	0	1
22			*								*		1	0	1	1	0
23			*									*	1	0	1	1	1
24				*	*								1	1	0	0	0
25				*		*							1	1	0	0	1
26				*			*						1	1	0	1	0
27				*				*					1	1	0	1	1
28				*					*				1	1	1	0	0
29				*						*			1	1	1	0	1
30				*							*		1	1	1	1	0
31				*								*	1	1	1	1	1

7.3 NEC-Code

Dieser in Fernost sehr häufig anzutreffende Code wurde von der Firma NEC entwickelt und zeichnet sich durch 256 verschiedene Befehle aus, die auf 65.536 Adressen verteilt werden. Die Adressen werden extern an den ICs durch Widerstände und Dioden codiert. NEC bietet folgende Bausteine an:

μPD6120:   20 Funktionstasten, 3 Doppelaktionstasten, 16 Pin-Gehäuse

μPD6121:   32 Funktionstasten, 3 Doppelaktionstasten, 20 Pin-Gehäuse

μPD6122:   64 Funktionstasten, 3 Doppelaktionstasten, 24 Pin-Gehäuse

Als *Second Source* bietet die Firma Princeton alternativ zwei Bausteine an, die mit den beiden letztgenannten Typen von NEC kompatibel sind.

PT2221

PT2222

7. Bausteine für Infrarot-Sender

Mit einem sehr ähnlich aufgebautem Protokoll, das sich dadurch vom NEC-Code unterscheidet, dass nur 13 Bit Adressen-Code verwendet werden, vertreibt SANYO mit LC7461M und LC7462M zwei ICs, die ansonsten von den technischen Daten nahezu identisch zu den oben genannten Typen sind. Der Protokollaufbau kann dem Kapitel über die Infrarotprotokolle entnommen werden.

Als Stellvertreter für ein IC, das den NEC-Code sendet, soll nachfolgend der Typ PT2221 etwas näher erläutert werden.

7.3.1 PT2221

Die wichtigsten technischen Daten:

Parameter	Minimal	typisch	Maximal
Betriebsspannung	2 V	3,0 V	3,3 V
Ruhestrom		0,1 µA	1 µA
Ausgangsstrom		8 mA	
Einsatztemperatur	−20 °C		+ 75 °C

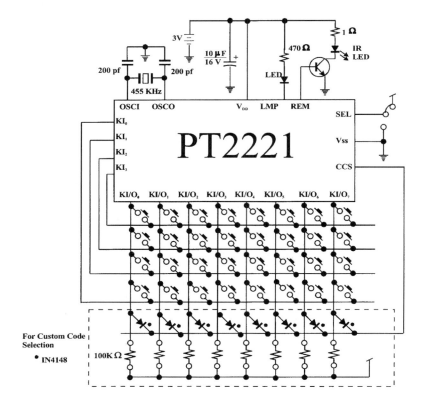

7.3 NEC-Code

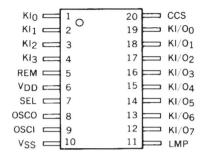

Bild 4. Applikationsschaltung und Pinbelegung des PT2221

7.3.1.1 Pinbeschreibung

$KI_0...KI_3$

Eingänge für den Scanvorgang der Tastatur.

$KI/O_0...KI/O_7$

Ausgänge für den Scanvorgang der Tastatur. Eine chipinterne Logik sorgt dafür, dass nur bei einer gedrückten Taste ein Code generiert wird.

OSCI, OSCO

Anschlüsse für einen Resonator, dessen Frequenz im Bereich zwischen 400...500 kHz liegen muss. Für 38 kHz Trägerfrequenz ist ein Typ mit 455 kHz zu wählen.

V_{DD}, V_{SS}

Anschlüsse für die Betriebsspannung, die typischerweise aus zwei 1,5-V-Batterien besteht.

REM

Ausgang des modulierten Codes. An diesen Pin kann direkt ein Treibertransistor ohne Vorwiderstand angeschlossen werden. Mit einem Basisstrom von 8 mA, den das IC liefert, wird je nach angeschlossenem Transistor der maximale Treiberstrom durch die Sendediode bestimmt.

SEL

Je nach Potential an diesem Eingangspin wird das Bit 7 im Befehlscode gesetzt oder gelöscht. Damit stehen dem Anwender bis zu 64 verschiedene Befehle zur Verfügung.

CCS

Eingang für die Generierung des Adressen-Codes mittels Dioden wie z. B. dem Typ 1N4148.

7. Bausteine für Infrarot-Sender

7.3.1.2 Adressencodegenerierung

Die Festlegung, welche Adresse von 65.536 Möglichkeiten im Telegramm gesendet wird, geschieht durch externe Beschaltung mittels Widerständen und Dioden. Diese Beschaltung wird anschließend logisch mit dem internen ROM verknüpft, und damit werden die 16 Bits erzeugt. Anhand des folgenden Beispiels soll dies erläutert werden. An den Pins KI/O_0 und KI/O_2 sind Pull-up-Widerstände und an den Pins KI/O_0 sowie KI/O_4 Dioden mit Verbindung zum Pin CCS angeschlossen.

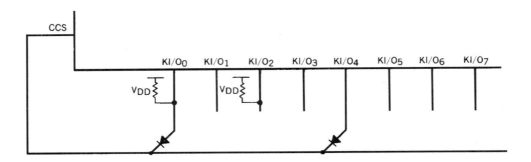

Bild 5. Beispiel zur Adressen-Code-Erzeugung

Externe Beschaltung:

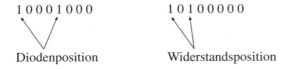

Chipinternes ROM:

0 1 0 1 0 0 0 0   0 1 0 0 0 0 0 1

OR-Verknüpfung von internem ROM und externer Beschaltung:

1 1 0 1 1 0 0 0   1 1 1 0 0 0 0 1 (zweites Byte)

Das zweite Byte bestimmt, welche Bitpostion anschließend invertiert wird, wobei eine 0 für eine Invertierung sorgt. In diesem Beispiel bedeutet dies, dass die Bitpositionen 3,4,5 und 6 invertiert und die anderen unverändert beibehalten werden.

Gebildeter Adressen-Code im Telegramm:

1 1 0 1 1 0 0 0   1 1 0 0 0 1 1 0

Der Befehls-Code wird je nach gedrückter Taste folgendermaßen gebildet:

7.3.1.3 Kommandomatrix

Taste	Verbindung				Befehl							
	KI0	KI1	KI2	KI3	KI/O	D0	D1	D2	D3	D4	D5	D6	D7
1	*				KI/O_0	0	0	0	0	0	0	0	0/1
2		*				1	0	0	0	0	0	0	0/1
3			*			0	1	0	0	0	0	0	0/1
4				*		1	1	0	0	0	0	0	0/1
5	*				KI/O_1	0	0	1	0	0	0	0	0/1
6		*				1	0	1	0	0	0	0	0/1
7			*			0	1	1	0	0	0	0	0/1
8				*		1	1	1	0	0	0	0	0/1
9	*				KI/O_2	0	0	0	1	0	0	0	0/1
10		*				1	0	0	1	0	0	0	0/1
11			*			0	1	0	1	0	0	0	0/1
12				*		1	1	0	1	0	0	0	0/1
13	*				KI/O_3	0	0	1	1	0	0	0	0/1
14		*				1	0	1	1	0	0	0	0/1
15			*			0	1	1	1	0	0	0	0/1
16				*		1	1	1	1	0	0	0	0/1
17	*				KI/O_4	0	0	0	0	1	0	0	0/1
18		*				1	0	0	0	1	0	0	0/1
19			*			0	1	0	0	1	0	0	0/1
20				*		1	1	0	0	1	0	0	0/1
21	*				KI/O_5	0	0	1	0	1	0	0	0/1
22		*				1	0	1	0	1	0	0	0/1
23			*			0	1	1	0	1	0	0	0/1
24				*		1	1	1	0	1	0	0	0/1
25	*				KI/O_6	0	0	0	1	1	0	0	0/1
26		*				1	0	0	1	1	0	0	0/1
27			*			0	1	0	1	1	0	0	0/1
28				*		1	1	0	1	1	0	0	0/1
29	*				KI/O_7	0	0	1	1	1	0	0	0/1
30		*				1	0	1	1	1	0	0	0/1
31			*			0	1	1	1	1	0	0	0/1
31				*		1	1	1	1	1	0	0	0/1

Anm. Bit D7 wird je nach Potential von Anschluss SEL gebildet.

7.4 Microcontroller

Da mittlerweile nahezu jedes Gerät der Unterhaltungselektronik mit einer Infrarot-Fernbedienung ausgestattet ist, hat sich ein großes Marktpotential entwickelt für komplette ICs, wie sie bereits beschrieben wurden, und für Microcontroller, die der Kunde entsprechend seinen Wünschen noch programmieren muss. Diese Microcontroller, in Assembler programmiert, sind aus Kostengründen meist 4-Bit-Varianten mit einer ROMgröße im Bereich zwischen 0.5...4 kByte. Der Vorteil dieser Bausteine ist die nahezu völlige Freiheit, beim Design des Mensch-Maschine-Interface und die Möglichkeit einen Code den eigenen Bedürfnissen entsprechend anzupassen. Dies kann ein Plus bieten, wenn auf der Empfängerseite nicht genug Rechenleistung für das Decodieren eines Standard-Codes zur Verfügung steht oder man als Entwickler mit einem einfacheren Code mit weniger Adress- und Befehlsbits auskommt. Als Beispiel für die Notwendigkeit des Einsatzes eines Microcontrollers dient an dieser Stelle Folgendes: Bei der Entwicklung eines Senders für ein Halogenlampen-Seilsystem bestand das

7. Bausteine für Infrarot-Sender

Problem, beim Druck auf eine bestimmte Taste die Sendeleistung des Infrarot-Senders soweit zu reduzieren, dass sich die Reichweite auf bis zu 20 cm für Programmierungen am Empfänger reduziert. Diese Aufgabe konnte kein Standard-IC (nach meinem damaligen Wissenstand) lösen, so dass der Einsatz eines Microcontrollers unumgänglich war.

Prinzipiell eignet sich jeder Microcontroller für den Aufbau einer Fernbedienung. Je nach verwendetem Code muss er entsprechend schnell getaktet werden, damit die Pulslängen im µs-Bereich generiert werden können. Einige Hersteller bieten für diesen Einsatzzweck ganz spezielle Microcontroller an, die aufgrund der inneren Struktur ohne viel Softwareaufwand die Codes erzeugen. Als Beispiel hierzu soll der Typ M44C092 von Temic angeführt werden, dessen Timerstruktur für die Aufgaben wie Trägerfrequenzerzeugung, Biphasen-Manchester und Pulsweitenmodulation optimiert ist. Generell gilt, dass, je mehr Hardware der Microcontroller implementiert hat, desto mehr Zeit die Software hat, andere Aufgaben zu erledigen. Von der Freude des Programmierers über schnelle Ergebnisse ganz zu schweigen.

Aber je mehr Hardware implementiert ist, desto teurer ist in der Regel der Chip. Deshalb bietet sich dort der Einsatz von billigsten Bausteinen an, wo die Software alle Aufgaben erledigen muss. Dies erfordert zwar mehr Entwicklungszeit, zahlt sich jedoch bei größeren Stückzahlen schnell aus. Die von der Software zu lösenden Aufgaben sind in einem typischen Sender nicht viel und sollen nachfolgend prinzipiell kurz angerissen werden:

Die Arbeit der Software beginnt mit einem Tastendruck. Durch einen Flankenwechsel an einem Eingang wird der Microcontroller aus dem Strom sparenden Sleepmode aufgeweckt, und der Oszillator beginnt zu schwingen. Die angeschlosene Tastatur wird in einem Scanvorgang nach der gedrückten Taste abgesucht und dieser dann ein entsprechender digitaler Wert zugeordnet. Gleichzeitig wird untersucht, ob evtl. mehr als eine Taste gedrückt wurde, was als Fehlerbedingung gewertet wird und zu keiner Codeaussendung führt. Anschließend wird der Ausgangspin, an den der Treibertransistor angeschlossen ist, entprechend der Trägerfrequenz wie z. B. 36 kHz ein und ausgeschaltet und dieser Vorgang noch mit dem entsprechenden Code verknüpft. Schon bei 36-kHz-Trägerfrequenz mit ca. 28 µs Periodendauer zeigt sich, dass die Befehle für das Ein- und Ausschalten des Pins schlecht in Schleifen durchlaufen werden können, wenn die Taktfrequenz nicht hoch genug gewählt wurde. In diesem Fall ergibt sich also eine sehr lange Kette von Befehlsaneinanderreihungen, die nur für das Toggeln des Pins verantwortlich ist. In dieser Zeit bleibt natürlich keine Zeit mehr für andere Aufgaben.

Nach der Codeaussendung wird die Tastatur erneut untersucht, und wenn keine Aktivität mehr vorhanden ist, wird der Microcontroller wieder in den Sleepmode versetzt mit dem Abschalten des Oszillators.

Zusammenfassend sollte ein Microcontroller folgende Eigenschaften für eine Fernbedienung mindestens aufweisen:

- Strom sparender Sleepmode <10 µA
- Fähigkeit, ihn „aufzuwecken" durch Flankenwechsel an den Eingängen
- Entsprechend viele I/Os für die Matrixbildung angeschlossener Tasten

7.4 Microcontroller

- Befehlsabarbeitungsgeschwindigkeit muss mindestens so groß sein, dass der gewünschte Code auch nur mit Befehlen ausgegeben werden kann.
- Minimale Betriebsspannung muss dem Einsatzzweck entsprechen, d. h. beim Einsatz von zwei Batterien sollte der Microcontroller mindestens bis herab zu 2,2 V funktionieren. Das Gleiche gilt natürlich auch für die maximale Spannung, wenn beispielsweise der Einsatz einer 9- oder 12-V-Batterie erwogen wird.
- Entsprechende Treiberleistung an seinem Ausgangspin, wenn ein Bipolartransistor eingesetzt werden soll. Bei einem Mosfet besteht diese Problematik nicht.

7.4.1 M50560 von Mitsubishi

Obwohl dieser maskenprogrammierbare Microcontroller aktuell nicht mehr von Mitsubishi gefertigt wird, soll an dieser Stelle kurz auf dieses IC eingegangen werden, da es noch in vielen Fernbedienungen zu finden ist und sich die Nachfolgetypen nur unwesentlich vom M50560 unterscheiden. Für Servicezwecke ist es auch unerlässlich, über die Pinkonfiguration Bescheid zu wissen.

Der M50560 ist ein 4-Bit-Microcontroller mit 500 Byte ROM und 32 Nibble RAM. Er wird zur Takterzeugung mit einem Resonator beschaltet, dessen Frequenz maximal 500 kHz betragen darf. Bei diesem Takt wird eine Befehlszykluszeit von ca. 16 µs erreicht. Die Betriebsspannung sollte im Bereich von 2,2…3,6 V liegen.

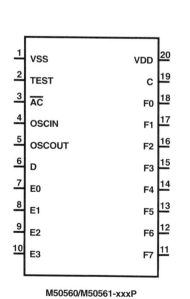
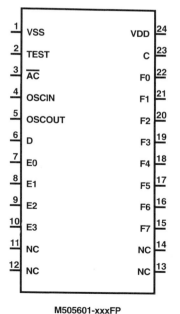

Bild 6. Pinbelegung M50560 und M50561
 Anm. NC = keine Pinbelegung

7. Bausteine für Infrarot-Sender

Die Maskenversion bezeichnet den Code, den ein Hersteller in das IC hat implementieren lassen. Zu erkennen ist diese an der dreistelligen Numerierung hinter der IC-Bezeichnung, wie beispielsweise M50560-175.

Pinbeschreibung

V_{dd}

Positiver Betriebsspannungsanschluss.

V_{ss}

Masse.

TEST

Testpin für Prüfung des ICs während der Fertigung. Dieser Pin muss im Betrieb mit Masse verbunden werden.

AC

Reset-Eingang. Wird mit einem Kondensator von typischerweise 10n gegen Masse beschaltet.

OSCIN/OSCOUT

Pins für Beschaltung mit einem Resonator.

C

Ausgang für die erzeugten Daten, die einem Endstufentransistor zugeführt werden.

D

I/O-Pin.

E0...E3

Eingangs-Port. Die Pins besitzen interne Pull-up-Widerstände.

F0...F7

Ausgangs-Port. Die Pin-Konfiguration ist N-Kanal-Open-Drain.

7.4 Microcontroller

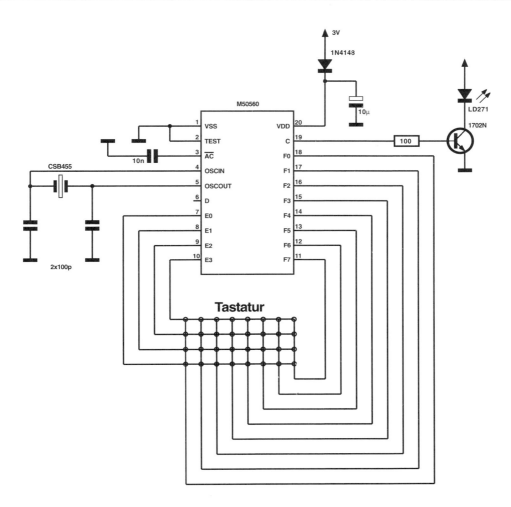

Bild 7. Applikationsschaltung mit M50560

8. Infrarot-Datenübertragungs-Protokolle

8.1 Allgemein

In den meisten Systemen zur Programmierung bzw. Steuerung von Haushaltsgeräten werden nur geringe Datenmengen mit dem Ziel niedrigster Kosten übertragen. Nach einer Zeit der Steuerung über Ultraschall haben sich seit etwa 1975 als Quasi-Standard Infrarotfernsteuerungen durchgesetzt, die sich durch minimale Kosten (für den Hersteller), hohe Reichweiten und Übertragungssicherheit auszeichnen. Die Elektronik eines typischen Senders besteht heute nur noch aus einem IC, das je nach gedrückter Taste über einen Transistor eine Infrarotleuchtdiode ansteuert, und einem billigen Resonator für die Takterzeugung. Auf der Empfängerseite wurden ICs wie z. B. der Typ SFH505-xx von Siemens entwickelt, die ohne externe Beschaltung das gefilterte und verstärkte Signal an einen Microcontroller oder Decoder zur Befehlsauswertung weiterleiten. Leider verwenden die Hersteller von Geräten der Unterhaltungselektronik oftmals unterschiedliche Protokolle, so dass sich im Besitz der Verbraucher in der Regel mehrere Fernbedienungen befinden.

Infrarot-Fernsteuerungen müssen auch bei hohen Infrarot-Störpegeln, wie sie beispielsweise von Heizungen, Glühlampen und ähnlichen Wärmequellen erzeugt werden, einwandfrei arbeiten. Um eine ausreichende Störfestigkeit gegenüber Umgebungsstrahlung zu erreichen und außerdem eine ausreichende Entfernung überbrücken zu können, wird das Infrarotlicht im Allgemeinen mit einer Frequenz zwischen 30 und 40 kHz moduliert, die für die Dauer einer Informationseinheit (Bit) gesendet wird.

Daneben gibt es noch ein Übertragungsverfahren, das, *Flash-Mode* genannt, Infrarotlicht in Form von kurzen Lichtblitzen aussendet. Als Beispiel dafür kann das IC MV500 von Plessey (vorgestellt in Elektor, Ausgabe 2/91) angesehen werden, das das Licht in Form von 17 µs kurzen Blitzen mit unterschiedlich langer Pause aussendet. Nokia verwendete mit dem IC IRT1250 ein ähnliches Verfahren. Dieses Übertragungsverfahren hat sich jedoch in der Unterhaltungselektronik nicht durchgesetzt, weshalb in der Regel fast ausnahmslos die modernen Übertragungssysteme mit moduliertem Infrarotlicht arbeiten.

Die nachfolgenden Oszilloskopbilder wurden mit dem Foto-Empfänger-IC TFMS5360 von Temic aufgenommen und zeigen invertiert den gesendeten Code der jeweiligen Fernsteuerung. Dieses IC

8. Infrarot-Datenübertragungs-Protokolle

ist für eine Trägerfrequenz von 36 kHz optimiert, empfängt jedoch unter Berücksichtigung einer reduzierten Reichweite auch andere Frequenzen. In der oberen Bildhälfte wird ein einzelnes Telegramm und in der unteren ein andauernder Tastendruck dargestellt. Der Ausgang des ICs schaltet nach Low, wenn der Sender die Modulationsfrequenz sendet.

Für eigene Untersuchungen ist wichtig zu wissen, dass die Hersteller in der Wahl der Taktfrequenz für ihr Sender-ICs natürlich frei sind und sich damit naturgemäß Abweichungen von den angegebenen Zeiten ergeben können. Weiterhin können sich Pulslängenverfälschungen durch Toleranzen und die Wahl des Empfänger-ICs von ±160 µs (laut Datenblatt Fa. Temic) ergeben.

Die beschriebenen Codes decken nicht die gesamte Vielfalt an Fernbedienungen ab. Viele Firmen kochen hier ihr eigenes Süppchen, sei es aus Kostengründen oder wegen Randbedingungen, welche die Standard-ICs nicht erfüllen können. Setzt man maskenprogrammierbare Microcontroller ein, ist man naturgemäß frei von irgendwelchen Konventionen und kann das Protokoll der eigenen Hardware oder den Vorlieben des Softwareentwicklers anpassen. Auch dürften Lizenzprobleme bzw. Patente eine Rolle spielen, wenn ein Hersteller kein normiertes Protokoll in seinem Microcontroller verwendet. Moderne Fernbedienungen können auch mehrere Code-Formate pro Tastendruck senden. Als Beispiel hierfür kann stellvertretend für andere die Firma Loewe aufgeführt werden, die nach Umschaltung auf VTR bzw. DVD zuerst das Japan- und anschließend nach ca. 50 ms das RC5-Format sendet. Grund hierfür dürfte der Zukauf von fertig programmierten Modulen sein, die ein schnelleres Entwickeln von Geräten ermöglichen, protokollmäßig aber nicht alle aufeinander abgestimmt sind.

Welche Hersteller von Unterhaltungselektronik welches Format verwenden, ist nachfolgend aufgeführt, wobei diese Zuordnung nicht auf alle Geräte zutreffen muss.

Verwendetes Format	Hersteller
RECS80	Thomson Nordmende
NEC	Harman/Kardon, Yamaha, Canon, Tevion
DENON	Denon
SIRCS	Sony
RC5	Loewe, Philips, Grundig, Marantz
MOTOROLA	Grundig, Kathrein
JAPAN	Panasonic, Loewe
SAMSUNG	Samsung
FERNOST	Daewoo, Wisi

8.2 RC5-Code

Ein in Europa weit verbreiteter Standard zur Infrarot-Datenübertragung wurde von Philips mit dem RC5-Code entwickelt. Dieser Code kann 2048 unterschiedliche Befehle übermitteln, die in 32 adressierbare Gruppen mit jeweils 64 Befehlen zusammengefasst sind. Jedes Gerät erhält bei diesem System eine eigene Adresse, so dass beispielsweise beim Regeln der Lautstärke des Fernsehers die Lautstärke der Stereoanlage unbeeinflusst bleibt. Der ausgestrahlte Code besteht aus einem 14 Bit langen Datenwort und ist wie folgt aufgebaut:

- 2 Start-Bits zum Einstellen des AGC-Pegels (*auto gain control*) im Empfänger-IC
- 1 Toggle-Bit zeigt eine neue Datenübertragung an
- 5 Systemadressen-Bits
- 6 Befehls-Bits

Das Toggle-Bit wechselt bei jeder neuen Tastenbetätigung den Wert, um zwischen einem erneuten oder dauerhaften Druck der gleichen Taste unterscheiden zu können. Danach folgen fünf Adressen-Bits, die angeben, welches Gerät auf den Befehl reagieren soll. Zuletzt wird das eigentliche Kommando übermittelt.

Beim RC5-Code werden die Befehle *biphase* kodiert, das heißt, ein Bit wird aus zwei alternierenden Halbbits zusammengesetzt. Die Kombination Low/High kennzeichnet ein gesetztes Bit (1), die Kombination High/Low ein rückgesetztes Bit (0). Die Länge jedes einzelnen Bits beträgt 1,778 ms, wodurch sich eine Gesamtlänge für ein Protokoll von 24,889 ms ergibt.

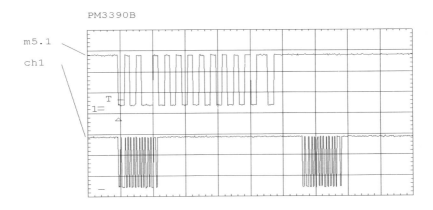

Bild 1. RC5-Code am Ausgang des Empfänger IC TFMS5360

8. Infrarot-Datenübertragungs-Protokolle

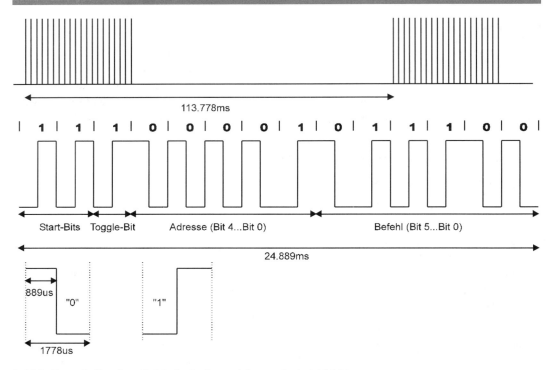

Bild 2. Protokollaufbau RC5-Code (hier: Adresse 1, Befehl 28)

Der RC5-Code gehört zu den am besten dokumentierten Protokollen. Für Selbstbaugeräte sind u. a. die Adressen 7 und 13 interessant, die für Experimentalzwecke vorgesehen wurden. Typische ICs für den Aufbau von Fernbedienungen sind:

Sender: SAA3006, SAA3010 (Fa. Philips)

                 HT6230 (Fa. Holtek)

                 PT2211 (Fa. Princeton)

Empfänger: SAA3009, SAA3049 (Fa. Philips)

Nachfolgend ist der Zusammenhang (lt. Philips) zwischen Befehlen und Geräten aufgeführt (dezimal):

Systemadresse	Gerät
0	TV1
1	TV2
2	Videotext
3	Erweiterung für TV1 und TV2
4	Laser Vision Player

8.2 RC5-Code

Systemadresse	Gerät
5	Videorekorder1 (VCR1)
6	Videorekorder2 (VCR2)
7	Reserviert
8	SAT1
9	Erweiterung für VCR1 und VCR2
10	SAT2
11	Reserviert
12	CD-Video
13	Reserviert
14	CD-Photo
15	Reserviert
16	Audio-Vorverstärker1
17	Tuner
18	Analoger Kassettenrekorder
19	Audio-Vorverstärker2
20	CD
21	Audio-Rack oder Aufnahmegerät
22	Audio Satlitenempfänger
23	DCC-Rekorder
24	Reserviert
25	Reserviert
26	Beschreibbare CD
27...31	Reserviert

Gemeinsame Befehle aller Adressen:

Befehl	Bedeutung
0	0
1	1
2	2
3	3
4	4
5	5
6	6
7	7
8	8
9	9
16	Volume +
17	Volume −
18	Brightness +
19	Brightness −

8. Infrarot-Datenübertragungs-Protokolle

Befehl	Bedeutung
20	Color saturation +
21	Color saturation –
22	Bass +
23	Bass –
24	Treble +
25	Treble –
26	Balance right
27	Balance left
63	System select

Sonstige Befehle der Adressen 0 und 1 (TV1 / TV2):

Befehl	Bedeutung
10	1/2/3 digits / 10
11	Freq./prog./ch./11
12	Standby
13	Mute/de-mute
14	Personal pref.
15	Display
28	Contrast +
29	Contrast –
30	Search +
31	Tint/hue –
32	Ch./prog. +
33	Ch./prog. –
34	Altern./ch.
35	1/2 language
36	Spatial stereo
37	Stereo/mono
38	Sleep timer
39	Tint/hue. +
40	RF switch
41	Store/execute/vote
42	Time
43	Scan fwd./increm.
44	Decrement
46	Sec con/menu
47	Show clock
48	Pause
49	Erase/correct
50	Rewind

8.3 SIRCS- bzw. CNTRL-S-Code

Befehl	Bedeutung
51	Go to
52	Wind
53	Play
54	Stop
55	Record
56	External 1
57	External 2
59	Advance
60	TXT sub-mode/12
61	Sys. Standby
62	Crispener

8.3 SIRCS- bzw. CNTRL-S-Code

Das SIRCS- oder auch CNTRL-S-Protokoll von Sony besteht aus einem Start-Bit und 12 bis 20 Befehls-Bits. Der Befehl ist unterteilt in einen 5 bis 13 Bit langen Adress- und einen 7 Bit langen Tastencode. Der zeitliche Ablauf dieser Pulse ist in Bild 4 gezeigt.

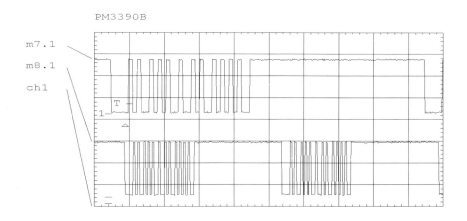

```
       Y/Div:    Timebase:   TRACE    Trigger time & date
       2.00 V    10.0ms      ch1      12:36:23:88  18-10-2000
       2.00 V    5.00ms      m7.1     12:31:08:17  18-10-2000  =COPY(ch1)
       2.00 V    10.0ms      m8.1     12:33:33:16  18-10-2000  =COPY(ch1)

       Time of hardcopy:              12:40:54     18-10-2000
```

Bild 3. SIRCS-Code am Ausgang des Empfänger IC TFMS5360

8. Infrarot-Datenübertragungs-Protokolle

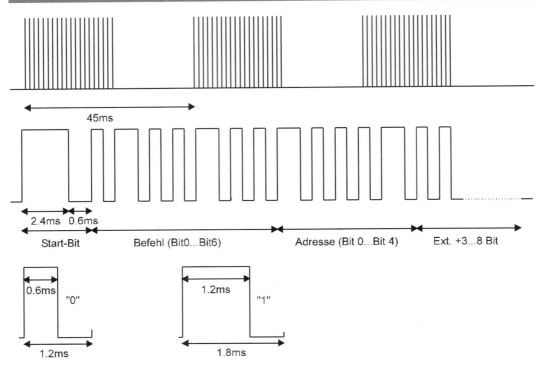

Bild 4. Protokollaufbau CNTRL-S und SIRCS

Zunächst wird ein langes Start-Bit (2,4 ms) gesendet, worauf eine Pause von 0,6 ms folgt. Anschließend folgen die eigentlichen Daten, wobei eine „1" durch 1,2 ms an, 0,6 ms aus und eine „0" durch 0,6 ms an und 0,6 ms aus repräsentiert wird. Die Übertragung muss nach einer Pause noch mindestens zweimal (fünfmal bei Camcorder) wiederholt werden, sonst wird von einem Übertragungsfehler ausgegangen. SIRCS entspricht im Timing dem CTRL-S, aber SIRCS wird mit 40 kHz gepulst. CTRL-S wird für die drahtgebundene Steuerung von Geräten verwendet, z. B. zur Kopplung von Videorekordern.

Bei der Analyse einer Fernbedienung von SONY zeigte sich, dass folgendes IC eingesetzt wird: KIE RA275 S42.

Codes für die Adresse von Geräten (dezimal):

Systemadresse	Gerät
1	TV
2	VTR1
4	VTR2
6	Laserdisk
7	VTR2

8.3 SIRCS- bzw. CNTRL-S-Code

Systemadresse	Gerät
11	VTR3
12	Surround sound processor
16	Cassette deck, tuner
17	CD Player
18	Equalizer
164	TV digital effects (8 bit device code)

Auszug für sonstige Befehle:

Befehl	Bedeutung
000	1 button
001	2 button
002	3 button
003	4 button
004	5 button
005	6 button
006	7 button
007	8 button
008	9 button
009	10 button/0 button
011	Enter
016	Channel up
017	Channel down
018	Volume up
019	Volume down
020	Mute
021	Power
022	Reset TV
023	Audio mode: mono/SAP/stereo
024	Picture up
025	Picture down
026	Color up
027	Color down
030	Brightness up
031	Brightness down
032	Hue up
033	Hue down
034	Sharpness up
035	Sharpness down
036	Select TV tuner

8. Infrarot-Datenübertragungs-Protokolle

Befehl	Bedeutung
038	Balance left
039	Balance right
041	Surround on/off
042	Aux/Ant
047	Power off
048	Time display
054	Sleep timer
058	Channel display
059	Channel jump
064	Select input video1
065	Select input video2
066	Select input video3
074	Noise reduction on/off
078	Cable/broadcast
079	Notch filter on/off
088	PIP channel up
089	PIP channel down
091	PIP on
092	Freeze screen
094	PIP position
095	PIP swap
096	Guide
097	Video setup
098	Audio setup
099	Exit setup
107	Auto program
112	Treble up
113	Treble down
114	Bass up
115	Bass down
116	+ key
117	– key
120	Add channel
121	Delete channel
125	Trinitone on/off
127	Displays a red RtestS on the screen

8.4 DENON-Code

Der Denon-Code besteht aus insgesamt 15 Bits, die mindestens zweimal mit einem Abstand von 65 ms gesendet werden. Dem Code, der mit einer Modulationsfrequenz von 32 kHz gesendet wird, ist kein *Header* vorangestellt. Die Pulslängen sind folgendermaßen codiert:

1: 275 µs Puls, 1900 µs Pause

0: 275 µs Puls, 775 µs Pause

Um die Dekodierungssicherheit zu erhöhen, wird der Code ein zweites Mal invertiert gesendet. Der Empfänger akzeptiert damit nur dann einen Befehl, wenn der zweite Befehl nach Umrechnung mit dem ersten übereinstimmt. Zu beachten ist, dass der Adressencode nicht invertiert wird.

Der komplette Code besteht aus einem 5-Bit-Geräte-Code und einem 10-Bit-Funktions-Code. Das 16. Bit wird als Stop-Bit betrachtet.

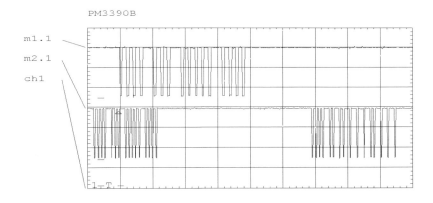

Bild 5. Denon-Code am Ausgang des Empfänger IC TFMS5360

Der Denon-Code wird u. a. von dem Microcontroller M50560-175 von Mitsubishi generiert. Dieser Controller findet sich in den verschiedensten Fernbedienungen und wird vom jeweiligen Kunden programmiert. Die unterschiedlichen Versionen unterscheiden sich in den letzten drei Ziffern, die einen Hinweis auf den Softwarecode liefern.

8. Infrarot-Datenübertragungs-Protokolle

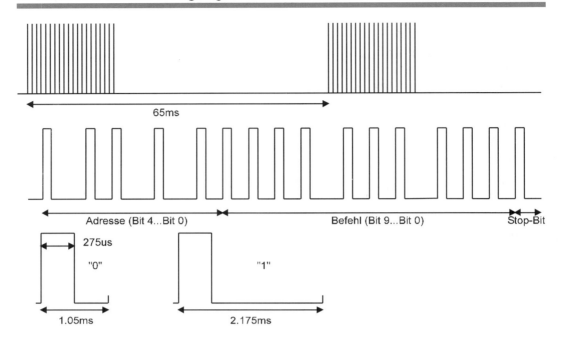

Bild 6. Protokollaufbau Denon-Code

8.5 NEC-Code

Der NEC-Code arbeitet mit einer Trägerfrequenz von 38 kHz und wird im PPM-Verfahren ausgestrahlt (*pulse position modulation*). Er beginnt mit einem 9 ms langen Start-Bit, gefolgt von einer 4,5 ms Pause. Die eigentliche Information steckt in den folgenden 32 Bits, die sich aus 16 Bits Hersteller-Code und 16 Befehls-Bits zusammensetzen. Die Befehls-Bits werden jeweils als normale und invertierte 8-Bit-Information gesendet. Ein komplettes Protokoll besitzt eine Länge von 67,5 ms, wobei die Bits folgende Länge aufweisen:

1: 0,56 ms Puls; 1,69 ms Pause

0: 0,56 ms Puls; 0,565 ms Pause

Ein neues Protokoll wird 108 ms nach Beginn des ersten gesendet. Eine Besonderheit stellt der Code bei einer fortlaufend gedrückten Taste dar. Hier besteht das Start-Bit aus einem 9 ms Puls, gefolgt von einer 2,25 ms langen Pause mit einem nachfolgenden 0,56 ms langen Bit. Durch diese Maßnahmen wird der Stromverbrauch laut NEC auf bis zu 3 % gegenüber dem ersten Protokoll reduziert. Ein Nachteil von dieser Maßnahme ist naturgemäß der Umstand, dass, wenn das erste Protokoll vom Empfänger nicht korrekt dekodiert werden kann, auch der andauernde Tastendruck zu keiner Reaktion führt, da hier keine eindeutige Information mehr zur jeweiligen Taste mitübertragen wird.

8.5 NEC-Code

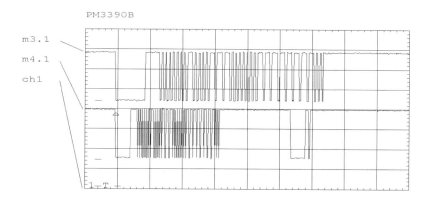

Bild 7. NEC-Code am Ausgang des Empfänger IC TFMS5360

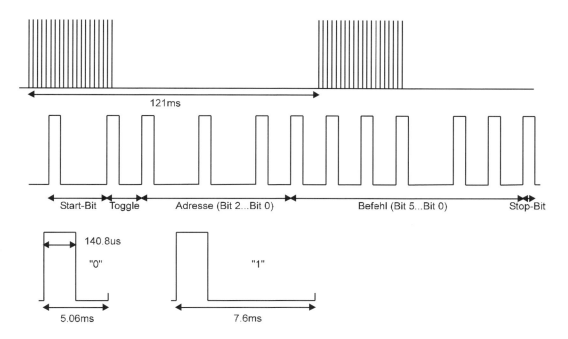

Bild 8. Protokollaufbau NEC-Code

111

8. Infrarot-Datenübertragungs-Protokolle

Typische Sende-ICs für den Aufbau von Fernsteuerungen sind:

PT2221, PT2222 (Fa. Princeton)

µPD6120, µPD6121 Fa. NEC

Die Firma Sanyo bietet mit den Bausteinen LC7461M und LC7462M zwei ICs an, die sich vom NEC-Protokoll nur dadurch unterscheiden, dass 13 Bits Hersteller-Codes verwendet werden. Diese Bits werden neben dem Daten-Code auch nochmals invertiert gesendet.

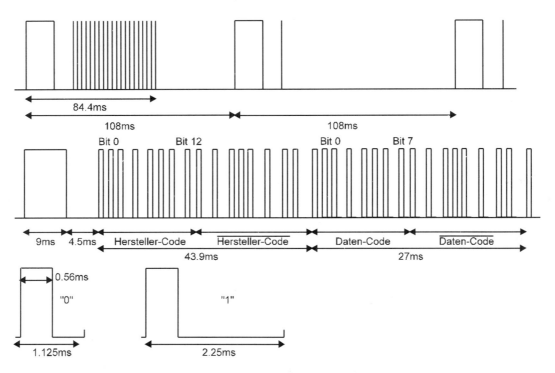

Bild 9. Protokollaufbau NEC-Code (Version von Sanyo)

8.6 RECS80-Code

Der RECS80-Code von Philips verwendet für die Datenübertragung Pulsabstandsmodulation und ist dadurch gekennzeichnet, dass auf einen „High"-Puls definierter Länge eine variable Pausenlänge folgt, deren Dauer den logischen Zustand des Übertragungs-Bits angibt. Der Code definiert 1280 Codierungen, aufgeteilt in 64 Befehle und 20 Subsysteme. Als Subsystem sind die verschiedenen Befehlsempfänger wie Fernseher, Videorecorder u.s.w. definiert. Hieraus ergibt sich mit einem Toggle- und Start-Bit eine maximale Wortlänge von 12 Bit.

8.6 RECS80-Code

Bedingt durch die historische Entwicklung des Codes wird bei der Verwendung der Subadressen 1 bis 7 nur ein Datenwort von 11 Bits (drei Subadress-Bits) übertragen, was eine Dekodierung durch Software erschwert. Die Toggle-Bits werden von einem Zähler im Geber-IC gesetzt, der nach jedem neuen Tastendruck weitergezählt wird. Dies geschieht nicht bei andauerndem Tastendruck. Zu beachten ist, dass nur bei der Datenübertragung im Flash-Mode zwei Toggle-Bits verwendet werden.

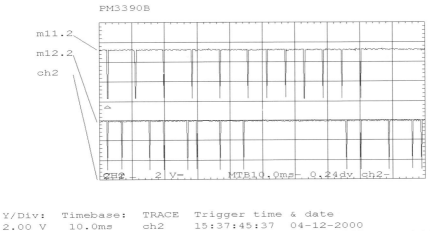

Bild 10. RECS80-Code am Ausgang des Empfänger IC TFMS5360

Bei ICs, die das Infrarotlicht moduliert ausstrahlen, wird das erste Toggle-Bit als Start-Bit mit konstanter Länge angesehen.

In Bild 10 werden in der unteren Hälfte nicht alle Bits dargestellt, da durch die *Sampling Rate* des Oszilloskops nicht alle Nadeln erfasst werden. Das RECS80-Protokoll codiert einzelne Bits durch unterschiedlich lange Pausen, die Lichtimpulsen konstanter Länge (140,8 µs) folgen. Die für den Bit-Wert entscheidenden Zeiten zwischen den Lichtimpulsen betragen für die „0" 5,06 ms und für die „1" 7,60 ms (immer bezogen auf die Verwendung eines 455-kHz-Resonators im Sender). Obwohl die Datenpakete für die Übertragung je nach Kommando unterschiedlich lange brauchen, ist die Gesamtlänge mit Pause bis zur nächsten Wiederholung des Signals mit 121 ms konstant. Die Modulationsfrequenz beträgt 38 kHz. Typische ICs für den Aufbau von Fernsteuerungen sind:

Sender: SAA3004, SAA3007 und SAA3008 (Fa. Philips)

M3004, M3005, M3006 (Fa. SGS Thomson)

Empfänger: SAA3009, SAA3049 (Fa. Philips)

8. Infrarot-Datenübertragungs-Protokolle

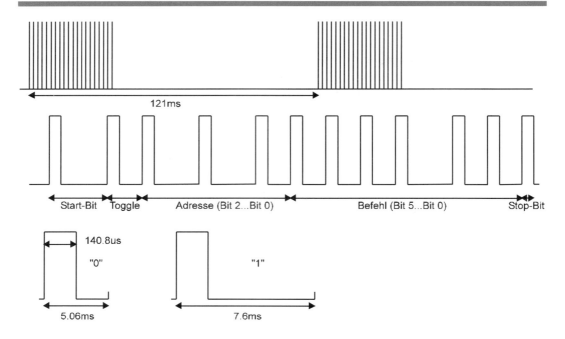

Bild 11. Protokollaufbau RECS80-Code

8.7 MOTOROLA-Code

Der Motorola-Code besteht aus einem 9-Bit-Datenwort, bei dem die Information ähnlich dem RC5-Code biphasen-codiert übertragen wird. Eine „0" besteht aus einer 512 µs Pause, gefolgt von einer 512 µs langen Highphase, und eine „1" aus einer Highphase, gefolgt von einer Pause. Die Codierung ist damit entgegengesetzt dem RC5-Code. Die Trägerfrequenz ist typischerweise 32 kHz.

Ein komplettes Telegramm besteht aus mehreren Nachrichten, wobei ein Telegramm immer mit einer Startnachricht von neun „1"-Bits beginnt, gefolgt von dem Code der gedrückten Taste. Dieser Code wird für die Dauer des Tastendrucks gesendet. Die Übertragung wird mit dem Loslassen der Taste beendet, wobei eine Endenachricht mit neun „1"-Bits gesendet wird. Bei einem kurzen Tastendruck werden somit drei Nachrichten übertragen.

Jede Nachricht besteht aus einem Pre-Bit, einer Pre-Bit-Pause, einem Start-Bit und neun Daten-Bits. Das Pre-Bit und das Start-Bit sind immer eine logische „1". Das Pre-Bit ist für die Einstellung des AGC-Pegels im Empfänger verantwortlich.

Das IC MC144105 ist ein typischer Vertreter für den Aufbau von Fernbedienungen mit dem Motorola-Code.

8.7 MOTOROLA-Code

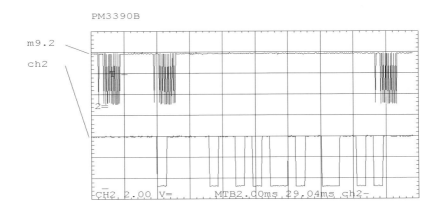

Bild 12. Motorola-Code am Ausgang des Empfänger IC TFMS5360

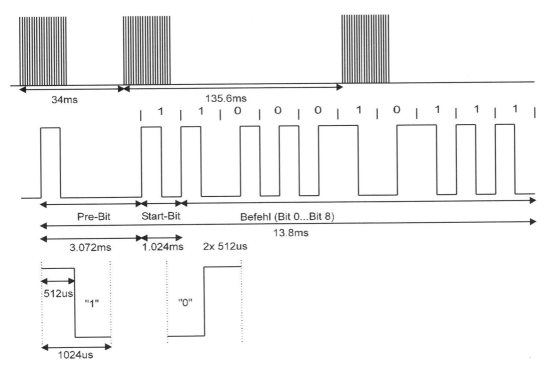

Bild 13. Protokollaufbau Motorola-Code

8. Infrarot-Datenübertragungs-Protokolle

8.8 JAPAN-Code

Analog zum RC5-Code, der einer Normierung unterliegt, wurde in Japan ein Ausschuss gegründet, der die Datenübertragung bei Haushaltsgeräten beschreibt und reglementiert (*Japan's Association for Electric Home Appliances* ➔ *Recommended standards for infrared remote controls*). Das normierte Protokoll besteht aus einer Folge von 48 Bits, die wie folgt gruppiert sind:

Hersteller-Code 16 Bit	Parity-Code 4 Bit	System-Code 4 Bit	Produkt-Code 8 Bit	Funktions-Code 8 Bit	Datenüberprüfungs-Code 8 Bit

Hersteller-Code:

Diese 16 Bits kennzeichnen den Hersteller der Fernbedienung und werden bei der Normierungsbehörde registriert. Sie werden bei der Fertigung per Maske in das IC implementiert.

Parity-Code:

Diese vier Bits sind für die Überprüfung von Datenübertragungsfehlern zuständig.

System-Code:

Die vier Systemcode-Bits werden während der IC-Fertigung per Maske in den Chip implementiert.

Produkt-Code:

Der 8-Bit-Produkt-Code setzt sich aus zwei maskenprogrammierten und sechs vom Benutzer festgelegten Bits zusammen. Durch die externe Verdrahtung am Chip wird so die zu übertragende Adresse festgelegt.

Funktions-Code:

Der 8-Bit-Funktions-Code beschreibt den Wert der gedrückten Taste.

Datenüberprüfungs-Code:

Mit diesen acht Bits wird ein Fehler bei der Datenübertragung festgestellt, indem die Daten von System-, Produkt- und Funktions-Code mittels eines speziellen Algorhythmus umgerechnet und überprüft werden.

Eine logische Eins wird kodiert mit einer Highphase von 0,42 ms, gefolgt von einer Lowphase von 0,42 ms. Eine logische Null besteht aus einer Highphase von 0,42 ms, gefolgt von einer Lowphase von 1,27 ms.

8.8 SAMSUNG-Codes

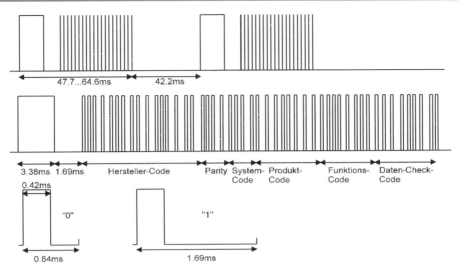

Bild 14. Protokollaufbau Japan-Code

Ein typisches Sende-IC für das Japan-Format ist der Baustein LC7463M oder LC7465M von Sanyo.

8.9 SAMSUNG-Codes

Samsung beschreibt in den Datenblättern seiner ICs zwei verschiedene Protokolle. Während Protokoll 1 durch das Sende-IC KS9802 generiert wird, erlaubt Protokoll 2 weitaus mehr Befehle und wird von einem Microcontroller erzeugt.

8.9.1 SAMSUNG-Code 1

Der Samsung-Code 1 überträgt ein Datenpaket von 12 Bits, dem keine besondere Startbedingung vorangestellt ist. Der Code setzt sich zusammen aus drei Bits Hersteller-Code, drei Bits, die bestimmten Tasten zugeordnet sind, sowie sechs Bits, die dem Wert der gedrückten Taste entsprechen. Beschaltet mit einem 455-kHz-Resonator, wird der Code durch das IC KS9802 mit einer Trägerfrequenz von 38 kHz gesendet.

8.9.2 SAMSUNG-Code 2

Das Samsung-Protokoll 2 besteht aus einem Start-Bit, gefolgt von 12 Bit Hersteller- und acht Bit Daten-Code. Das Protokoll wird immer mindestens zweimal gesendet. Die Information einer digitalen „0" besteht aus einer Highphase von 0,56 ms, gefolgt von einer Lowphase mit 0,56 ms. Die digitale „1" wird mit einem Highpegel von 0,56 ms codiert, gefolgt von einer 1,69 ms Lowphase. Bei andauerndem Tastendruck wird das Protokoll alle 60 ms wiederholt. Die Trägerfrequenz beträgt 38 kHz.

8. Infrarot-Datenübertragungs-Protokolle

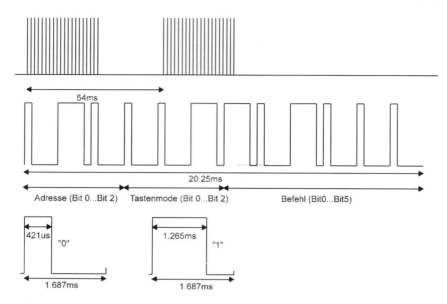

Bild 15. Protokollaufbau Samsung-Code 1

Für das Samsung-Format 2 gibt es keine speziellen Sende-ICs. Der Code wird durch Microcontroller generiert. Ein Beispieltyp hierfür ist der KS51840 von Samsung, in dessen Datenblatt der Code für den Aufbau einer Fernbedienung aufgeführt ist.

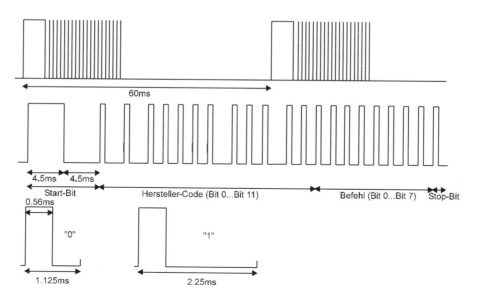

Bild 16. Protokollaufbau Samsung-Code 2

8.10 FERNOST-Code

Die Information einer digitalen „0" besteht aus einer Highphase von 0,55 ms, gefolgt von einer Lowphase von 0,45 ms. Die digitale „1" wird mit einem Highpegel von 0,55 ms codiert, gefolgt von einer 1,45 ms Lowphase. Die Trägerfrequenz des Fernost-Formats beträgt 38 kHz. Bemerkenswert ist die 4 ms lange Pause, die im Code Adressen- und Befehls-Bits trennt.

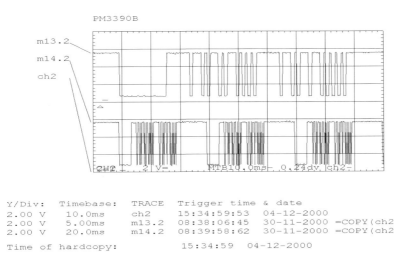

Bild 17. FERNOST-Code am Ausgang des Empfänger IC TFMS5360

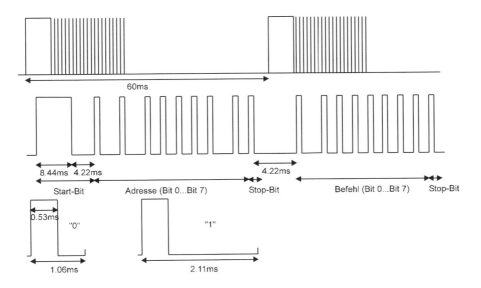

Bild 18. Protokollaufbau FERNOST-Code

8. Infrarot-Datenübertragungs-Protokolle

Typische ICs für den Aufbau von Fernsteuerungen sind:

Sender: M50560 (Fa. Mitsubishi)

HT6240-002 (Fa. Holtek)

PT2560 (Fa. Princeton)

9. Infrarot-Empfänger-ICs

Für die Entwickler von Datenübertragungssystemen ist es eine wesentliche Aufgabe, die Störungen durch allgegenwärtige optische und elektrische Strahlungsquellen zu verhindern. Dazu sind bestimmte Anforderungen an die Systeme zu stellen, aber auch deren Eigenschaften beim Einsatz zu berücksichtigen.

Der Detektor, der hochempfindlich auf die ankommenden Signale wartet, wird mit verschiedenen optischen und elektrischen Störsignalen überladen, die in der Umwelt vorhanden sind bzw. erzeugt werden. Als Störquellen sind alle optischen Quellen anzusehen, deren Strahlung im Detektor ein Signal erzeugt, und alle elektrischen Quellen, deren Frequenzspektrum im Empfangsspektralbereich liegt.

Die Industrie hat mittlerweile aufgrund des boomenden Marktes für Infrarot-Fernsteuerungen komplette ICs entwickelt, in das alle Komponenten integriert sind, die oben genannte Einflussgrößen mehr oder weniger gut eliminieren. Es macht daher in der Regel keinen Sinn, einen solchen Empfänger diskret aufzubauen, weil sich hierdurch kein Preisvorteil mehr ergibt und die elektrischen Eigenschaften bestimmt nicht besser sind als die eines hochintegrierten und abgeschirmten integrierten Schaltkreises. Das Gehäuse eines Foto-Moduls besteht aus schwarzem infrarotdurchlässigem Material mit lediglich den drei Anschlüssen

1. Masse
2. Versorgungsspannung
3. Datenausgang

Sofort nach Anschluss der Betriebsspannung kann das demodulierte Signal am Datenausgang ohne weitere Beschaltung zur weiteren Verarbeitung abgegriffen werden und erlaubt daher ein Elektronikdesign ohne Spezialkenntnisse.

Der Markt der Empfänger-ICs ist unterteilt in zwei Gruppen:

Neben den kompletten Foto-Modulen mit integrierter Empfangsdiode werden noch Vorverstärker-ICs angeboten, die weitere externe Komponenten erfordern. Diese Beschaltung besteht aus der Foto-Diode, die Infrarotstrahlung in ein elektrisches Signal umwandelt, mehreren Kondensatoren und je nach Vorverstärkertyp noch eine Spule für den Schwingkreis, der auf die Sendefrequenz wie z. B. 38 kHz abgestimmt ist.

Die Vorverstärker sind unterteilt in Typen, die für Flash-Mode oder modulierte Signale ausgelegt sind. Flash-Mode-Typen sind Breitbandverstärker, die über einen breiten Frequenzbereich das ein-

9. Infrarot-Empfänger-ICs

fallende Licht verstärken. Durch eine komplizierte innere Schaltung sowie mehrere externe Bauelemente können diese ICs das Nutzsignal vom Umgebungslicht unterscheiden.

Vorverstärker für modulierte Datenübertragung werden in der Regel mit einem auf die Trägerfrequenz abgestimmten Schwingkreis beschaltet. Die hohe Verstärkung erfordert entsprechende Abschirmmaßnahmen und ein sorgfätiges Layout der Platine, um Schwingneigungen zu unterdrücken. Als Folge des hohen Bauteileaufwandes werden diese Typen immer weniger eingesetzt, was auch aus der Anzahl der angebotenen Ausführungen ersichtlich ist.

9.1 Auflistung verschiedener Infrarot-Empfänger

Da mittlerweile nahezu jedes Gerät der Unterhaltungselektronik mit einer Infrarot-Steuerung ausgestattet ist, bildet das benötigte Bauteilevolumen naturgemäß einen Anreiz für viele Halbleiterhersteller. Die angebotenen Empfänger decken jedes nur denkbare Einsatzspektrum ab. Neben der Optimierung für unterschiedliche Trägerfrequenzen im Bereich zwischen 30...56 kHz werden Varianten angeboten, die mit besonders niedriger Betriebsspannung auskommen. An Bauformen gibt es bedrahtete und SMD-Versionen, die auch den Bereich der so genannten „Sidelooker" abdecken.

Nachfolgend sind eine Reihe von Infrarot-Empfänger-Typen aufgeführt, wobei die Liste nur einen Auszug aus dem jeweiligen Angebot der Firmen darstellt und keinen Anspruch auf Vollständigkeit erhebt. Auch sind nur die ICs für den Trägerfrequenzbereich von 38 kHz exemplarisch dargestellt. Da der Bauteilemarkt sich ständig weiterentwickelt, ist es ratsam, bei einem geplanten Projekt die Internetseiten der jeweiligen Hersteller zu besuchen und damit die neuesten technischen Details abzufragen.

Foto-Module für 38 kHz:

Vishay:	TSOP1238
	TSOP4838
	TFMM1838
Infineon:	SFH5110-38
Sharp:	IS1U60
	IS1U621
	GP1UC71X
	GP1U261R
	GP1U101X
Panasonic:	PNA4602M
	PNA4612M
Sanyo:	SPS-440-1-E
Rohm:	RPM6938
	Nachfolgetyp: RPM7038-H
Citizen:	RS-21, RS-141, RS-351
Kodenshi:	PIC-12043S
JRC:	NJL61H380

Vorverstärker:

Atmel:	U2535B / U2538B (Träger-Frequenz-Übertragung)
Plessey:	SL486 (Flash-Mode)
Samsung:	KA2181 (Trägerfrequenz-Übertragung)
ST:	TDA2320 (Flash-Mode oder Trägerfrequenz- Übertragung)
NEC:	µPC2800A (Trägerfrequenz-Übertragung)
Siemens:	TDA4040 (Trägerfrequenz- Übertragung)

9.1 Auflistung verschiedener Infrarot-Empfänger

Typ	Betriebs-spannung	Stromverbrauch typ./max.	Bestrahlungs-Winkel in X-Richtung für 50% Reichweite	Reichweite min./typ.	Betriebstemperaturbereich	Besonderheiten
PIC-12043S	4,7 V...5,3 V	--- / 5 mA	45°	--- / 10 m	–10...60 °C	
TSOP1238	4,5 V...5,5 V	0,6 mA / 1,5 mA	45°	--- / 35 m	–25...85 °C	
TSOP4838	4,5 V...5,5 V	1,1 mA / 1,5 mA	45°	--- / 35 m	–25...85 °C	Andauernde Datenübertragung möglich
TFMM1838	3,0 V...6,0 V	1 mA / 1,2 mA	40°	--- / 35 m	–25...85 °C	Niedrige Betriebsspannung SMD-Version
SFH5110-38	4,5 V...5,5 V	1,3 mA / ---	53°	--- / 30 m	–10...75 °C	
IS1U60	4,7 V...5,3 V	2,8 mA / 4,5 mA	45°	5 m / ---	–10...60 °C	
IS1U621	4,7 V...5,3 V	2,8 mA / 4,5 mA	50°	8 m / ---	–10...60 °C	
GP1UC71X	2,4 V...3,6 V	--- / 2,5 mA	---	8 m / ---	–10...70 °C	Niedrige Betriebsspannung
GP1U261R	4,7 V...5,3 V	--- / 5 mA	50°	6.5 m / ---	–10...70 °C	Interne Spannungsregelung → Daher kein R u. C nötig
GP1U101X	4,7 V...5,3 V	--- / 5 mA	63°	8 m / ---	–10...70 °C	Interne Spannungsregelung → Daher kein R u. C nötig SMD-Version
PNA4602M	4,7 V...5,3 V	2,4 mA / 3 mA	38°	8 m / 10 m	–10...70 °C	
PNA4612M	4,7 V...5,3 V	2,4 mA / 3 mA	38°	11 m / 16 m	–10...70 °C	
SPS-440-1-E	4,7 V...5,3 V	1,4 mA / 2,2 mA	---	8 m / 10 m	–10...60 °C	
RS-21	4,5 V...5,5 V	2,1 mA / 2,8 mA	53°	8 m / 10 m	–30...85 °C	SMD-Version
RS-141	4,5 V...5,5 V	0,5 mA / 1 mA	45°	5 m / 7 m	–30...85 °C	SMD-Version
RS-351	2,4 V...5,5 V	0,2 mA / 0,3 mA	53°	5 m / 7 m	–30...85 °C	Niedrige Betriebsspannung Sidelook SMD-Version
NJL61H380	4,5 V...5,5 V	---/ 3 mA	50°	8 m / 16 m	–30...85 °C	
RPM6938	4,5 V...5,5 V	1,5 mA / 2 mA	53°	8 m /12 m	–10...75 °C	

Anm.: --- = keine Datenblattangabe

Tabelle 1. Vergleich der wichtigsten technischen Daten verschiedener Photo-Module

Bei den Angaben über die Reichweite ist immer das Datenblatt zur Rate zu ziehen, da jeder Hersteller andere Messmethoden verwendet und daher die Werte nicht direkt miteinander vergleichbar sind!

9. Infrarot-Empfänger-ICs

9.1.1 Pinbelegung

Ansicht von vorne:

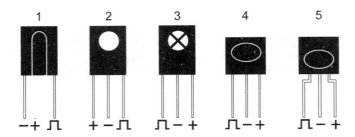

Bauform	Typ	Hersteller
1	SFH506	Infineon
	TFMS5360	Temic
	TSOP1736	Vishay
2	SFH505A	Infineon
3	PIC-12043S	Kodenshi
4	IS1U60	Sharp
5	SFH5110	Infineon
	NJL61H380	JRC

9.2 Technischer Aufbau eines Foto-Moduls

Anhand des Infrarot-Empfängers Typ TFMS5..0 von Temic (heute Vishay Telefunken) soll der innere Aufbau eines Foto-Moduls näher erläutert werden, wodurch wertvolle Erkenntnisse über das Verhalten der Empfänger und die Hintergründe der Datenblattangaben gewonnen werden.

Die auf die Foto-Diode auftreffenden Infrarotimpulspakete werden durch eine spezielle Eingangsschaltung aufbereitet und vom integrierten Bandpassfilter verstärkt. Die anschließende Auswertung besteht aus Komparator, Integrator und Schmitt-Trigger.

Die Blöcke „Kurzzeitsteuerung" und „Langzeitregelschaltung" sind Funktionen, die dynamisch die Arbeitspunkte des Schaltkreises regeln, um Fremdlicht- und andere Störeinflüsse zu unterdrücken. Die Kurzzeitsteuerung ist für die schnelle Reaktion und das Einpegeln auf das Nutzsignal verantwortlich, während die Langzeitregelschaltung u. a. Einflüsse von Dauerstörern auszuregeln hat.

9.2 Technischer Aufbau eines Foto-Moduls

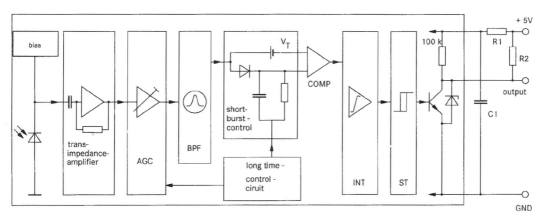

Bild 1. Blockschaltbild TFMS5..0

9.2.1 Eingangsstufe

Die Eingangsstufe sorgt für die nötige Vorspannung der Photodiode sowie der Auskopplung des Nutzsignals. Dabei werden Gleich- und Wechselstromanteile in getrennten Schaltungsteilen verarbeitet. Gleichstromanteile werden im Block „Vorspannung", Wechselsignale im Transimpedanzverstärker verarbeitet.

Die Blockschaltung „Vorspannung" wirkt gegenüber der Photodiode wie ein Lastwiderstand, dessen Wert für Gleich- bzw. niederfrequente Signale klein (3...100 kΩ), bei der Arbeitsfrequenz jedoch möglichst groß ist (100 kΩ...1 MΩ, abhängig vom Eingangsstrom). Die Wechselanteile des Eingangssignals gelangen zu dem invertierenden Transimpedanzverstärker mit niedrigem Eingangswiderstand (Z_i < 10 kΩ).

9.2.2 AGC-Verstärker (AGC = *Automatic Gain Control*)

Diese Verstärkerstufe bewirkt den größten Teil der Spannungsverstärkung, wobei die Verstärkung durch die Langzeitregelschaltung eingestellt wird. Sie unterstützt damit die Störunterdrückung der Auswerteschaltung. Durch die interne kapazitive Kopplung der einzelnen Stufen resultiert ein Hochpassverhalten. Die Grenzfrequenz beträgt etwa 20 kHz.

9.2.3 Bandpassfilter

Das Bandpassfilter wird während des Produktionsprozesses auf die Trägerfrequenz des verwendeten Nutzsignals des Senders abgestimmt und erhöht mit seiner Selektivität das Signal-Rauschverhältnis des Nutzsignals. Sowohl die Filtergüte als auch die Verstärkung des Filters liegen bei etwa 10.

9. Infrarot-Empfänger-ICs

9.2.4 Signalauswertung

Mittels des Signalkomparators (Comp) wird das vom Bandpassfilter gelieferte Signal mit einer Referenz V_t verglichen. Diese Referenz wird durch die Kurzzeit- und Langzeitregelung vorgegeben. Die Spannung V_t bestimmt die Empfindlichkeit der Auswertung und verhindert somit den Durchgriff kleiner Störspannungen auf den Ausgang.

Abhängig von oben genanntem Vergleich wird der Integrator (INT) angesteuert. Dessen Ausgang wird nach Verarbeitung durch einen Schmitt-Trigger (ST) zur Steuerung der Endstufe herangezogen. Durch die Einschaltung des Integrators werden kurzzeitige Störungen vom Ausgang ferngehalten.

Der intern am Ausgangstransistor vorhandene 100-kΩ-Pull-up-Widerstand kann je nach Anwendung einen externen Widerstand ersetzen. Der Ausgangsstrom wird intern begrenzt auf circa 10 mA.

9.2.5 Kurzzeitsteuerung

Die Kurzzeitsteuerung nimmt die Empfindlichkeit der Auswerteschaltung nach dem Empfang des ersten Signals zurück. Die Komparatorreferenz wird auf den Pegel für größtmögliche Erkennungssicherheit angehoben. Damit wird verhindert, dass sich Störspannungen, die während der Übertragung eines Informationsblocks auftreten können, auf den Ausgang durchgreifen. Die Empfindlichkeitsreduzierung wird durch Anhebung des negativen Eingangs des Signalkomparators erreicht. Das RC-Glied kennzeichnet die Zeitkonstante ($t < 10$ ms) der Kurzzeitsteuerung, welche gut an die gängigen Übertragungsverfahren angepasst ist.

9.2.6 Langzeitregelung

Die Langzeitregelschaltung ist verantwortlich für die Störfestigkeit der Schaltung, indem die Empfindlichkeit der Auswertung und die Verstärkung des AGC-Verstärkers an den jeweils vorhandenen Störpegel angepasst werden. Die Reduzierung der Auswerteempfindlichkeit wird dabei wie bei der Kurzzeitsteuerung durch Anhebung des negativen Signalkomparatoreingangs erreicht. Um zu verhindern, dass die Empfindlichkeit während der Telegrammübertragung nennenswert zurückgeht, ist die Zeitkonstante der Langzeitregelung ausreichend groß gewählt.

Eine in der Langzeitregelung implizierte Monoflopfunktion bewirkt auch bei kurzzeitig auftretenden Störspannungen eine Mindestanhebung der Auswerteschwelle. Auf diese Weise werden derartige Störspannungen anteilmäßig stärker zur Empfindlichkeitseinstellung herangezogen als Nutzsignale.

Der im Bandpassfilter integrierte Eingangsteiler stellt der Langzeitregelung einen höheren Signalpegel zur Verfügung als dem Signalkomparator. Somit können auch Einflüsse durch Dauerstörer wie z. B. Energiesparlampen und HF-Signalen wirksam unterdrückt werden.

9.3 Einsatz unter verschiedenen Telegrammsituationen

9.3.1 Einfluss der Kurzzeitsteuerung

Die Kurzzeitsteuerung erhöht die Signalauswerteschwelle auf einen Wert, für den sich ein optimales Signal-Rauschverhältnis bezüglich des empfangenen Nutzsignals einstellt. Zwischen den einzelnen eintreffenden Pulspaketen des Sendetelegramms läuft diese Schwelle mit einer Zeitkonstante von t = 10 ms ihrem ursprünglichen Wert entgegen, bis das nächste eintreffende Pulspaket die Schwelle entsprechend nachstellt.

Im Wartezustand, wenn also keine Signale auf das Empfängermodul eintreffen, befindet sich die Schaltung im höchstempfindlichen Betriebszustand. Der Arbeitspunkt wird durch das vom Eingangsrauschen gegebene Signal bestimmt. Dieses Rauschen soll gerade noch kein Schalten des Ausgangs verursachen. Durch die statistische Verteilung des Eingangsrauschstroms ist allerdings trotzdem nicht auszuschließen, dass gelegentlich einzelne Pulse in diesem Betriebszustand am Ausgang auftreten. Für den nachfolgenden Signalprozessor stellt dies allerdings kein Problem dar, solange die Pulse nur selten auftreten.

Beim Eintreffen des ersten Pulspakets eines Telegramms liegt zunächst die Signalauswerteschwelle auf einem relativ niedrigen Wert, bevor dieser durch die Kurzzeitsteuerung optimal eingestellt wird. Dadurch ergibt sich für das erste Pulspaket eine um max. $2/f_{nenn}$ verkürzte Einschaltzeit (f_{nenn} = Nennfrequenz). Dieses Verhalten sollte bei der Erstellung der Auswertesoftware berücksichtigt oder durch Voranstellung eines Vorsignals bezüglich der Datenpulspakete wirkungslos gemacht werden.

Während der Übertragung eines Datenworts ist die Regelung dann in einen optimierten Regelzustand gefahren, der den größtmöglichen Signal-Störabstand sichert.

Bei der Verwendung von Übertragungsverfahren mit Pulspaketabständen von $T_{rep} > 15$ ms innerhalb der Telegramme läuft die Signalauswerteschwelle während der Pausen nahe an ihren ursprünglichen Wert. Dieser Betriebsfall sollte nicht angestrebt werden, da in diesem Fall das Signal-Rauschverhältnis nicht optimal ist, wobei die Wahrscheinlichkeit für einen Ausgangsimpuls als Folge einer Störung steigt. Lässt sich dieser Betriebszustand nicht vermeiden, wäre es hier angezeigt, die Auswertesoftware entsprechend fehlertolerant zu gestalten, um Telegrammverwerfungen und damit verlängerte Ansprechzeiten der gesteuerten Geräte zu unterbinden.

9.3.2 Einfluss der Langzeitregelung

Die Langzeitregelung passt die Signalauswerteschwelle an das bestehende optische Störfeld an. Di Regelschaltung kann hierzu zwischen Nutzsignalen und dem Störfeld unterscheiden, solange d Telegrammstruktur die Bedingung $t_{pi}/T \leq 0{,}4$ nicht verletzt.

9. Infrarot-Empfänger-ICs

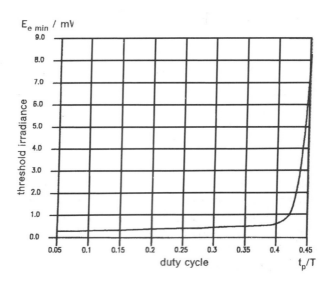

Bild 2. Empfindlichkeit als Funktion des Tastverhältnisses

Aufgrund der in der Langzeitregelschaltung inherenten Monoflopfunktion entspricht das dabei zu berücksichtigende Tastverhältnis nicht genau dem Wert, der aus dem Sendetelegramm ermittelt wird.

Um das für die Funktion tatsächlich maßgebende Tastverhältnis t_{pi}/T_{eff} zu ermitteln, ist es erforderlich, zu jeder Pulspaketlänge eine konstante Zeit von $T_m = 250$ ms zu addieren. Dieser Sachverhalt wird anhand des Telegramms in Bild 3 verdeutlicht. Das jeweils maßgebliche Tastverhältnis ist innerhalb des Zeitintervalls, in dem sich das Telegramm wiederholt, zu ermitteln.

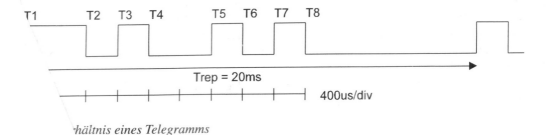

...hältnis eines Telegramms

...rholzeit des Sendebefehls. Das Tastverhältnis gemäß dem Sendetelegramm ergibt

$$\frac{-T1) + (T4 - T3) + (T6 - T5) + (T8 - T7)}{Trep} = \frac{2.000\ \mu s}{20.000\ \mu s} = 0{,}1$$

9.4 Infrarot-Empfänger TSOP12.. von Vishay

Das für die Funktion maßgebliche Verhältnis beträgt jedoch:

$$tpi/T = \frac{(T2-T1+Tm)+(T4-T3+Tm)+(T6-T5+Tm)+(T8-T7+Tm)}{Trep} = \frac{3.000\ \mu s}{20.000\ \mu s} = 0,15$$

In der Datenblattspezifikation $t_{pi}/t \leq= 0,4$ ist diese Diskrepanz für die meisten Applikationen bereits berücksichtigt. Liegt das Tastverhältnis jedoch dicht bei dem im Datenblatt spezifizierten Wert, so ist gemäß Formel 2 der genaue Wert zu ermitteln. In diesem Fall gilt der Grenzwert $t_{pi}/T_{eff} < 0,5$.

Es ist sicherzustellen, dass genannte Bedingung auch bei der Übertragung von großen Datenmengen eingehalten wird, was insbesondere bei sehr langen Übertragungsblöcken gilt, wie sie z. B. in manchen TV-Anwendungen zum Programmieren von Serviceeinstellungen verwendet werden.

Wird obiger Grenzwert bei der Übertragung überschritten, so geht die Empfindlichkeit des Empfangsmoduls allmählich zurück, bis schließlich kein Empfang mehr möglich ist. Ein großes Tastverhältnis bewirkt dabei eine hohe Geschwindigkeit dieses Vorgangs. Der ungünstigste Fall hierbei ist die Übertragung eines Dauerstrichsignals.

Für eine optimale Funktion sollte beim Einsatz der Bauelemente der TFMS5..0-Serie die Länge des ein Bit darstellenden Bursts größer als 400 µs sein. Dies entspricht z. B. 16 und mehr Pulsen pro Burst bei 36 kHz.

Nachfolgend sind zum besseren Verständnis und für Designhinweise Auszüge aus dem Datenblatt des Infrarot-Empfängers TSOP12... von Vishay dargestellt, der für modulierte Signale ausgelegt ist.

9.4 Infrarot-Empfänger TSOP12.. von Vishay

Dieser IC ist ein miniaturisiertes Foto-Modul, der je nach Typ im Frequenzbereich zwischen 30 kHz und 56 kHz eingesetzt werden kann. Empfänger-Diode und Verstärkerstufen sind komplett integriert, so dass keine externe Beschaltung nötig ist. Das demodulierte Signal kann direkt von einem Microcontroller weiterverarbeitet werden. Ein besonderes Merkmal ist die zuverlässige Funktion selbst in gestörter Umgebung und die Unterdrückung ungewollter Ausgangspulse.

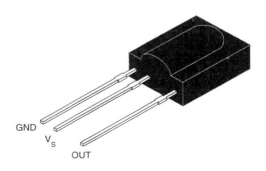

9. Infrarot-Empfänger-ICs

Merkmale:

- Empfangsdiode und Verstärker integriert
- Abschirmung gegenüber elektrischen Feldern
- Interner Filter für PCM-Frequenz
- TTL- und CMOS-kompatibel
- Ausgang aktiv low
- Niedriger Stromverbrauch
- Unterdrückung von Störungen, die verursacht werden durch
    - Gleichlicht (Glühlampenlicht oder Sonnenlicht)
    - Dauersignale auf 38 kHz oder anderen Frequenzen
    - Signale von Fluoreszenslampen

Parameter	Min.	Typ.	Max.	Einheit
Betriebsspannung	4,5		5,5	V
Stromaufnahme ($U_b = 5$ V, $E_v = 0$) ($U_b = 5$ V, $E_v = 40$ klx, Sonnenlicht)	0,4	0,6 1,0	1,5	mA
Reichweite ($E_v = 0$, IR-Diode = TSAL6200, If = 400 mA)		35		m
Richtungsabhängigkeit (Winkel für halbe Reichweite)		±45		°

Tabelle 2. Elektrische Daten

Folgende Regeln sollten beim Einsatz des TSOP12.. eingehalten werden:

- Die Trägerfrequenz wie z. B. 38 kHz sollte auf das verwendete IC abgestimmt sein.
- Die Pulslänge sollte 10 Bursts nicht unterschreiten.
- Nach jedem Puls, der zwischen 10 und 70 Bursts enthält, sollte eine Mindestzeit von 14 Bursts abgewartet werden.
- Für jeden Puls, der länger als 1,8 ms ist, sollte eine Wartezeit bis zum nächsten Puls eingefügt werden, die der 4fachen Pulslänge entspricht.
- Bis zu 800 Pulse pro Sekunde können kontinuierlich empfangen werden.

9.4 Infrarot-Empfänger TSOP12.. von Vishay

Typical Characteristics (T_{amb} = 25°C unless otherwise specified)

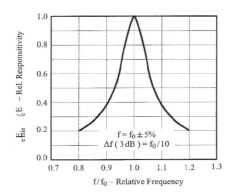

Frequency Dependence of Responsivity

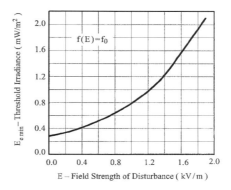

Sensitivity vs. Electric Field Disturbances

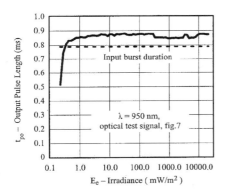

Sensitivity in Dark Ambient

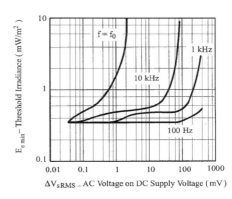

Sensitivity vs. Supply Voltage Disturbances

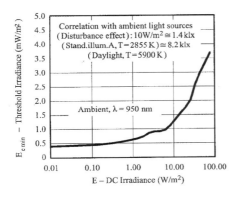

Sensitivity in Bright Ambient

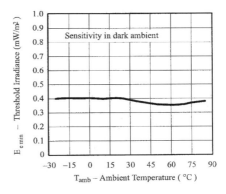

Sensitivity vs. Ambient Temperature

9. Infrarot-Empfänger-ICs

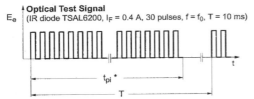

Optical Test Signal
(IR diode TSAL6200, I_F = 0.4 A, 30 pulses, f = f_0, T = 10 ms)

* $t_{pi} \geq 10/f_0$ is recommended for optimal function

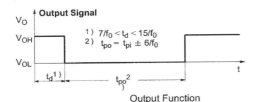

Output Signal
1) $7/f_0 < t_d < 15/f_0$
2) $t_{po} = t_{pi} \pm 6/f_0$

Output Function

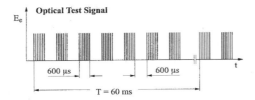

Optical Test Signal

T = 60 ms

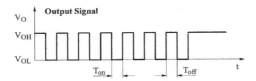

Output Signal

Output Function

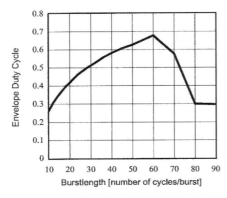

Max. Envelope Duty Cycle vs. Burstlength

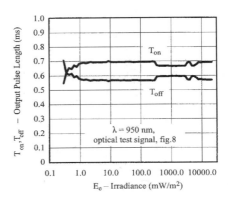

Output Pulse Diagram
λ = 950 nm, optical test signal, fig.8

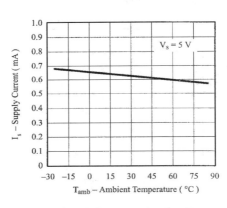

Supply Current vs. Ambient Temperature

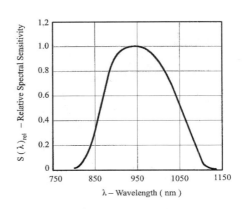

Relative Spectral Sensitivity vs. Wavelength

9.5 Infrarot-Vorverstärker SL486 von Plessey

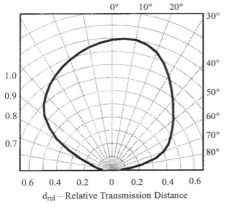

Vertical Directivity φ_y

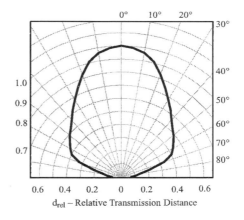

Horizontal Directivity φ_x

Anhand der Applikationsschaltung erkennt man den problemlosen Einsatz dieser Empfängermodule. Der 100-Ω-Widerstand und 4,7-µF-Kondensator bilden einen Tiefpass, der für die Filterung der Versorgungsspannung zuständig ist. Diese Bauteile sollten für eine maximale Empfindlichkeit möglichst dicht am IC immer eingesetzt werden. In Schaltungen, wo die Versorgungsspannung bereits durch Kondensatoren gut geglättet ist, können diese Bauteile natürlich entfallen.

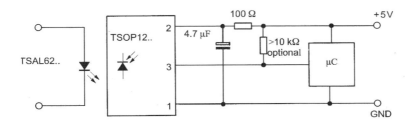

Bild 4. Applikationsbeschaltung

9.5 Infrarot-Vorverstärker SL486 von Plessey

Dieser IC ist laut Firma Plessey nicht mehr für Neuentwicklungen gedacht und wird deshalb vom Hersteller irgendwann abgekündigt werden. Da es aber momentan noch überall erhältlich ist, soll nachfolgende Beschreibung einen Einblick in die Arbeitsweise dieses Bausteins geben.

Der Vorverstärker ist das Bindeglied zwischen Infrarot-Empfangsdiode und nachgeschalteter Auswerteelektronik. Er muss auf der einen Seite schwache Nutzsignale extrem hoch verstärken, aber auf der anderen Seite auch Störsignale unterdrücken können. Das nachfolgende Blockschaltbild lässt die komplexe innere Struktur des ICs erkennen:

9. Infrarot-Empfänger-ICs

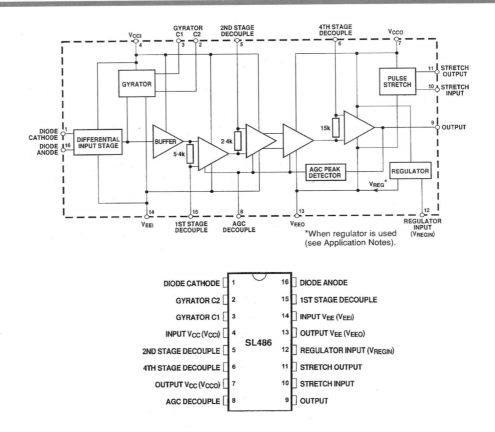

Bild 5. Blockschaltbild SL486

Die Empfangsdiode, beispielsweise vom Typ BP104 oder BPW41, wird zwischen den Pins 1 und 16 angeschlossen und arbeitet in Sperrrichtung bei einer Nennspannung von 0,65 V. Die Differenz-Eingangsstufe unterdrückt Gleichtaktanteile und reduziert die Empfindlichkeit gegenüber elekromagnetischen Störungen.

Die nachfolgende Gyratorschaltung weist zwei Rückkopplungskreise auf. Jeweils nur einer von beiden ist in Abgängigkeit von der Höhe des Diodenstroms aktiv. Bei einem Gleichspannungsanteil des Diodenstroms von unter 200 mA ist Gyrator C2 aktiv, darüber arbeitet die zweite Stufe C1 bis zu 1,5 mA. Die Werte der Kondensatoren C1 und C2 sind so berechnet, dass die Eckfrequenz des Filters bei etwa 2 kHz liegt und Störsignale mit Frequenzen um 100 Hz mit 20 dB unterdrückt werden.

Es folgen vier Differenzverstärkerstufen, deren externe Koppelkondensatoren ebenso für eine Eckfrequenz von 2 kHz ausgelegt sind. Der Ausgang des letzten Verstärkers arbeitet auf einen Spitzendetektor, der einen Steuerstrom für die AGC, die automatische Verstärkungsregelung, liefert. Der Entkoppelkondensator C5 an Pin 8 sorgt für eine relativ glatte Gleichspannung als Regelgröße, mit der die ersten drei Differenzverstärker nachgeregelt werden.

9.5 Infrarot-Vorverstärker SL486 von Plessey

9.5.1 AGC

Die AGC-Stufe weist einige Besonderheiten auf. Die Regelcharakteristik spricht sehr schnell auf eintreffende Lichtpulse an und lässt diesen Pegel nur langsam abklingen. Sofort nach dem Eintreffen von Infrarotsignalen wird die Verstärkung reduziert, so dass alle schwächeren Störsignale nicht zum Ausgang gelangen können. Auf diese Weise ist es möglich, selbst in stark gestörter Umgebung Nutzdaten zu empfangen. Das langsame Abklingen hält den Pegel der AGC-Stufe für die Dauer eines Datenpaketes nahezu konstant, bevor nach Ende der Übertragung aufgrund der Anhebung der Verstärkung Störer zum Ausgang gelangen können. Das Ausgangssignal liegt im Ruhezustand auf Lowpegel und wechselt das Potential für die Dauer des empfangenen Infrarotsignals.

9.5.2 Pulsdehnung

Flash-Mode-Signale weisen eine äußerst kurze Einschaltzeit von typischerweise 15 µs auf. Diese Zeit ist für eine Auswertung durch einen Microcontroller in vielen Fällen zu kurz. Daher ist beim SL486 eine Pulsdehnungsfunktion implementiert worden, die durch das Verbinden von Pin 9 und 10 über einen Kondensator aktiviert wird. Das gedehnte Signal kann an Pin 11 abgegriffen werden und wird mit $T_p = 200\ k\Omega \times C8 \times \ln(1.5/U_b)$ berechnet. Zu berücksichtigen ist, dass dieses Signal invertiert gegenüber dem an Pin 9 ist.

9.5.3 Interner Spannungsregler

Normalerweise arbeitet der IC mit einer Versorgungsspannung zwischen 4,5 V und 9 V. Damit sind gemäß Bild 6 Eingangs- (Pin 14) und Ausgangsmasse (Pin 13) sowie der mit auf Masse liegende Pin 12 dadurch inaktiv geschaltete interne Regler auf ein gemeinsames Potential gelegt. Übersteigt die Versorgungsspannung 9 V, muss der interne Regler aktiviert werden, um den IC vor Schaden zu bewahren. Bild 7 zeigt die Beschaltung für diesen Anwendungsfall, wobei die Betriebsspannung hier 18 V nicht überschreiten darf.

9.5.4 Störfestigkeit

Wenn durch Abschirmung der Fremdlichteinfall so wirksam unterdrückt werden kann, dass der Gleichspannungsanteil des Diodenstroms unter 200 µA bleibt, kann auf C1 verzichtet werden und damit Pin 3 unbeschaltet bleiben. Die Folge davon ist, dass die Verstärkung relativ klein bleibt, wenn das Fremdlicht so stark wird, dass es diese Schwelle überschreitet. C1 kann alternativ durch einen Widerstand von 10...200 kΩ ersetzt werden. Die Auswirkungen davon sind eine weitere Verstärkungsreduzierung oberhalb der 200-µA- Schwelle und eine leichte Verstärkungsanhebung darunter.

Die Störfestigkeit kann durch Beschaltung des Ausgangs Pin 9 mit Kondensator C8 erhöht werden. Damit müssen Pulse zunächst einen bestimmten Pegel überschreiten, bevor sie am Pulsdehnungsausgang Pin 11 erscheinen. Ein zusätzlicher Filterkondensator mit typischerweise 100 pF erhöht

9. Infrarot-Empfänger-ICs

nochmals diesen Pegelwert. Selbstverständlich wirken alle diese Maßnahmen nur auf den invertierenden Ausgang Pin 11!

Parameter	Pin	Min.	Typ.	Max.	Einheit
Betriebsspannung	4, 7	4,5		9,5	V
Betriebsspannung über int. Regler	4, 7	8,4		18	V
Interne geregelte Betriebsspannung	13	5,9	6,2	6,5	V
Stromaufnahme ($Ub = 5$ V, $Idi = 1,0$ µA)	4, 7		6,5	9	mA
Max. Signaleingangsstrom	1, 16	3,0	4,0		mA (pk)
AGC-Regelbereich			68		dB
Ausgangsstrom	9, 11			5	mA
Ausgangswiderstand	9, 11		55		kΩ
Gedehnte Ausgangspulsbreite	11		2,4		ms
Minimale Empfindlichkeit ($Id = 1,0$ µA)	1, 16	9,0		2,3	nA

Tabelle 3. Elektrische Daten

Die nachfolgenden Abbildungen sind dem Datenblatt entnommen und geben wertvolle Hinweise zur externen Beschaltung.

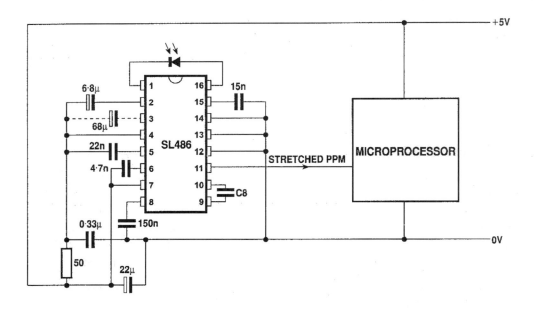

Bild 6. Microcontroller-Interface, bei dem die Pulsdehnung verwendet wird

9.5 Infrarot-Vorverstärker SL486 von Plessey

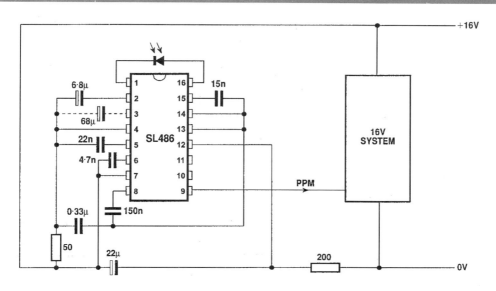

Bild 7. Applikation mit interner Spannungsregelung

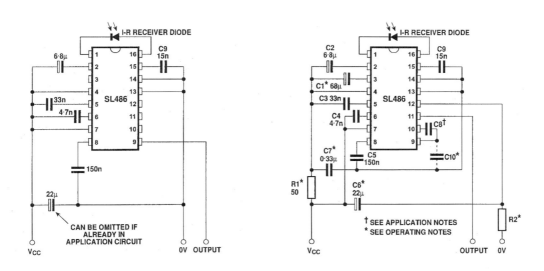

Bild 8. Minimale und maximale externe Beschaltung

9. Infrarot-Empfänger-ICs

9.6 Infrarot-Vorverstärker TDA2320 von SGS-Thomson Microelectronics

Der TDA2320 ist ein Vorverstärker im achtpoligen Dip-Gehäuse, in dem ein zweistufiger Verstärker mit hoher Empfindlichkeit und Störfestigkeit implementiert wurde. Der IC arbeitet in einem weiten Betriebsspannungsbereich zwischen 4 und 20 V und ist dafür ausgelegt, durch entsprechende externe Beschaltung Signale im Flash-Mode und moduliert zu verstärken.

Parameter	Min.	Typ.	Max.	Einheit
Betriebsspannung	4,0		20	V
Betriebstemperaturbereich	–40		105	°C
Stromaufnahme (U_b = 20 V)		0,8	2	mA
Großsignalverstärkung				dB
F = 1 kHz	64	70		
F = 100 kHz		39		
Eingangsoffset-Strom		15		nA

Tab. 4. Elektrische Daten

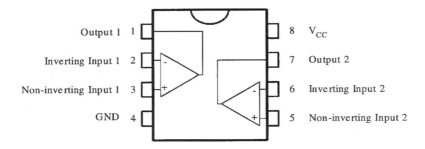

9.6 Infrarot-Vorverstärker TDA2320 von SGS-Thomson Microelectronics

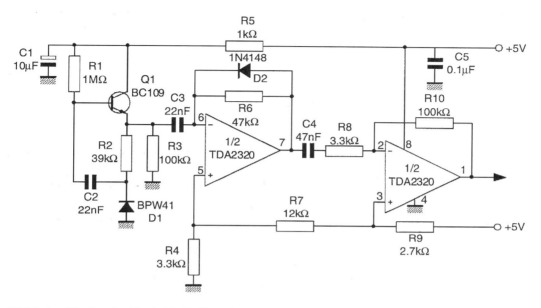

Bild 9. *Applikation für Flash-Mode-Signale*

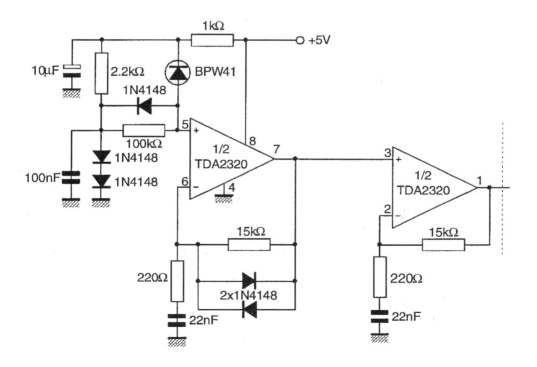

Bild 10. *Applikation für modulierte Signale*

10. Bausteine für Infrarot-Decodierung

Die Anzahl der ICs, die auf der Empfängerseite speziell für das Decodieren eines Telegramms entwickelt wurden, ist bedeutend geringer als die der Sendebausteine. Die Erklärung dafür ist der oftmals ohnehin schon vorhandene Microcontroller, der noch zusätzlich die Aufgabe für die Analyse des Telegramms bekommt und damit das Marktpotential entsprechend geringer ist.

Je nach Aufgabe müssen die Standard-Empfänger-ICs noch mit zusätzlicher Logik beschaltet werden, was zum einen Platzprobleme auf der Leiterplatte bringen kann oder aus Kostengründen einfach unrentabel ist. Moderne Microcontroller können diese Aufgaben mindestens genauso gut lösen bei einem Preis ab circa DM 0,60 bei Stückzahlen von mehr als 100.000 pro Jahr.

Wenn aber der Anwender keine Möglichkeit hat, entsprechende Microcontroller zu programmieren, oder einfach nur ein einzelnes Gerät aufbauen möchte, bietet sich der Einsatz nachfolgend beschriebener ICs an:

10.1 RC5- und RECS80-Code

10.1.1 SAA3049

Der Decoderbaustein des Typs SAA3049 von Philips basiert auf einem in CMOS-Technologie hergestellten Microcontroller und ist in der Lage, sowohl den RECS80 als auch den RC5-Code zu verarbeiten. Die digitale Information des Vorverstärkers wird dem auf die High-Low-Flanke des Eingangssignals reagierenden Decodereingang (Pin 9) zugeführt. Wie das IC nun auf die einlaufende Impulsfolge reagiert, hängt von der weiteren Beschaltung ab. Bei Variante 1 (Pin 19 = Low) reagiert der Decoder-Chip auf alle ankommenden RC5/RECS80-Signale und legt die Bitmuster von Adresse und Daten an die entsprechenden Ausgänge. Bei Variante 2 (Pin 19 = High) gibt man den Adressanschlüssen A0...A4 eine feste Adresse vor. Der Decoder reagiert dann nur auf Infrarot-Signale, deren codierte Adresse mit der voreingestellten Adresse übereinstimmt. Die zugehörigen Daten stehen dann an den Datenausgängen D0...D5.

10. Bausteine für Infrarot-Decodierung

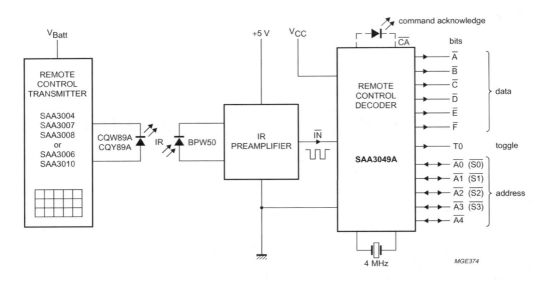

Bild 1. Typisches Fernsteuersystem mit dem SAA3049

Die wichtigsten technischen Daten:

Parameter	Minimal	Typisch	Maximal
Betriebsspannung	2,5 V		5,5 V
Stromverbrauch $V_{DD} = 3\,V$, 4 MHz		0,3 mA	0,7 mA
Ausgangsstrom (Open Drain) $V_{DD} = 5\,V$, $V_{0L} = 0,4\,V$	−1,6 mA	−12 mA	
Einsatztemperatur	−40 °C		+ 85 °C

Bild 2. Pinbelegung des SAA3049

10.1 RC5- und RECS80-Code

10.1.1.1 Pinbeschreibung

A...F

Datenausgänge, an denen der Befehl in negierter Form ausgegeben wird.

A0...A4, S0...S3

Je nach Beschaltung des ICs verhalten sich die Pins als Aus- bzw. Eingang. Bei Eingang wird mittels Brücken eine Adresse eingestellt, auf die das IC ausschließlich reagieren soll. Bei Ausgang liegt die Adresseninformation des gesendeten Codes in negierter Form an.

Verhalten von Pin A4 bei RECS80-Code:

Angeschlossen an Masse:	Adressen 8...20
Angeschlossen über Pull-up-Widerstand an Betriebsspannung:	Adressen 1...7

IN

Digitaler Eingang für den empfangenen Code eines Vorverstärkers.

MODE

Pin, an dem festgelegt wird, auf welchen Code das IC reagieren soll.

Angeschlossen an Masse:	RC5-Code
Angeschlossen an Betriebsspannung:	RECS80-Code

XTAL1 / XTAL2

Anschlüsse für einen 4-MHz-Quarz.

RESET

Reseteingang für einen Start des Microcontrollers.

TO

Dieser Ausgang zeigt den Zustand des Toggle-Bits innerhalb des Telegramms an. Mit diesem Bit kann unterschieden werden, ob sich wiederholende Befehle durch Übertragungsunterbrechungen oder wiederholte Tastenbetätigung hervorgerufen werden. Das Toggle-Bit wechselt mit jeder erneuten Tastenbetätigung seinen logischen Zustand, auch wenn mehrmals hintereinander der gleiche Code gesendet wird.

10. Bausteine für Infrarot-Decodierung

CRI

Indikatorausgang für den Empfang eines Telegramms. Dieses Quittungssignal erscheint bei jedem Code, weshalb bei längerer Tastenbetätigung am Sender mehrere Impulse hintereinander ausgegeben werden. Das Signal ist etwa für 15 ms aktiv low.

GND / V_{CC}

Betriebsspannungsanschlüsse.

10.1.1.2 Beispielapplikation

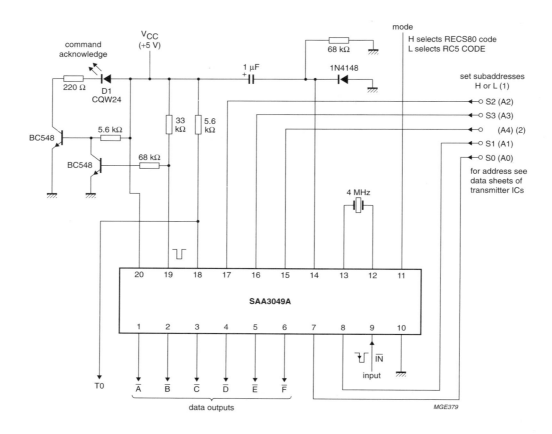

Bild 3. Applikationsschaltung zum SAA3049.
    (1) Adresseneingänge:
    Low: Eingang ist verbunden mit Masse.
    High: Eingang ist über Pull-up-Widerstand mit V_{DD} verbunden.

10.2 Microcontroller

Das IC SAA3049 bietet mit seinen Funktionen bereits eine hervorragende Basis für den Aufbau eines Fernsteuersystems. Dennoch erfordert es für bestimmte Anwendungen noch eine zusätzliche Elektronik, um einfache Schaltaufgaben durchzuführen.

Für alle anderen Codes finden sich so gut wie keine Empfänger-ICs, weshalb hier eine Eigenentwicklung auf Microcontrollerbasis unumgänglich ist. Im Kapitel über Schaltungen sind mehrere Microcontroller-Schaltungen beschrieben, die wenig Aufwand erfordern und damit sehr einfach einzusetzen sind. Das Optimum stellt die Schaltung eines universellen Infrarot-Empfängers dar, der für die meisten Infrarot-Protokolle vorprogrammiert ist und sich damit nicht nur auf einen bestimmten Code festlegt.

11. Reichweite

Eine häufige Frage bei der Auslegung eines Systems zur Datenübertragung mittels Infrarot ist die nach der erzielbaren Reichweite. Wenn ein System beispielsweise nur die Steuerung eines Gerätes der Unterhaltungselektronik übernehmen soll, werden sich wohl kaum Reichweitenprobleme ergeben, da Standardapplikationen der Bauelementehersteller in der Regel für Zimmergrößen ausreichend dimensioniert sind. Weiterhin sorgen Reflexionen an Wänden und Decken für eine zuverlässige Verteilung des Infrarotlichtes im Wohnraum. Sollen jedoch Daten beispielsweise in einer Produktionsanlage zuverlässig über eine größere Strecke gesendet werden, muss sich der Elektronikentwickler detaillierte Gedanken über jede einzelne Komponente seines Systems machen.

Reichweitenbestimmende Faktoren:

- Bauelemente
- Strom
- Batterien
- Telegramm
- Softwaretoleranz
- Umgebung
- Störer

Die Angaben in den Datenblättern bezüglich der Empfangsreichweite lassen sich in der Regel nicht miteinander vergleichen. Jeder Hersteller verwendet hier einen anderen Sender, bei dem sich zwangsläufig unterschiedliche Beleuchtungsstärken ergeben. Als Grenzreichweite wird aber immer die Entfernung angegeben, bei der bei mittig auftreffender Infrarotstrahlung auf den Empfänger in dunkler Umgebung die definierten Pulslängentoleranzen noch eingehalten werden.

Osram (Infineon) definiert beispielsweise beim Foto-Modul vom Typ SFH5110 mit dem Testsignal der Infrarot-Sendediode SFH4510 bei I_F = 500 mA eine Reichweite von circa 30 m. Die Pulslängentoleranzen dürfen dabei im Bereich zwischen ± $6/f_0$ µs liegen.

11. Reichweite

11.1 Bauelemente

Licht bedeutet Leben! Diesen Spruch könnte man auch auf die Reichweite einer optischen Übertragungsstrecke anwenden. Je höher die Strahlstärke einer Infrarot-Sendediode ist, desto größer kann der Abstand zwischen Sender und Empfänger sein. Die Strahlstärke wird durch den Diodentyp und den durch ihn fließenden Strom bestimmt. Nachfolgende Abbildung zeigt beispielhaft anhand der Foto-Modul Serie TFMS5..0 von Temic (heute Vishay) den Zusammenhang zwischen Reichweite und Strahlstärke eines Senders.

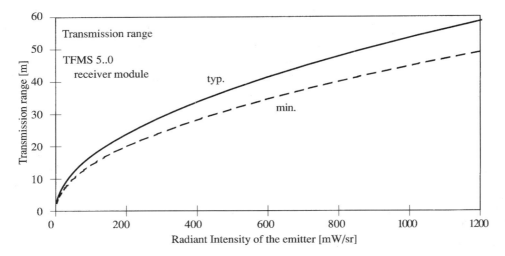

Bild 1. Reichweite in Abhängigkeit von der Strahlstärke des Senders

Leider sind diese Kurven von keinem anderen Hersteller in den Datenblättern zu finden, so dass der Nutzer hier auf eigene Untersuchungen angewiesen ist.

11.2 Batterien

Die volle Leistung eines batteriebetriebenen Übertragungssystems kann nur erzielt werden, wenn der gewünschte Strom beim Pulsen der Sendediode jederzeit zur Verfügung steht. Oftmals wird dabei nicht beachtet, dass es große Qualitätsunterschiede bei den Batterien gibt. So brechen beispielsweise die billigen Zink-Kohle-Batterien bei einer vergleichsweisen geringen Belastung von 100 mA bereits soweit ein, dass lange nicht die gewünschten Reichweiten erzielt werden. Unter Umständen stürzt sogar der Sendecontroller ab, so dass eine Datenübertragung überhaupt nicht mehr möglich ist und der Benutzer von einem defekten Gerät ausgeht.

Aus diesem Grund empfiehlt sich grundsätzlich der Einsatz von Alkali-Mangan-Batterien.

11.3 Telegramm

Um die laut Datenblatt größtmögliche Reichweite zu erzielen, muss ein Protokoll den technischen Möglichkeiten des Empfängers angepasst sein. Dies betrifft die Angaben über maximale Datenrate, Pulsbreite und Tastverhältnis.

Als Beispiel dafür, wie stark das Tastverhältnis auf einen Empfänger Einfluss nehmen kann, soll auf die Abbildung 2 verwiesen werden, aus der ersichtlich ist, dass das Tastverhältnis bei den Empfängern vom Typ TFMS5..0 keinesfalls oberhalb etwa 0,4 liegen sollte.

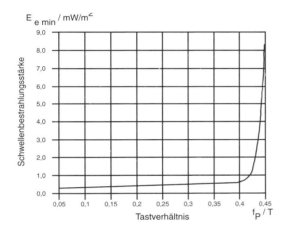

Bild 2. Schwellenbestrahlungsstärke in Abhängigkeit vom Tastverhältnis

11.4 Softwaretoleranz

Je größer die Entfernung zwischen Sender und Empfänger ist, desto wahrscheinlicher wird das Auftreten von Pulslängenverfälschungen und Störungen in Form von Spikes am Empfängerausgang.

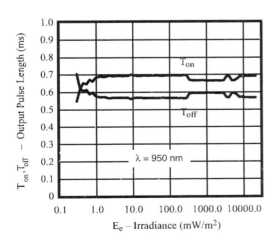

Bild 3. Pulslängentoranzen am Ausgang des Foto-Moduls TSOP12... (Vishay)

11. Reichweite

Die Firma Vishay gibt in ihren Datenblättern für die Foto-Module der Reihe TSOP12... die zu erwartenden Pulslängentoleranzen an, bezüglich eines optischen Testsignals, das wie folgt definiert ist:

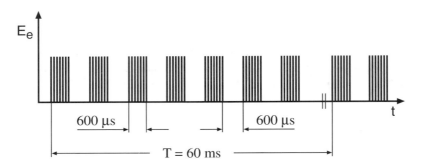

Bild 4. Optisches Testsignal für Messung der Pulslängen

Die Software sollte damit sehr tolerant bezüglich der zu erwartenden Pulslänge sein und kurze Spikes unterdrücken können. Detaillierte Hinweise zu dieser Problematik mit möglichen Gegenmaßnahmen finden sich im Kapitel *Software*.

11.5 Umgebung

Unter Umgebung sollte an dieser Stelle das Einsatzgebiet der geplanten Übertragungsstrecke betrachtet werden. Jede helle Wand bedeutet Reflexionen des gesendeten Lichtes und damit eine erhöhte Reichweite. Reflexionen können auch gezielt ausgenutzt werden, wenn sich Sender und Empfänger durch ein den Lichtstrahl störendes Objekt nicht direkt „sehen" können.

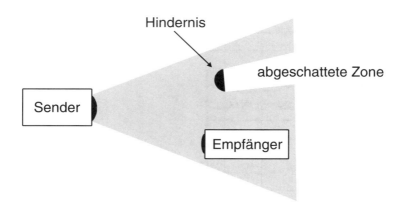

Bild 5. Abstrahlverhalten von Licht

Mit einer Näherung kann man den Leistungsbedarf in einem Innenraum abschätzen. Dabei geht man davon aus, dass ein Wohnraum mit der Strahlung des Emitters geflutet wird. Um einen quadratischen Wohnraum von 30 m² Fläche und einer Raumhöhe von 2,5 m überall mit einer Bestrahlungsstärke von E_e = 0,5 mW / m² auszuleuchten, braucht man bei circa 120 m² Raumoberfläche 60 mW Leistung bei 100 % Wirkungsgrad zur Ausleuchtung des Raums. Unter der Annahme, dass durch Reflexionsverluste 80 % der Strahlung verlorengehen, würden 300 mW Leistung in den Übertragungspulsen für eine genügende Flutung des Raums ausreichen. Dies ist ein Wert, den man mit der Sendediode TSIP5201 bei einem Spitzenstrom von 1,5 A erreicht. Unter diesen Bedingungen sieht das Photo-Modul den Sender nicht direkt, sondern nur dessen mindestens einmal an den Raumoberflächen reflektierte Strahlung.

11.6 Störer

Die Übertragung von Daten im freien Raum stellt besondere Anforderungen an die Störfestigkeit der Empfängereinheiten. Der Detektor, der hochempfindlich auf die ankommenden Signale wartet, wird mit verschiedenen optischen und elektrischen Störsignalen überladen, die in der Umwelt vorhanden sind bzw. erzeugt werden. Als Störquellen sind alle Quellen anzusehen, deren Strahlung im Detektor ein Signal erzeugt, und alle elektrischen Quellen, deren Frequenzspektrum im Empfangsspektralbereich liegen.

Inwieweit ein Störer die Reichweite eines optischen Übertragungssystems beeinflusst, kann pauschal nicht definiert werden. Wichtige Hinweise zu diesem Thema finden sich im Kapitel Störer, wo auch Lösungsmöglichkeiten aufgezeigt werden. Generell sollte ein Entwickler alle Störungsmöglichkeiten in Betracht ziehen und daraufhin sein Design einer kritischen Überprüfung unterziehen, damit außerhalb des Labors keine unvorhergesehenen Überraschungen auftreten.

11.7 Fazit

Aus den obigen Angaben ist ersichtlich, dass herstellerbedingte Reichweitenangaben nur eine erste abschätzende Aussagekraft bei einer geplanten Schaltung haben. Zu viele Faktoren wirken auf ein optisches System ein, die die unterschiedlichsten Reaktionen im Empfänger hervorrufen.

Fakt ist, dass ein dem Infrarot-Empfänger nachgeschaltetes System mit durchdachter Software die Reichweite deutlich steigern kann und umgekehrt Fehler beim Schaltungsdesign oder bei nicht angepasstem Codeformat eine beträchtliche Reichweitenreduzierung bewirken.

12. Aufbau einer handelsüblichen Fernbedienung

Obwohl jeder Hersteller von Geräten der Unterhaltungselektronik sein eigenes Konzept beim Design des Infrarot-Senders verfolgt, unterscheiden sich die Geräte technisch gesehen kaum voneinander. Die wesentlichen Unterschiede liegen in der Anzahl der Tasten und dem verwendeten Übertragungsprotokoll. Folgendes Blockschaltbild soll das technische Innenleben verdeutlichen:

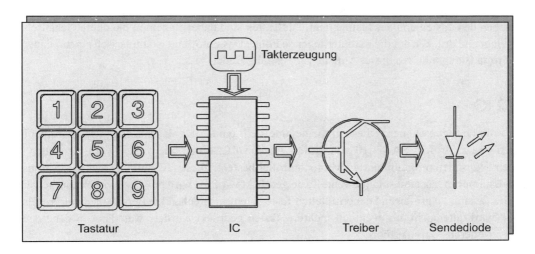

Bild 1. Blockschaltbild einer handelsüblichen Fernbedienung

12.1 Tastatur

Als Tastatur werden bei modernen Fernbedienungen Tastaturmatten verwendet, die aus Silikonelastomer bestehen. Dies sind Bauteile, die jeder Hersteller nach seinen Wünschen anfertigen lässt und deshalb nicht standardisiert sind. An der Unterseite befinden sich leitende mit Carbon beschichtete Flächen, die bei Tastendruck einen Kontakt auf der Leiterplatte schließen.

12. Aufbau einer handelsüblichen Fernbedienung

Andere Hersteller verwenden als Schaltelement eine Folie, die, mit leitenden Schichten bestückt, zwischen den Tasten und der Platine liegt. Die Tasten sind dabei einzeln in die obere Gehäusehälfte eingelegt und drücken auf die darunterliegende Folie. Das Foto zeigt exemplarisch einen Sender von der Firma Blaupunkt, wo dieser Aufbau Verwendung findet.

12.2 IC

Das zentrale Steuerelement einer Fernbedienung stellt ein IC dar, das aus einem standardmäßigem Typen wie z. B. dem SAA3010 von Philips für den RC5-Code oder einem vom Hersteller nach seinen Wünschen programmierten Microcontroller besteht. Dieses IC befindet sich aus Stromspargründen im Ruhezustand solange keine Taste gedrückt wird. Es wird bei Tastendruck „aufgeweckt", um die Tastatur zu prüfen und der ermittelten Taste einen entsprechenden Befehl zuzuweisen. Gleichzeitig wird untersucht, ob eventuell mehrere Tasten gedrückt wurden, was dann in der Regel zu keiner weiteren Aktivität führt.

Der ermittelte Tastencode wird gemäß dem verwendeten Protokoll umgewandelt und mit der Modulationsfreqenz versehen seriell an die Treiberstufe weitergeleitet. Die ICs selber können nicht genügend Ströme liefern, um die Sendediode mit ausreichender Stärke zu betreiben. Ist der Code gesendet, wird erneut die Tastatur geprüft; ist die Taste noch gedrückt, wird derselbe oder ein reduzierter Code (z. B. bei NEC) nach einer Wartezeit noch einmal ausgesandt.

12.3 Takterzeugung

Für die Takterzeugung verwenden Hersteller ausnahmslos Resonatoren, die bedeutend preiswerter sind als Quarze. Die Taktfreqenz liegt hier typisch im Bereich zwischen 400…500 KHz. Einige Resonatoren haben eingebaute Kondensatoren, bei anderen müssen diese zusätzlich bestückt werden. Deren Wert, der im Bereich von Pico-Farat liegt, kann den Empfehlungen in Datenblättern der Resonatorhersteller entnommen werden.

Ein Aufdruck weist auf die verwendete Frequenz hin, wobei beispielsweise CBS455 für 455 KHz steht. Wird keine Taste auf der Fernbedienung gedrückt, befindet sich die Schaltung im Ruhezustand, bei der die Takterzeugung abgeschaltet ist.

12.4 Treiber

Als Treiber werden Transistoren eingesetzt, die neben einer hohen Stromverstärkung eine hohe Collector-Pulstrom-Festigkeit aufweisen. Typische Vertreter dafür sind die Typen BC517, BD139, ZTX603, D1469R, 2SC3616, 3618, 2SD1615, 1616, 2SC2001. Teilweise werden die Transistoren ohne Basisvorwiderstände betrieben, wie beispielsweise beim Einsatz zusammen mit dem IC µPD6122, welches in den Fernbedienungen von Harman/Kardon zu finden ist.

12.5 Sendediode

Die Sendediode sorgt für eine Abstrahlung des im Takt der Daten modulierten Infrarot-Lichts. Teilweise wird sie hinter einem rötlich eingefärbten und infrarotdurchlässigen Kunststofffenster montiert, das außer optischen und schützenden Gründen keine Funktion hat.

Den Infrarot-Sendedioden sieht man von außen nicht den Typ an. Es kann daher an dieser Stelle kein Hinweis auf bevorzugte Ausführungen der Hersteller gegeben werden. Einsetzbar ist so ziemlich jeder Typ, der im Kapitel 1 beschrieben wurde. Teilweise werden die Sender mit zwei Dioden bestückt, um die Sendeleistung zu erhöhen bzw. die Abstrahlcharakteristik zu verbessern.

12.6 Platine

Vorzugsweise finden Platinen in Hartpapierausführung (FR2) Verwendung in professionellen Fernbedienungen. Die unvermeidlichen Brücken zwischen den Leiterbahnen sind in Carbondruck oder Silberleitlack ausgeführt, wodurch eine teure doppelseitige Platine gespart wird. Unter den Brücken befinden sich zwei Lagen Lötstoplack, damit keine Kurzschlüsse mit anderen Leiterbahnen auftreten.

12.7 Gesamtsystem

Die gesamte Fernbedienung besteht fast ausnahmslos bei allen Herstellern nur noch aus zwei Gehäuseschalen, einer Platine und der Tastaturmatte. So einfach der Aufbau auch sein mag, so schwierig ist es, Ersatzteile zu bekommen. Da die kompletten Geräte in der Herstellung mittlerweile so billig sind, lohnt sich noch nicht einmal das Öffnen des Senders durch einen Fachmann.

12. Aufbau einer handelsüblichen Fernbedienung

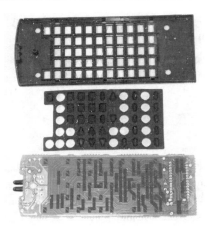

Bild 2. Geöffneter Sender für einen Fernseher (Firma Philips)

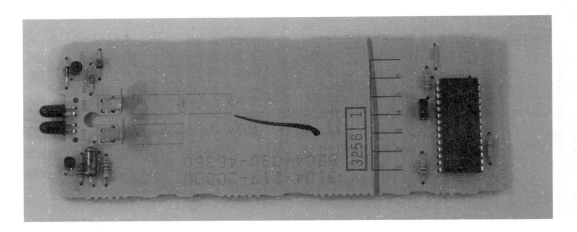

Bild 3. Bestückungsseite des Senders aus Bild 2 mit IC SAA3010

13. Test und Reparatur einer Fernbedienung

13.1 Testen der Fernbedienung

Lässt sich ein Gerät mit einer Infrarot-Fernbedienung nicht mehr steuern, muss überprüft werden, ob der Sender oder der Empfänger defekt ist. Ein einfacher Test kann durchgeführt werden, wenn man eine Videokamera oder einen Camcorder besitzt, denn damit können die Infrarotstrahlen der Fernbedienung sichtbar gemacht werden. Man stellt die Kamera so ein, dass das Bild auf dem Fernseher oder Monitor zu sehen ist. Danach wird eine Taste auf der Fernbedienung anhaltend gedrückt und die Sendediodenseite Richtung Kamera gehalten. Wenn die Fernbedienung funktioniert, sollten kleine Lichtblitze zu sehen sein. Das funktioniert auch mit Schwarzweiß-Überwachungskameras.

Eine andere Möglichkeit stellt der Test mit einem Mittelwellen-Radio dar. Das Testprinzip beruht auf der Aussendung von Störstrahlung im Mittelwellenbereich, wenn das Sende-IC aktiviert wird. Die Störstrahlung erfolgt durch den Scanvorgang der Tastatur, bei der die gedrückte Taste dekodiert wird und vom Takterzeugungssystem des ICs. Zum Testen wird der Sender dicht neben ein auf Mittelwelle eingestelltes Radio gehalten und dann eine Taste gedrückt. Wenn sich das Geräusch im Radio ändert, funktioniert wenigstens das IC im Infrarot-Sender. Ob tatsächlich eine Aussendung von Infrarot-Licht erfolgt, kann mit diesem einfachen Test nicht festgestellt werden.

Die Funktion der Sendediode kann neben dem Prinzip mit einem Camcorder auch mit einem Oszilloskop und einer einfachen Glasdiode vom Typ 1N4148 überprüft werden. Dazu wird die Empfindlichkeit des Oszilloskops auf etwa 50 mV / div eingestellt und die Diode zwischen Masse und dem Tastkopf angeschlossen. Danach wird mit der Infrarot-Sendediode im Abstand von etwa 1 cm auf den Glaskörper der 1N4148 gezielt. Bei korrekter Funktion der Fernbedienung müssen die Pulspakete auf dem Bildschirm zu sehen sein.

13.1.1 Fehlerquellen

Fernbedienungen verrichten aufgrund ihres einfachen Aufbaus jahrelang zufriedenstellend ihren Dienst. Dennoch zeigen sich oftmals mit zunehmendem Alter typische Fehler, die eine Reparatur

13. Test und Reparatur einer Fernbedienung

bzw. einen Austausch erfordern. Die nachfolgende Fehlerliste stellt eine Rangfolge der Häufigkeit des Auftretens von bestimmten Fehlern dar, deren Behebung im Folgenden beschrieben wird.

- schlechte Batterien
- ausgelaufene Batterien
- abgenutzte/verschmutzte Tastaturmatte
- oxidierte/verschmutzte Schaltfolie
- schlechte Lötstellen
- Bauteildefekt

Bevor eine Reparatur erwogen wird, sollten zunächst die Batterien untersucht werden. So lächerlich es eigentlich klingt, aber vermeintlich neue Batterien müssen nicht immer gut sein. Probieren sie diese zunächst in anderen Geräten aus. Man sollte weiterhin nur Markenbatterien in Alkali-Mangan-Technik einsetzten, da die Zink-Kohle-Typen für die in Infrarot-Fernbedienungen auftretenden Pulsströme nicht geeignet sind. Diese Batterien zeigen unbelastet die volle Spannung, die jedoch bei Belastung stark einbricht und damit die Funktion der Fernbedienung stört bzw. unmöglich macht.

13.2 Reparatur

Zunächst stellt sich die Frage, ob sich eine Reparatur überhaupt lohnt. Die modernen vorprogrammierten Ersatz-Fernbedienungen sind mittlerweile so preiswert geworden, dass ein Instandsetzungsversuch des Originals sinnlos erscheint. Mit ihnen sollen laut Aussagen der Hersteller alle Funktionen des Originals zur Verfügung stehen. Möchte man aber unbedingt das Originalgerät haben, sei es aus Design- oder Funktionsgründen, sollte man vor dem Neukauf auf jeden Fall einen Reparaturversuch unternehmen.

Die Reparatur einer Fernbedienung ist oftmals relativ einfach, vorausgesetzt, man bekommt die beiden Gehäuseschalen auf. Schraubverbindungen kosten Geld, und deshalb entwickeln die Konstrukteure Schnappverbindungen, die oftmals nicht ohne Gewalt oder Tricks aufgehen.

Zunächst werden die Batterien entfernt und das Gehäuse auf Schraubverbindungen untersucht. Im Laufe der Zeit setzen sich die kleinen Löcher, in denen die Schrauben versenkt sind, mit Dreck zu, so dass diese schnell übersehen werden. Danach wird an der der Sendediode gegenüberliegenden Seite mit dem vorsichtigen Aufhebeln begonnen. Dies geschieht am besten mit einem kleinen Uhrmacherschraubenzieher. Das Drücken auf die Gehäuseschale, so dass sich die Haken nach innen wölben, zusammen mit Hebeln, trennt die beiden Hälften. Ein zweiter Schraubenzieher, der ein Zurückschnappen verhindert, leistet dabei gute Hilfe. Diese mechanische „Bearbeitung" wird immer Spuren am Kunststoff hinterlassen, und in der Regel werden Teile der Schnappverbindungen abbrechen.

Ist das Gehäuse geöffnet, wird die Platine vorsichtig entnommen. Diese ist entweder durch Schrauben oder Schnapphaken mit einer Gehäusehäfte verbunden. Doch aufpassen! Die Tastatur kann auch aus einzelnen Tasten bestehen, die nach Entnahme der Platine herausfallen. Diese wieder in der

13.2 Reparatur

richtigen Reihenfolge einzulegen, dürfte ohne eine vorhandene Abbildung aus der Bedienungsanleitung nur schwer möglich sein.

Liegen nun die Einzelteile vor einem auf dem Tisch, kann mit der weiteren Untersuchung begonnen werden:

13.2.1 Ausgelaufene Batterien?

Ausgelaufene Batterien stellen auch heute noch eine häufige Fehlerquelle dar. Die austretende Elektrolytflüssigkeit verschmutzt die Batterie-Kontaktflächen, wodurch natürlich ein korrekter Kontakt verhindert wird. Diese Schicht entfernt man am besten mit Schmirgelpapier und reinigt anschließend mit Alkohol bzw. Reinigungsbenzin.

Ist der Elektrolyt bis auf die Leiterplatte gelaufen, können ganze Leiterbahnen oxidieren bzw. weggeätzt werden. Hier hilft nur noch das Durchmessen mit einem Ohmmeter und gegebenenfalls das „Neuverlegen" mit isoliertem Draht.

13.2.2 Abgenutzte bzw. verschmutzte Tastaturmatte?

Durch die Schlitze zwischen Gehäuse und Tastaturmatte gerät viel Schmutz in das Innere einer Fernbedienung. Dies kann dazu führen, dass entweder die Tastatur bei Druck überhaupt nicht mehr funktioniert oder nur noch vereinzelt bzw. nur bei sehr starkem Druck. Einen direkten Verschleiß sieht man der Beschichtung auf den Gummitasten nicht an. Hier gibt im Zweifel die Messung mit einem Ohmmeter im Vergleich zu selten benutzten Tasten Aufschluss über ein Schaltproblem.

Zunächst werden alle Kontaktstellen auf der Platine und der Matte selber mit Q-Tips und ein wenig Alkohol oder Reinigungsbenzin gesäubert. Danach kann man bei abgenutzten Graphit-Kontaktflächen eine neue Beschichtung auftragen, die die Leitfähigkeit wieder herstellt. Ein solches Reparaturset wird beispielsweise von der Firma ELV unter der Best.Nr. 10-332-72 angeboten.

Eine andere Methode stellt das Auswechseln der Kontaktfläche dar. Hierbei trennt man vorsichtig mit einem scharfen Teppich- oder Balsamesser die Kontaktfläche ab und klebt eine neue bzw. funktionierende aus einer anderen Tastaturmatte mit Sekunden- oder Silikonkleber auf.

13.2.3 Oxidierte bzw. verschmutzte Schaltfolie?

Einige Fernbedienungen verwenden als Schaltelement nicht die Graphit-Kontaktflächen einer Tastaturmatte, sondern eine Kunststofffolie, die partiell leitfähig beschichtet ist. Diese Beschichtung kann oxidieren bzw. verschmutzen. In Bild 1 sieht man eine solche Folie.

Die Schaltflächen kann man versuchen, mit Q-Tips und Alkohol zu reinigen. Bei Oxidation hilft in der Regel nur noch das neue Beschichten mit einem leitfähigen Lack, weil eine mechanische Bearbeitung beispielsweise mit feinem Schmirgelpapier die Schicht zerstört.

13. Test und Reparatur einer Fernbedienung

Bild 1. Oxidierte Leitfolie aus einem Infrarot-Sender (Firma Blaupunkt)

Die Abbildung zeigt eine oxidierte Schaltfolie, bei der unten rechts bereits 4 Kontaktflächen mit Leitsilber neu beschichtet wurden. Dieses Leitsilber ist z. B. bei Conrad Elektronik unter der Best.Nr. 530042-88 erhältlich.

13.2.4 Schlechte Lötstellen?

Eine schlechte Lötstelle kann aufgrund einer „kalten" Lötverbindung entstehen, wo bereits in der Produktion ein Bauteil aus irgendwelchen Gründen nicht richtig verlötet wird. Auf den ersten Blick sieht die Lötstelle in Ordnung aus, aber unter der Lupe oder beim Wackeln an den Bauteilbeinchen zeigt sich der Defekt. Da sich in der Regel nicht viele Komponenten auf der Platine befinden, sollten vorsichtshalber einmal alle Verbindungen nachgelötet werden.

Lötverbindungen können auch ausreißen, insbesondere bei den größeren Bauteilen, wo deren Masse nach „Fallversuchen" mit der Fernbedienung ganze Leiterbahnen von der Platine abhebt. Diese müssen dann mit einem Stück isolierten Drahtes überbrückt werden, wobei sich Fädeldraht am besten dafür eignet.

13.2.5 Bauteildefekt?

Einen Bauteildefekt kann man eigentlich nur mit Hilfe des Oszilloskops feststellen. Man beginnt mit der Untersuchung beim IC, das den gesamten Ablauf in der Fernbedienung steuert. Zunächst wird der Oszillator überprüft, der anschwingen muss, wenn ein Tastenkontakt mit einem metallischen Gegenstand überbrückt wird. Danach wird der Ausgang des ICs gesucht, an dem bei Tastendruck der Code an den Treibertransistor geleitet wird. Ist bis hier hin alles in Ordnung, kann der Defekt in der Regel nur noch am Transistor oder der Sendediode liegen. Defekte ICs können bei den bekannten Elektronik-Versandhäusern bestellt werden, oder man sucht unter Angabe der Typenbezeichnung mit einer Suchmaschine (z. B. www.google.com) einen Händler für dieses Bauteil im Internet.

Sollte für einen defekten Transistor kein Ersatz zu beschaffen sein, passt in den meisten Fällen der Darlington-Transistor BC517, dessen Daten im Kapitel 16.3 nachzulesen sind. Eine defekte Sendediode kann gegen die in Kapitel 1 aufgeführten Typen problemlos ausgetauscht werden. Dabei aber unbedingt auf die Polarität achten – es geht bei Verpolung zwar nichts kaputt, nur wird nichts ausgesendet. Man kann sich am inneren Aufbau der Diode orientieren, die oft durchsichtig ist. Dabei fügt man die neue Diode exakt so wie die alte in die Leiterplatte ein.

14. Software

Bei der Entwicklung von Software für ein Infrarot-Datenübertragungssystem steht man zu Beginn vor einer großen Anzahl von Ideen sowie Lösungswegen. So einfach wie der Einsatz eines fertigen ICs sein kann, so kompliziert und frustrierend kann aber auch der Selbstbau mit Microcontroller und eigener Software sein. Getreu meinem Motto „Software kann alles" möchte ich in diesem Kapitel einige Tipps dem Leser an die Hand geben, die das Ergebnis langer Erfahrungen sind und eine (sicherlich noch unvollständige) Auswahl von möglichen Lösungsansätzen darstellen.

14.1 Tips zur Auswahl eines Protokolls

Am Anfang der Überlegungen zur Auswahl eines Protokolls steht die Liste der maximal benötigten Befehle und gegebenenfalls die Definition von Adressen, durch die unterschiedliche Geräte angesprochen werden können. Erfahrungen zeigen, dass eine Reserve bei der Anzahl der Befehle eingeplant werden sollte, damit nicht gegen Ende der Entwicklung nochmals ausgetestete Softwarestrukturen umprogrammiert werden müssen.

Man kann sich viel Zeit sparen, wenn ein funktionierender Sender wie z. B. von einem Fernseher oder Empfänger bereits zur Verfügung steht und damit eine mögliche Fehlerquelle bei der Softwareentwicklung wegfällt. Bei dieser Lösung ist man natürlich auf den von den ICs benutzten Code eingeschränkt und muss gegebenenfalls einen nicht benötigten Funktionsumfang akzeptieren.

Für Eigenentwicklungen ohne kommerzielle Absichten dürfte es kein Problem sein, einen der industriellen Codes nachzuprogrammieren. Soll aber mit einem Produkt Geld verdient werden, muss genau geprüft werden, ob eventuell der ins Auge gefasste Code patentrechtlich geschützt ist, denn schließlich wollen die Halbleiterhersteller ja ihre Chips verkaufen. Dieses Problem besteht auch bei der Eigenentwicklung eines Codes, wenn Strukturen oder Ideen eines kommerziellen Codes übernommen werden sollen, weil diese gerade hervorragend ins eigene Konzept passen.

Meiner Meinung nach kommen einem Programmierer auf der Empfängerseite die Codes von NEC und von Samsung mit Code 2 (beide im Kapitel 5 beschrieben) von der Decodiersicherheit sehr entgegen. Die langen Startbits erlauben ein einfaches und sicheres Einphasen auf den nachfolgenden Code. Der Aufbau der Bitcodierung ist so gewählt, dass Längentoleranzen in weiten Grenzen kaum einen Einfluss haben und die Software vom Timingverhalten und der Befehlszykluszeit unkritisch ist. Es werden damit nicht unbedingt spezielle Hardwareressourcen für den Decodiervorgang im

14. Software

Microcontroller benötigt, und man kann einfache Abtastverfahren, wie weiter unten beschrieben, anwenden.

Wird neben dem langen Startbit und sich deutlich voneinander unterscheidenden Bitcodierungen (0 und 1) noch eine einfache Fehlersicherung wie z. B. durch ein Parity-Bit eingeführt, erhält man einen kompakten Code, der den meisten Anwendungsfällen gerecht wird.

14.2 Tastendecodierung

Einfache Fernbedienungen besitzen oftmals nur wenige Tasten. Ihre geringe Anzahl von bis zu vier Tasten macht es nicht unbedingt notwendig, sich Gedanken über eine möglichst effektive Ausnutzung der vorhandenen Anschlüsse am Microcontroller zu machen. Die Kontakte werden direkt an die Portpins angeschlossen und von der Software abgefragt. Wichtig hierbei ist eine sogenannte Entprellung, die per Software vorgenommen werden muss.

Eines der Hauptprobleme bei jedem Schalter ist das Prellen der Kontakte. Es entsteht, weil die mechanischen Kontakte beim Schließen nicht sofort zusammenbleiben, sondern für eine kurze Zeit schwingen, wobei sich der Übergangswiderstand rasch ändert.

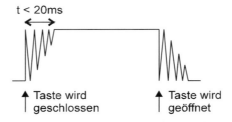

Bild 1. Prellen einer Taste

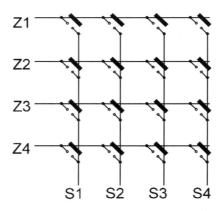

Bild 2. Schaltung einer Tastenanordnung in 4×4-Matrix

14.3 Synchronisation der Empfängersoftware

Ähnliches tritt beim Öffnen des Schalters ein. Es entstehen jeweils störende Mehrfach-Impulse. Da das Entprellen mit zusätzlicher Hardware zu teuer wäre, bedient man sich der Software, die beispielsweise nach dem ersten Erkennen eines Pegelwechsels eine Warteschleife von 20 ms einlegt, bis sich der Schaltzustand stabilisiert hat.

Werden mehr Tasten benötigt, als der Microcontroller Anschlüsse besitzt, müssen diese in einer Matrix angeordet werden. Den Wert einer in dieser Anordnung gedrückten Taste zu ermitteln, ist ein wenig schwieriger als im obigen Fall. Das Prinzip dieser Abfragetechnik soll nachfolgend anhand einer 4×4-Matrix (= 16 Tasten) beschrieben werden.

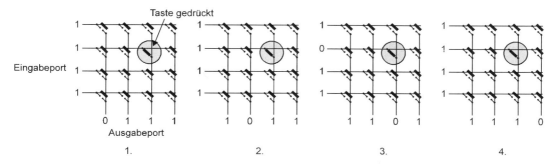

Bild 3. Verfahren zur Bestimmung der gedrückten Taste

Als Eingang sind die Zeilen Z1...Z4 und als Ausgang die Spalten S1...S4 geschaltet. Im Ruhezustand, das heißt, wenn keine Taste gedrückt ist, liegen die Zeilenleitungen offen. Um ein definiertes Potential zu erhalten, wird zweckmäßigerweise die controllerinterne Pull-up-Funktion für diese Anschlusspins gewählt. Über den Eingabeport wird daher jeweils der Pegelwert 1 eingelesen.

Nacheinander werden nun die Pins des Ausgabeports einzeln auf 0 geschaltet. Gleichzeitig wird der Eingabeport beobachtet, ob hier eine 0 in einem der vier Eingabebits erscheint. Im gezeigten Beispiel erfolgt dieses erst in Schritt 3, wo die Software eine 0 in der Zeile 2 detektiert, weil die Spalte 3 den Pull-up-Widerstand nach Masse zieht. Aus der Kombination der Anzahl der Spaltendurchläufe mit dem sich ergebenden Wert des Eingabeports wird so der Wert der gedrückten Taste bestimmt. Mit einer Tabelle innerhalb der Software geht dies am schnellsten.

14.3 Synchronisation der Empfängersoftware

Die nachfolgenden Beschreibungen und Beispiele zur Software setzen ein Mindestmaß an Erfahrung im Umgang und Programmierung von Microcontrollern voraus. Es würde den Rahmen dieses Buches sprengen, wenn grundlegende Begriffe wie z. B. *Interrupt* oder *Timer* noch erläutert werden würden. Anfänger sollten sich für ihre ersten Softwareprojekte einfachere Ziele setzen, weil gerade das Zeitverhalten beim Abtasten eines Signals zu unerwarteten Schwierigkeiten führen und damit einem Unerfahrenen viel Frustration bereiten kann.

14. Software

Möchte man ein Telegramm mit Softwareunterstützung einlesen, führen viele Wege zu einem Ergebnis. Vorhandene Hardwareressourcen auf dem Microcontoller (wie z. B. die serielle oder SPI-Schnittstelle) lassen sich zum Einlesen des durch Infrarot übertragenen Codes nicht nutzen, da ein Taktsignal zur Synchronisation fehlt. Der Programmierer muss sich also entsprechende Strukturen ausdenken, die ein optimales Zusammenspiel zwischen controllerinterner Hardware (wie z. B. Timer oder Interruptquellen) und Software gewährleisten.

Es fällt schwer, an dieser Stelle ein Verfahren zu favorisieren, da, eine saubere und fehlerfreie Programmierung vorausgesetzt, alle Verfahren zum Ziel führen und ihre Daseinsberechtigung haben. Natürlich muss auch die Taktfreqenz des Microcontrollers beachtet werden, da diese unmittelbaren Einfluss auf die Befehlsabarbeitungsgeschwindigkeit hat. Bei zu langsamer Taktung können eventuell einige Verfahren nicht realisiert werden, weil die Software einfach nicht die Menge an Informationen innerhalb der doch sehr kurzen Zeitabschnitte verarbeiten kann.

Muss man nicht unbedingt auf das letzte Milliampere beim Stromverbrauch achten, empfiehlt sich eine Taktfrequenz, bei der beispielsweise ein Timer mit 1 μs hochzählt. Bei dieser Geschwindigkeit lässt sich jeder gängige Code mit den unterschiedlichsten Verfahren decodieren. Bei den Microcontrollern der Familie 87LPC76x von Philips wird dies mit einem 6-MHz-Quarz erreicht. Der interne Teiler wird dabei auf eine Teilung durch sechs eingestellt.

Nachfolgend sind einige gängige Abtastverfahren beschrieben, wobei zu jedem Verfahren ein kurzes praktisches Beispiel im Assembler-Code für die Philips Microcontrollerfamilie 87LPC76x angegeben ist. Diese Typen basieren auf der bewährten 51er Architektur, so dass sich die Software leicht auch auf andere Bausteine adaptieren lässt.

14.3.1 Abtasten zu timergesteuerten Zeitpunkten

Beim Abtasten eines Signals wird andauernd eine „Probe" des Signals entnommen. Da wir es hier nur mit digitalen Pegeln zu tun haben, werden damit nur Nullen oder Einsen eingelesen. Wichtig beim Abtasten ist der gleichmäßige Abstand der Zeitpunkte und die Häufigkeit, damit eine hinreichende Genauigkeit und Entscheidungsfreiheit gegenüber Pulslängentoleranzen gewährleistet ist. Problematisch wird dieses Verfahren, wenn die Pulslängen sehr kurz sind. Damit müssen die Abfragezeitpunkte dann so häufig stattfinden, dass die Software nahezu exklusiv für diesen Vorgang arbeitet und der Microcontroller parallel zum Abtastvorgang kaum noch Zeit findet, andere Aufgaben zu bewältigen.

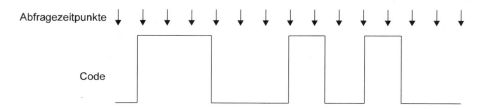

Bild 4. Abtastvorgang durch Timer gesteuert

14.3 Synchronisation der Empfängersoftware

Da die Abfragezeitpunkte mit kontinuierlichem Abstand stattfinden sollten, wird ein controllerinterner Timer für die Erzeugung dieser Marken programmiert. Ein Timerüberlauf löst einen Interrupt aus, durch den das Programm in die entsprechende Abtastroutine verzweigt. Bei einigen Controllern gibt es keine Interruptauslösung beim Timerüberlauf. Hier bietet sich die Abfrage des Überlauf-Flags an, wodurch leider viel Rechenzeit verloren geht und je nach zusätzlichen Aufgaben eine mehr oder weniger große Toleranz bei der zeitlichen Abfolge der Abtastungen entsteht.

Codebeispiel:

```
STATUS  DATA  020H                      ;Deklarieren der verwendeten
                                         Bits
        NULL        BIT   STATUS.0      ;
        EINS        BIT   STATUS.1      ;
        NEUER_WERT  BIT   STATUS.2      ;

        ORG   00H                       ;Startadresse nach einem
                                        ;Reset
        JMP   START                     ;
        ORG   0BH                       ;Timer 0 Interrupt
                                        ;Sprungadresse
        JMP   ABTASTEN                  ;
                                        ;
        ORG   100H                      ;Hier fängt das eigentliche
                                        ;Programm an
                                        ;
START:  MOV   R0, #128                  ;Alle 128 Bytes Ram loeschen
        CLR   A                         ;
LOOPCLR: MOV  @R0,A                     ;
        DJNZ  R0,LOOPCLR                ;
        MOV   TMOD,#2                   ;Timer 0 in Mode 2 (Auto
                                        ;Reload)
        MOV   TL0,#038H                 ;Interrupt alle 200µs
        MOV   TH0,#038H                 ;
        SETB  ET0                       ;Timer 0 Interrupt zulassen
        SETB  TR0                       ;Timer 0 anschalten
        SETB  EA                        ;Globalen Interrupt zulassen
;*************************************************
;*            Hauptprogramm                      *
;*************************************************
;
LOOP:   ACALL AUSWERTEN                 ;Hauptprogramm, das ständig
                                        ;durchlaufen wird
        JMP   LOOP                      ;

;*************************************************
;*            Auswerteprogramm                   *
;*************************************************
AUSWERTEN: JNB  NEUER_WERT,ENDE         ;IF Bit „Neuer_Wert" ist
                                        ;gesetzt
        CLR   NEUER_WERT                ;THEN Lösche das Bit
                                        ;„Neuer_Wert"
```

14. Software

```
                JB      EINS,HIGH           ;       IF Bit „Null" ist ge-
                                            ;               setzt
LOW:            CLR     NULL                ;       THEN Lösche das Bit
                                            ;               „Null"
                .....                       ;               Verarbeite die
                                            ;               Information
                JMP     ENDE                ;
HIGH:           CLR     EINS                ;       ELSE Lösche das Bit
                                            ;               „Eins"
                .....                       ;               Verarbeite die
                                            ;               Information
                                            ;       ENDIF
ENDE:           RET                         ;ENDIF
;************************************************
;*              Timer 0 Interrupt               *
;************************************************
ABTASTEN:       PUSH    PSW                 ;Prozessorstatus sichern
                JB      P0.0,EINSBIT        ;IF Pegel an Pin P0.0 = 0
NULLBIT:        SETB    NULL                ;THEN Setze Bit „Null"
                JMP     WEITER              ;
EINSBIT:        SETB    EINS                ;ELSE Setze Bit „Eins"
                                            ;ENDIF
WEITER:         SETB    NEUER_WERT          ;Setze Bit „Neuer_Wert"
                POP     PSW                 ;
                RETI
```

Nach der Initialisierung des Controllers wird einer der beiden Timer so programmiert, dass er als 8-Bit-Timer im Auto-Reload-Modus arbeitet. Dies bedeutet, dass jedesmal, wenn ein Überlauf stattfindet, automatisch der Wert des Registers TH0 in das Zählregister TL0 kopiert, der Timer neu gestartet und ein Interrupt ausgelöst wird. Mit dem Startwert 038H findet exakt nach 200 µs ein Überlauf statt, wenn der Timer mit 1 MHz getaktet wird (6- bzw. 12-MHz-Quarz). In der Interruptroutine werden das Signal abgetastet (an Pin P0.0 angeschlossen) und entsprechend dem Ergebnis die Bits „Null" bzw. „Eins" gesetzt. Im Unterprogramm „Auswerten", das vom Hauptprogramm kontinuierlich aufgerufen wird, finden die Weiterverarbeitung und Bewertung des Abtastens statt. Der dazugehörige Code wurde in dem kurzen Beispiel ausgelassen, da die weiteren Wege je nach Anwendungsfall zu verschieden sind.

Bewertung des Verfahrens

Vorteile:

- Einfache Programmierung.

- Störungen zwischen den Abtastvorgängen werden ignoriert.

- Konstante Abfragezeitpunkte.

- Abtasten geschieht im „Hintergrund", wodurch der Software genug Zeit für andere Aufgaben bleibt.

14.3 Synchronisation der Empfängersoftware

Nachteile:

- Hohe Prozessorauslastung, wenn Abtastmarken zu kurz gewählt werden (Programm befindet sich ständig in der Interruptroutine).
- Pulse im Telegramm müssen entsprechend lang sein, damit eine ausreichende Anzahl von Abtastungen möglich ist.
- Microcontroller muss schnell getaktet werden, wenn kurze Abtastmarken generiert werden sollen.
- Es wird ein Timer benötigt.
- Wenn Abtastvorgang kontinuierlich stattfindet, ist ein Timer belegt und kann damit nicht mehr für andere Aufgaben genutzt werden.

14.3.2 Abtasten der Pulse nach Auslösen eines Interrupts und einer Wartezeit

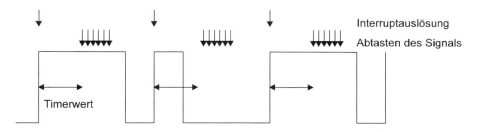

Bild 5. Abtastvorgang durch Interrupt gesteuert

Bei diesem Verfahren wird nach Eintreten eines externen Interrupts (im obigen Beispiel mit der steigenden Flanke) eine Zeit gewartet, bis die eigentliche Abtastung beginnt. Die Wartezeit wird durch den Aufbau des Codes bestimmt und durch eine Softwareschleife oder besser durch einen Timer generiert. Bei einer Softwareschleife bleibt keine Zeit, andere Aufgaben zu lösen, weshalb am besten das Verfahren mit Timer und Interruptauslösung nach Überlauf gewählt wird.

Nach der Wartezeit erfolgt eine Mehrfachabtastung. Wenn z. B. das Signal 20-mal eingelesen wird, können durch Mehrheitsentscheidung sogar Spikes einfach unterdrückt werden. Das Verfahren setzt eine Synchronisation auf den Anfang der Pulse voraus, damit sich die Software nicht falsch wie z. B. auf einen Spike einphast. Zweckmäßigerweise wird dazu das Startbit herangezogen, dessen genaue Spezifikation dem Programmierer bekannt ist.

14. Software

Codebeispiel:

```
STATUS    DATA    020H                      ;Deklarieren der verwendeten
                                             Bits
          NULL         BIT     STATUS.0  ;
          EINS         BIT     STATUS.1  ;
          NEUER_WERT   BIT     STATUS.2  ;

          ORG     00H                       ;Startadresse nach einem
                                            ;Reset
          JMP     START                     ;
          ORG     03H                       ;
          JMP     EXINT                     ;Externer Interrupt 0
                                            ;Sprungadresse
          ORG     0BH                       ;Timer 0 Interrupt
                                            ;Sprungadresse
          JMP     ABTASTEN                  ;
          ORG     100H                      ;
                                  ;
START:    MOV     R0,#128                   ;Alle 128 Bytes Ram loeschen
          CLR     A                         ;
LOOPCLR:                                    ;
          MOV     @R0,A                     ;
          DJNZ    R0,LOOPCLR                ;
          MOV     TMOD,#01H                 ;Timer 0 als 16 Bit Counter
                                            ;konfigurieren
          SETB    ET0                       ;Timer 0 Interrupt zulassen
          SETB    IT0                       ;Externer Interrupt bei
                                            ;fallender Flanke
          SETB    EX0                       ;Externen Interrupt zulassen
          SETB    EA                        ;Globalen Interrupt zulassen
;*************************************************
;*            Hauptprogramm                      *
;*************************************************
LOOP:     ACALL   AUSWERTEN                 ;Hauptprogramm, das ständig
                                            ;durchlaufen wird
          JMP     LOOP

;*************************************************
;*            Auswerteprogramm                   *
;*************************************************
AUSWERTEN:     JNB    NEUER_WERT,ENDE       ;IF Bit „Neuer_Wert" ist
                                            ;gesetzt
               CLR    NEUER_WERT            ;THEN Lösche das Bit
                                            ;„Neuer_Wert"
               JB     EINS,HIGH             ;    IF Bit „Null" ist
                                            ;       gesetzt
LOW:           CLR    NULL                  ;    THEN Lösche das Bit
                                            ;       „Null"
               .....                        ;          Verarbeite die
                                            ;          Information
               JMP    ENDE                  ;
```

168

14.3 Synchronisation der Empfängersoftware

```
HIGH:           CLR     EINS                    ;       ELSE Lösche das Bit
                                                ;            „Eins"
                .....                           ;       Verarbeite die
                                                ;       Information
                                                ;       ENDIF
ENDE:           RET                             ;ENDIF

;**************************************************
;*      Externer Interrupt an Pin P1.3 (INT0)     *
;**************************************************

EXINT:  PUSH    PSW                             ;Prozessorstatus retten
        MOV     TL0,#0                          ;Timerzählregister vorbelegen
                                                ;für 256us Zählung
        MOV     TH0,#0FFH                       ;
        SETB    TR0                             ;Timer 0 starten
        CLR     EX0                             ;Externen Interrupt erstmal
                                                ;sperren
        POP     PSW                             ;Prozessorstatus restaurieren
        RETI

;**************************************************
;*      Timer 0 Interrupt                         *
;**************************************************

ABTASTEN:       PUSH    PSW             ;Prozessorstatus sichern
                PUSH    ACC             ;Accuinhalt sichern
                CLR     TR0             ;Timer 0 anhalten
                CLR     A               ;Accu löschen
                MOV     R0,#20          ;Vorbelegen des Zählregisters
                                        ;mit 20
                                        ;DO UNTIL R0 = 0
TASTLOOP:       JNB     P1.3,LOW        ;  IF Pin P1.3 = 1
HIGH:           ADD     A,#1            ;  THEN Inkrementiere Accu
                                        ;  ENDIF
LOW:            DJNZ    R0,TASTLOOP     ;  R0 = R0 - 1
                                        ;END DO UNTIL
                CJNE    A,#15,NXTTEST   ;IF Anzahl der High-
                                        ;Abtastungen < 15
                JMP     EINSBIT         ;
NXTTEST:        JNC     EINSBIT         ;
NULLBIT:        SETB    NULL            ;THEN Setze Bit „Null"
                JMP     WEITER          ;
EINSBIT:        SETB    EINS            ;ELSE Setze Bit „Eins"
                                        ;ENDIF
WEITER:         SETB    NEUER_WERT      ;Setze Bit „Neuer_Wert"
                CLR     IE0             ;Extern Interrupt Flag
                                        ;vorsorglich löschen
                SETB    EX0             ;Externen Interrupt
                                        ;wieder zulassen
                POP     ACC             ;Accuinhalt restaurieren
                POP     PSW             ;Prozessorstatus restaurieren
                RETI
```

14. Software

In obigem Programm wird nicht auf die genaue Synchronisation auf den Pulsanfang eingegangen. Beim Eintreffen einer High-Low-Flanke (der 87LPC76x kann nur diese Flanken erkennen) wird ein Interrupt ausgelöst. In der dazugehörigen Routine werden zunächst alle weiteren Interrupts durch Flankenwechsel unterbunden, was die Störfestigkeit erhöht. Der Timer 0 wird mit FF00h vorbelegt, damit er nach 256 µs (1 µs Zählgeschwindigkeit) überläuft und einen Timerinterrupt auslöst.

In der Timerinterrupt-Routine wird das Signal 20x abgetastet und je nach Häufigkeit des High-Pegels der Bitwert bestimmt. Anschließend wird wieder der externe Interrupt zugelassen, damit weitere Pulse decodiert werden können.

Bei bekanntem Codeaufbau kann auch jetzt ein durch Flankenwechsel erzeugter Interrupt noch für eine definierte Zeit unterbunden werden, um ein Maximum an Störsicherheit zu erzielen. Kurz vor der erwarteten Flanke wird dann der Interrupt erst wieder zugelassen, was zur Folge hat, dass alle zwischenzeitlich auftretenden Spikes nicht registriert werden und damit keine Auswirkungen haben.

Bewertung des Verfahrens

Vorteile:

- Wenn alle Vorgänge interruptgesteuert ablaufen, resultiert daraus nur eine geringe Prozessorauslastung, und es bleibt der Software genügend Zeit für andere Aufgaben.
- Störungen können durch Mehrfachabtastung mit Mehrheitsentscheidung gut eliminiert werden.
- Sehr gute Störungsunterdrückung, wenn Interrupts nur zeitweise zugelassen werden.

Nachteile:

- Es werden Interruptrecourcen benötigt, die nicht jeder Microcontroller bietet.
- Es besteht die Möglichkeit, sich falsch einzuphasen.
- Der Anfang eines Pulses muss eindeutig erkannt werden.

14.3.3 Abtasten und Ausmessen der Pulse durch Polling

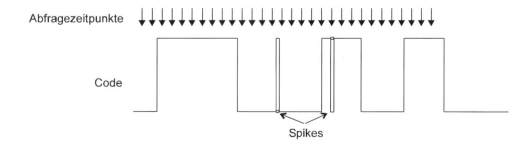

Bild 6. Abtasten durch Polling

14.3 Synchronisation der Empfängersoftware

Beim Abtasten eines Signals durch das Pollingverfahren fragt die Software permanent den Zustand eines Pins ab. Dies geschieht mit einer Frequenz, die durch die Softwarezykluszeit bestimmt wird.

Während des Pollings zählt ein Softwarezähler die Anzahl der Abtastvorgänge, die für einen logischen Zustand gelten. Der Zählerstand ist ein Maß für die Pulslänge und damit für die digitale Information. Kurze Signaleinbrüche wie z. B. Spikes können leicht „herausgerechnet" werden, wenn man für den Pegelwechsel eine Mindestanzahl von Abtastungen vorgibt. Ist dieses Mindestmaß nicht erfüllt, wird einfach von einer Störung ausgegangen und das Zählergebnis für den letzten Pegelzustand verworfen.

In Bild 6 sind die Abfragezeitpunkte natürlich viel enger zu sehen, als man es graphisch darstellen kann.

Als konkretes Beispiel soll an dieser Stelle die Anwendung des Verfahrens auf den Bauvorschlag „PCM-Modellbau-Fernsteuerung", wie im Kapitel 16.14 beschreiben, aufgezeigt werden. Der Programmausschnitt zeigt den Code, der für das Einlesen des gesendeten Telegramms verantwortlich ist. Nachfolgendes Bild zeigt den Codeaufbau mit dazugehöriger Spezifikation der Pulslängen.

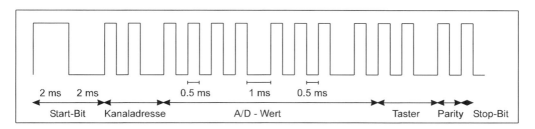

Bild 7. Codeaufbau des Bauvorschlages „PCM-Modellbaufernsteuerung"

Codebeispiel:

```
BYTE1     DATA        021H
BYTE2     DATA        022H

          ORG         00H          ;Startadresse nach einem Reset
          JMP         START        ;
          ORG         100H         ;
                                   ;
START:    MOV         R0,#128      ;Alle 128 Bytes Ram loeschen
          CLR         A            ;
LOOPCLR:                           ;
          MOV         @R0,A        ;
          DJNZ        R0,LOOPCLR   ;
```

14. Software

```
;*********************************************
;*              Hauptprogramm                *
;*********************************************
;
LOOP:       MOV     R4,#13              ;Bitzähler für 13 einzulesene
                                        ;Bits
            MOV     BYTE1,#0            ;Kommandobytes löschen
            MOV     BYTE2,#0            ;      #
LOOP2:      JNB     P1.5,LOOP2          ;Auf Telegrammbeginn warten
            MOV     R0,#0FFH            ;
LOW1:       JNB     P1.5,HIGH1          ;
            MOV     A,#10               ;40us Warteschleife
            ACALL   WAIT                ;
            DJNZ    R0,LOW1             ;
            JMP     LOOP2               ;
HIGH1:      CJNE    R0,#230,HIGH2       ;Länge der 1.Highphase
                                        ;> 1.3ms
            JMP     HIGH3               ;
FEHLER:     SETB    P0.3                ;
            JMP     LOOP1               ;
HIGH2:      JNC     LOOP2               ;
HIGH3:      CJNE    R0,#190,HIGH4       ;<2.7ms?
            JMP     HIGH5               ;
HIGH4:      JC      FEHLER              ;
                                        ;Ab jetzt 1.Highphase
                                        ;für gültig erklärt
HIGH5:      MOV     R0,#0FFH            ;
HIGH6:      JB      P1.5,HIGH7          ;
            MOV     A,#10               ;40us Warteschleife
            ACALL   WAIT                ;
            DJNZ    R0,HIGH6            ;
HIGH10:     SJMP    LOOP                ;
HIGH7:      CJNE    R0,#230,HIGH8       ;
            JMP     HIGH9               ;
HIGH8:      JNC     HIGH10              ;
HIGH9:      CJNE    R0,#180,HIGH11      ;
            JMP     HIGH12              ;
HIGH11:     JC      HIGH10              ;
                                        ;Ab jetzt ist das Startbit
                                        ;erkannt
HIGH12:     MOV     R0,#0FFH            ;Zähler wieder neu
                                        ;vorbesetzen
HIGH13:     JNB     P1.5,PULSL          ;Ausmessen der Highphase
                                        ;der Bits (0.5ms Soll)
            DJNZ    R0,HIGH13           ;
            SJMP    HIGH10              ;
FEHLER1:    SETB    P0.3                ;
            NOP                         ;
TESE:       SJMP    HIGH10              ;
PULSL:      CJNE    R0,#0B0H,PULSL2     ;
            JMP     PULSL1              ;
PULSL2:     JC      PULSL1              ;
            MOV     A,#25               ;
            ACALL   WAIT                ;
            JNB     P1.5,FEHLER1        ;
```

14.3 Synchronisation der Empfängersoftware

```
                MOV     A,R0             ;
                CLR     C                ;
                SUBB    A,#1             ;
                MOV     R0,A             ;
                JMP     HIGH13           ;
PULSL1:         CJNE    R0,#050H,PULSL3  ;
                JMP     PULSH            ;
PULSL3:                                  ;Ab jetzt ist die Highphase
                                         ;des Bits erkannt
PULSH:          MOV     R0,#0FFH         ;Zähler wieder neu
                                         ;vorbesetzen
PULSH1:         JB      P1.5,PULSHCHECK  ;
                NOP                      ;
                DJNZ    R0,PULSH1        ;
                SJMP    TEST             ;
PULSHCHECK:     CJNE    R0,#0D0H,PU2     ;Überprüfung auf
                                         ;Mindestdauer der Lowphase
                                         ;des Bits (Soll: 0.5ms...1ms)
                JMP     PU1              ;
PU2:            JC      PU1              ;
                MOV     A,#25            ;Unterdrückung von Spikes
                                         ;< 100us wenn Lowphase
                                         ;zu kurz
                ACALL   WAIT             ;
                JB      P1.5,FEHLER1     ;
                MOV     A,R0             ;
                CLR     C                ;
                SUBB    A,#10            ;
                MOV     R0,A             ;
                JMP     PULSH1           ;
PU1:            CJNE    R0,#090H,PULSH4  ;
                JMP     EINSBIT          ;
PULSH4:         JNC     NULLBIT          ;
EINSBIT:        SETB    C                ;
                JMP     EINREIH          ;
NULLBIT:        CLR     C                ;
EINREIH:        MOV     A,BYTE1          ;Bitwert (Carry) in Byte1
                                         ;und Byte2 durch Rotation
                                         ;einschreiben
                RRC     A                ;
                MOV     BYTE1,A          ;
                MOV     A,BYTE2          ;
                RRC     A                ;
                MOV     BYTE2,A          ;
                DJNZ    R4,HIGH12        ;und das nächste Bit einlesen
                ......                   ;Ab hier wird der empfangene
                                         ;Code ausgewertet
                LJMP    LOOP             ;...und wieder von vorne
                                         ;beginnen
```

14. Software

```
;*************************************************
;*         Warteschleife                         *
;*************************************************
;Zeit = Accu * 4us (Gilt nur für 1us Zykluszeit)
WAIT:         NOP
              NOP
              DJNZ    ACC,WAIT
              RET
```

Der Microcontroller wird mit 6 MHz Taktfrequenz betrieben, woraus eine Zykluszeit von 1 μs resultiert. Das Hauptprogramm wartet zunächst auf einen High-Pegel an Pin P1.5, der, eine störungsfreie Übertragung vorrausgesetzt, durch das Start-Bit dargestellt wird. Dieser Pegel wird andauernd abgetastet und zwar alle 40 μs. Diese Verzögerung bewirkt eine Unterdrückung von kurzen Spikes und ermöglicht die Verwendung eines 8-Bit-Zählers, da hierbei nicht so viele Abtastwerte anfallen. Die Toleranzgrenzen für die erste High-Phase betragen ≈1,3 ms...2,7 ms. Liegt der Messwert außerhalb dieser Grenzen, wird als Fehlerindikator der Portpin P0.3 auf High gesetzt und wieder zum Programmanfang gesprungen.

Bei der Ausmessung der Bits, deren High- bzw. Lowphase minimal 0,5 ms betragen kann, wird nicht mit Wartezeiten zwischen den Abtastwerten gearbeitet. Liegen hier die Messwerte außerhalb der Toleranzgrenzen, wird ein zweites Mal nach einer kurzen Wartezeit abgetastet. Ändert sich dabei nicht der zuletzt festgestellte Pegel, so wird von einer nicht tolerierbaren Störung ausgegangen und zum Programmanfang gesprungen. Anderenfalls setzt das Programm einen Spike voraus, korrigiert den Zählerstand und tastet weiter ab. Durch diese Maßnahmen werden kurze Signaleinbrüche „herausgerechnet", die in Bild 6 skizziert sind. Die insgesamt 13 Bits werden durch Rotation in die Register Byte1 und Byte2 eingeschrieben. Die Auswertung des empfangenen Codes bleibt dem Leser überlassen und ist an dieser Stelle nicht weiter dargestellt.

Bewertung des Verfahrens

Vorteile:

- Einfache Programmierung.

- Störungen zwischen den Abtastvorgängen werden ignoriert, wenn Warteschleifen eingefügt werden.

- Verfahren kann auf jeden Microcontroller angewendet werden, da keine Hardwarerecourcen wie z. B. Timer oder Interruptlogik benötigt werden.

Nachteile:

- Hohe Prozessorauslastung da Software exklusiv für den Abtastvorgang arbeitet. Es bleibt während des Telegramms keine Zeit, andere Aufgaben abzuarbeiten.

- Zwischenzeitlich auftretende Interrupts, wie z.B. durch einen Timer, können das Messergebnis je nach Verweildauer in der dazugehörigen Routine stark verfälschen.

14.3 Synchronisation der Empfängersoftware

14.3.4 Ausmessen der Pulse mit Interruptsteuerung

Bei diesem Verfahren wird die Fähigkeit des Microcontrollers ausgenutzt, bei einem Flankenwechsel an einem bestimmten Pin einen Interrupt auszulösen. Während einige Typen die Möglichkeit bieten, per Software die Flankenrichtung auszuwählen, erlauben die Microcontroller der Baureihe 87LPC76x nur eine Verarbeitung der fallenden Flanke. Sobald ein Interrupt ausgelöst wird, startet ein Timer und zählt damit die Zeit bis zum nächsten Interrupt.

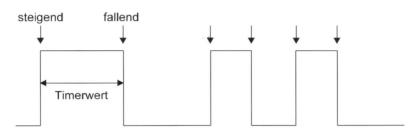

Bild 8. Ausmessen der Pulslänge mit Interruptunterstützung

Codebeispiel:

```
STATUS  DATA    020H                    ;Deklarieren der verwendeten
                                        ;Bits
        STARTBIT    BIT STATUS.0        ;
        NEUER_WERT  BIT STATUS.1        ;

        ORG     00H                     ;Startadresse nach einem
                                        ;Reset
        JMP     START                   ;
        ORG     03H                     ;
        JMP     EXINT                   ;Externer Interrupt 0
                                        ;Sprungadresse
        ORG     100H                    ;
                                        ;
START:  MOV     R0,#128                 ;Alle 128 Bytes Ram loeschen
        CLR     A                       ;
LOOPCLR:                                ;
        MOV     @R0,A                   ;
        DJNZ    R0,LOOPCLR              ;
        MOV     TMOD,#01H               ;Timer 0 als 16 Bit Counter
                                        ;konfigurieren
        SETB    IT0                     ;Externer Interrupt bei
                                        ;fallender Flanke
        SETB    EX0                     ;Externen Interrupt zulassen
        MOV     TL0,#0                  ;Timerzählregister löschen
        MOV     TH0,#0                  ;
        SETB    EA                      ;Globalen Interrupt zulassen
```

14. Software

```
;*************************************************
;*              Hauptprogramm                    *
;*************************************************
LOOP:   ACALL   AUSWERTEN               ;Hauptprogramm, das ständig
                                        ;durchlaufen wird
        JMP     LOOP

;*************************************************
;*              Auswerteprogramm                 *
;*************************************************
AUSWERTEN:  JNB     NEUER_WERT,ENDE     ;IF Bit „Neuer_Wert" ist
                                        ;gesetzt
            CLR     NEUER_WERT          ;THEN Lösche das Bit
                                        ;     „Neuer_Wert"
            MOV     A,COUNTERH          ;     IF Counterh = 2
            CJNE    A,#2,NULLTEST       ;
EINS:       ....                        ;     THEN Bitinformation = 1
            ....                        ;          Verarbeite die
                                        ;Information
            JMP     ENDE                ;
NULLTEST:   CJNE    A,#1,ENDE           ;     ELSE IF Counterh = 1
NULL:       ....                        ;          THEN Bit-
                                        ;          information = 0
            ....                        ;               Verarbeite
                                        ;               die Information
                                        ;          ENDIF
                                        ;     ENDIF
ENDE:       RET                         ;ENDIF

;*************************************************
;*   Externer Interrupt an Pin P1.3 (INT0)       *
;*************************************************
EXINT:  PUSH    PSW                     ;Prozessorstatus retten
        PUSH    ACC                     ;Accuinhalt retten
        JB      STARTBIT,STOP           ;IF Bit „Startbit" ist nicht
                                        ;gesetzt
        SETB    TR0                     ;THEN Timer 0 starten
        SETB    STARTBIT                ;     Setze Bit „Startbit"
        JMP     EXINT1                  ;
STOP:   CLR     TR0                     ;ELSE Timer 0 anhalten
        MOV     COUNTERL,TL0            ;     auslesen und in
                                        ;     Counterl, Counterh
                                        ;     abspeichern
        MOV     COUNTERH,TH0            ;
        MOV     TL0,#0                  ;     Timer auf 0 setzen
        MOV     TH0,#0                  ;
        SETB    TR0                     ;     und wieder starten
                                        ;ENDIF
        SETB    NEUER_WERT              ;Setze Bit „Neuer_Wert"
EXINT1: POP     ACC                     ;Accuinhalt restaurieren
        POP     PSW                     ;Prozessorstatus restaurieren
        RETI
```

Der Microcontroller wird so programmiert, dass ein Flankenwechsel von High nach Low an Pin INT0 einen Interrupt auslöst. In der Interruptroutine wird sofort der Timer T0 gestartet, der bis zum nächsten Eintreffen eines Interrupts zählt. Mit dem Bit „Startbit" wird das erste Eintreffen einer Flanke erkannt. Das Bit „Neuer_Wert" signalisiert dem Auswerteprogramm, dass ein neuer Messwert vorliegt, der entsprechend weiterverarbeitet werden muss. Je nach Codeformat repräsentiert der Timerstand die Bitinformation 0 oder 1.

Bewertung des Verfahrens

Vorteile:

- Keine hohe Auslastung der Software

Nachteile:

- Jeder Flankenwechsel z. B. durch Spikes löst einen ungewollten Interrupt aus und kann damit ein Auswerten unter Umständen unmöglich machen. Für Abhilfe kann eine geschickte Programmierung sorgen, bei der ein Interrupt erst nach einer gewissen Zeit wieder zugelassen wird. Voraussetzung dafür ist die genaue Kenntnis der Software über den Beginn des auszuwertenden Telegramms.

- Bei den Microcontrollern der Serie 87LPC76x steht nur die Möglichkeit der Interruptauslösung durch eine fallende Flanke zur Verfügung. Je nach auszuwertendem Code kann damit über den Timerstand keine Bitinformation abgeleitet werden.

14.4 Stromsparmöglichkeiten

14.4.1 Sender

Beim Sender ist es in erster Linie wichtig, dass sich alle Komponenten während des Nicht-Betriebs im Ruhezustand (Sleep-Mode) befinden. Der Stromverbrauch während des Sendens bzw. des Tastaturscans ist in der Regel integriert so gering, dass ein Batteriebetrieb von mindestens einem Jahr ohne Weiteres gewährleistet ist.

Wie bereits in vorangegangenen Kapiteln erwähnt, bietet das Blitzen als Übertragungsverfahren die beste Möglichkeit, Batteriekapazität möglichst lange zu nutzen.

Beim Codeaufbau bieten sich bei der modulierten Übertragung kurze Zeiten für die Trägerfrequenzaussendung an oder bei der Befehlswiederholung nur die Aussendung eines stark verkürzten Telegramms, wie es beispielsweise beim NEC-Code der Fall ist.

Unter Berücksichtigung der Mindestanforderungen beim Foto-Empfänger-IC sollte auch das Puls-Pause-Verhältnis bei gegebener Trägerfrequenz auf ein Mindestmaß reduziert werden, um nicht unnötig viel Infrarotlicht auszusenden. Auch hier ist das Datenblatt des Empfängers zu beachten, damit nicht eventuell die Empfindlichkeit durch eine ungünstige Wahl des Verhältnisses reduziert wird.

14. Software

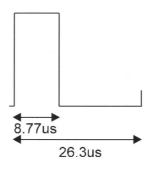

Bild 9. Aufbau des Trägers bei 38 kHz (NEC-Code)

14.4.2 Empfänger

Der Stromverbrauch des Empfängers wird, abgesehen vom nachgeschaltetem Decoder-IC, im Wesentlichen durch das Foto-IC bestimmt. Dieser Strom ist zwar mit circa 1...3 mA nur sehr gering, erlaubt jedoch keinen wirtschaftlichen Dauerbetrieb mit Batterien. Eine Lösung für dieses Problem kann ein Microcontroller sein, dessen Stromverbrauch integriert unter circa 50 µA liegt. Dieses erreicht man natürlich nur, wenn die Taktfrequenz entsprechend niedrig ist (wie z. B. bei einem Betrieb mit einem 32-kHz-Uhrenquarz), oder man setzt direkt Microcontroller ein, die von Haus aus extrem stromsparend und speziell für Batterieapplikationen entwickelt worden sind. Wichtig ist das Beurteilen, wie und nach welchem Verfahren ein Telegramm trotz der niedrigen Taktfrequenz noch einwandfrei decodiert werden kann. Als Microcontrollerbeispiele hierzu sollen die Typen von OKI und EPSON dienen, die mit einem Doppeloszillatorsystem arbeiten. Im Normalbetrieb, wo nicht viel gerechnet werden muss, läuft die CPU mit 32 kHz. Nur bei Bedarf wird durch die Software ein zweiter Oszillator hinzugeschaltet, der im Bereich von 1 MHz oder mehr arbeitet. Hierdurch erreicht man Werte von weniger als 10 µA, was bereits der Selbstentladungsrate der Batterie sehr nahe kommt.

Wie kann man nun mit Hilfe eines solchen Microcontrollers den Stromverbrauch eines Foto-ICs senken? Der Kniff liegt in der Software, die das IC zyklisch einschaltet und kurz nachschaut, ob sich an dessen Ausgang etwas tut. Wird eine Aktivität festgestellt, wird das Foto-IC einfach für eine längere Zeit eingeschaltet gelassen wie z. B. für 10 s, um nachfolgende Befehle direkt zu erkennen. Je nach Einschalttaktrate wird mit diesem Verfahren das erste Protokoll nicht dekodiert werden können, da schon ein Teil der Information vergangen ist. Da die meisten Codes aber sowieso mehrfach gesendet werden, wird ein Befehl dennoch zuverlässig erkannt.

Bei der Entwicklung eines eigenen Codes könnte beispielsweise das Startbit in seinem Aufbau bzw. seiner Länge so gestaltet werden, dass eine nachfolgende Information trotz der Taktung des Empfängers noch erkannt wird und damit das oben beschriebene Problem umgangen wird.

Eine andere Möglichkeit wird im Kapitel Schaltungen beschrieben, wo eine Fotodiode zusammen mit einem Komparator ein extrem stromsparendes System bilden, das bei Infrarotempfang die nachfolgende Schaltung „aufweckt".

14.5 Fehlerunterdrückung

14.5.1 Pulsaufbau

Die Unzulänglichkeiten bei der Übertragung von Infrarotlicht machen es erforderlich, dass ein Empfangssystem in irgendeiner Weise die Möglichkeit zur Erkennung von Übertragungsfehlern haben muss. Wie im Kapitel *Störer* beschrieben, führen äußere Einflüsse zu Pulslängenverfälschungen, Auslöschungen von Pulsen oder aber auch zur Generierung von zusätzlichen Pulsen, die das Nutzsignal überlagern. Der Entwickler hat hier also die Aufgabe und dank Software die nahezu unbegrenzte Freiheit, sich Möglichkeiten auszudenken, wie fehlerhafte Signale zu keiner ungewollten Reaktion des Empfängers führen können.

Die einfachste Möglichkeit stellt die Wahl von relativ langen Informationseinheiten (Bits) dar, deren Informationsgehalt sich protokollmäßig deutlich voneinander unterscheidet. Als Beispiel für eine meiner Meinung nach nicht optimale Wahl der Codierung von Bits soll hierzu der RECS80-Code angeführt werden:

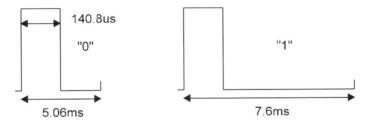

Bild 10. Pulscodierung bei RECS80

Die Lichtaussendung ist mit 140 µs zwar stromverbrauchsmäßig sehr gut gewählt, erschwert jedoch dem Empfänger die Decodierung. Je nach Umgebungslichteinfall erscheinen am Ausgang der Foto-Module wie z. B. dem Typ TSOP1736 Spikes, die durchaus die Länge dieser kurzen Lichtblitze aufweisen. Je nachdem, an welcher Stelle nun diese Störungen auftreten, wird der Informationsgehalt des Telegramms verfälscht.

Der Code von Sony (SIRCS) bietet in diesem Punkt einen geschickteren Aufbau:

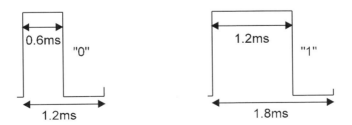

Bild 11. Pulscodierung bei SIRCS

14. Software

Die Länge der Lichtaussendung unterscheidet sich deutlich von Kurzzeitstören und bietet damit in diesem Punkt eine erhöhte Sicherheit. Zwar ist der Stromverbrauch wesentlich höher als beim RECS80-Code, dies ist jedoch in Anbetracht der Häufigkeit von Tastenbetätigungen bei Fernbedienungen und den hohen Kapazitäten moderner Batterien zu verschmerzen.

Je nach Decodierungsverfahren innerhalb der Software bieten lange Lichtpulse, deren Länge von der Software ausgemessen werden müssen, große Vorteile. Betrachtet man die Toleranzen bei den Foto-Modulen beispielsweise für einen 0,6 ms langen Puls, so erkennt man, dass dieser im Bereich von ±100 µs variieren kann. Je länger also ein Puls senderseitig gemacht wird, desto weniger muss man sich beim Ausmessen um die Toleranzen kümmern. An dieser Stelle soll jedoch darauf hingewiesen werden, dass der maximalen Pulslänge laut Datenblatt der Foto-Module eine Grenze gesetzt ist, damit die interne Regelung nicht von einem Dauerstörer ausgeht.

14.5.2 Parity

Bei der Übertragung codierter Zeichen strebt man natürlich ein möglichst fehlerfreies Arbeiten der technischen Geräte an. Völlig zu umgehen sind jedoch die Fehlereinflüsse nicht. Da wir bei der Codierung ausschließlich mit binären Elementen (0 und 1) arbeiten, kann es durch Störungen im Übertragungskanal vorkommen, dass eine 0 in eine 1 und umgekehrt verfälscht wird. Man verwendet deshalb oftmals Codes, die es dem Empfangsgerät ermöglichen, entweder Fehler zu erkennen oder Fehler sogar automatisch korrigieren zu können. Beide Arten von Codes beruhen in ihrer Funktion auf dem Vorhandensein von Redundanz.

Besitzt der angewandte Code überhaupt keine Redundanz, das heißt, werden alle Codeworte als Nutzworte verbraucht, so ist keine Fehlererkennung möglich. Jede Störung, die sich in einer Vertauschung von 0 und 1 zeigen kann, führt wieder zu einem Nutzwort und wird als solches natürlich vom Empfänger anstandslos angenommen.

Mit minimalem Aufwand lässt sich ein Code störungssicherer gestalteten. Durch die Einführung eines sogenannten Paritybits kann eine Quersummenprüfung einen (und nur einen!) Fehler feststellen. Das Paritybit ergänzt die Anzahl der Bits zu einer geraden Summe.

Beispiel: 8-Bit-Code mit Paritüberprüfung

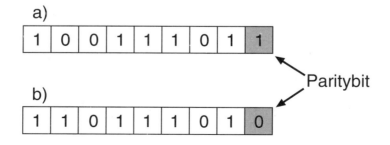

Bild 12. Bildung des Parity-Bits

14.5 Fehlerunterdrückung

Im Fall a ist die Summe der gesetzten Bits = 5 (101B) und damit ungerade. Zur Ergänzung wird das Paritybit gesetzt.

Im Fall b ist die Summe = 6 (110B) und damit gerade. Das Paritybit wird nicht gesetzt.

Vor einer Übertragung muss der Sender für den zu übertragenden Code die Parityberechnung durchführen. Nach dem Empfang des Telegramms bildet die Software auf der Empfängerseite analog zum Sender die Quersumme und testet das gesendete Paritybit auf logische Übereinstimmung mit dem selbst errechneten Wert. Nur bei Übereinstimmung wird der Code entsprechend weiterverwertet. Mit der Einführung von weiteren Prüfbits, beispielsweise nach jedem vierten Bit, lässt sich die Sicherheit noch weiter steigern.

Der Nachteil dieses Verfahrens ist die stark begrenzte Möglichkeit, Fehler festzustellen. Bereits bei zwei verfälschten Bits versagt es und bietet damit keine zusätzliche Sicherheit mehr. Dennoch empfiehlt sich der Einbau als Mindestsicherheit, wenn keine anderen Maßnahmen implementiert wird.

14.5.3 Inverser Code

Inverser Code bedeutet die nochmalige Aussendung des gleichen Codes in invertierter Form. NEC verwendet dieses Verfahren in seinem Protokoll, wo neben den acht Datenbits auch teilweise die Adressenbits zusätzlich invertiert übertragen werden. Diese weitere Information bietet einen hohen

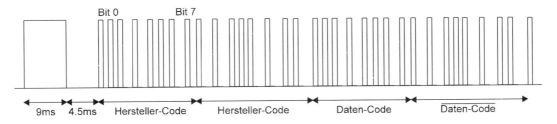

Bild 13. Codeaufbau NEC-Code

Schutz gegenüber Übertragungsfehlern, erfordert jedoch zusätzlichen Rechenaufwand bei Sender und Empfänger.

Durch den Einbau dieser Sicherheitsmaßnahme in ein Telegramm kann ein Empfänger schneller auf einen gültigen Befehl reagieren als bei nachfolgendem Beispiel, wo sich die Software erst wieder auf das neue Telegramm synchronisieren muss.

14. Software

14.5.4 Mehrfachübertragung

Sendet man einen Code zweimal hintereinander mit identischem Inhalt, erhöht man naturgemäß die Sicherheit gegenüber Störungen.

Theoretisch ist es denkbar, dass selbst bei diesem Verfahren Fehler unerkannt bleiben, wenn ein periodischer Störer immer in gleichen Zeitabständen auftritt und damit in beiden Telegrammen das gleiche Bit verfälscht. Doch dies ist eher unwahrscheinlich und sollte nur bei sicherheitskritischen Anwendungen als Möglichkeit in Betracht gezogen werden (wie lautet doch noch Murphys Gesetz?).

Die Chipsätze KS9802 (Sender) und KS9803 (Empfänger) von Samsung verwenden dieses Verfahren.

Interessant ist die Tatsache, dass viele Hersteller auf jegliche Möglichkeiten verzichten, ihren Code störungssicherer zu gestalten. Warum dies so ist, wird wohl ein Geheimnis bleiben, denn die softwarebasierenden Chips bieten eigentlich alle Möglichkeiten dazu. In der Praxis muss man jedoch auch eingestehen, dass sich nur selten fehlerhafte Aktionen an einem durch Infrarottechnologie ferngesteuerten Gerät zeigen.

Wie weit man aber auch die Sicherungsmaßnahmen treiben kann, zeigt sich im Japan-Protokoll. Hier wurde eindeutig größter Wert auf das richtige Erkennen eines Befehls gelegt. Neben vier Partybits wird zusätzlich ein Datenüberprüfungsbyte mitgesendet, dessen Inhalt über einen Algorithmus eine Sicherung der Information von Adressen- und Befehlsbits gewährleistet. Der Code erhält damit eine entsprechende Länge und erfordert einen nicht unbeträchtlichen Aufwand bei der Codierung und Decodierung. Auch sollte nicht außer Acht gelassen werden, dass mit zunehmender Codelänge auch die Anfälligkeit gegenüber Störungen steigt.

15. IrDA

15.1 Geschichte

Die Entwicklung von IrDA (= *Infrared Data Association*) basiert auf Vorarbeiten und Entwicklungen bei der Firma Hewlett-Packard (HP). Bereits 1979 erschien der erste Taschenrechner mit Infrarot-Druckerport, der HP41C. Kurze Zeit später wurde diese Schnittstelle in bidirektionaler Form beim HP-48SX implementiert. Diese Entwicklungen liefen bei HP unter dem Namen *Serial-Infrared* (SIR).

Mit dem Aufkommen dieser Technologie wurden Forderungen laut, für eine Infrarot-Schnittstelle Normen zu formulieren, damit nicht jeder Hersteller sein eigenes Verfahren für einen Datenaustausch mit dem Erfolg entwickelt, dass kaum Geräte untereinander kompatibel sind. Einen einheitlichen Standard wie beispielsweise RC5 bei den Infrarot-Fernbedienungen für die Unterhaltungselektronik gab es bis zu diesem Zeitpunkt nicht. 1993 schlossen sich daraufhin über 30 Firmen, darunter HP, IBM und Digital, zur *Infrared Data Association* zusammen, um gemeinsam in einer nicht kommerziellen Organisation die Entwicklung eines Standards zu initiieren. Schon in der Planungsphase wurde festgelegt, dass ein Standard entstehen sollte, der eine sichere und preiswerte Datenübertragung zwischen einzelnen Geräten erlaubt. Die Basisanforderungen wurden wie folgt definiert:

- geringer Hardwareaufwand; denn bei den heutigen Peripheriepreisen darf das Infrarot-Interface nur wenige Mark kosten.
- niedriger Stromverbrauch; batterie- oder akkubetriebene Geräte zeichnen sich immer noch durch unbefriedigende Laufzeiten aus, die nicht noch zusätzlich durch weitere Verbraucher signifikant eingeschränkt werden sollten.
- hohe Störsicherheit; die Datenübertragung soll stabil auch bei Infrarotlicht emittierenden Störern wie beispielsweise Floureszenslampen, Sonnenlicht oder anderen Fernbedienungen sein.
- einfach nachrüstbar; Geräte sollten sich auch nachträglich je nach Anforderungen leicht mit den unterschiedlichen IrDA-Komponenten nachrüsten lassen.

1994 gelang die Einigung auf den Standard IrDA 1.0, der in weiten Teilen den Vorarbeiten von Hewlett-Packard entsprach. Die Datenübertragung erfolgt dabei seriell mit maximal 115,2 kBits/s im Halbduplexverfahren (das heißt, es kann nicht gleichzeitig gesendet und empfangen werden), was zur damaligen Zeit darauf beruhte, dass sich ein Infrarot-Interface den Gegebenheiten einer seriellen

15. IrDA

Schnittstelle mit der maximalen Geschwindigkeit des UART (= *Universal asynchronous receiver transmitter*) anpassen sollte.

15.2 Vorteile von IrDA

- Störungssicher gegenüber Fremdlicht
- Preiswert
- Hohe Datenübertragungsgeschwindigkeit bei Fast IrDA
- Zulassungsfrei im Gegensatz zur HF-Datenübertragung
- Einfache Anwendung
- Kabelersatz

Nachteile von IrDA

- Relativ geringe Reichweite
- Eingeschränkter Übertragungswinkel
- Geräte müssen zueinander ausgerichtet sein und Sichtkontakt haben
- Geräte sollten während der Datenübertragung nicht bewegt werden
- Kein Schutz der Daten vor unbefugtem „Abhören" des Infrarotlichts
- Übertragungsstrecke kann sehr leicht durch einen Gegenstand unterbrochen werden

15.3 IrDA 1.0 Spezifikation

Übertragungsweg:	1 m (optional 3 m)
Sichtwinkel:	±15° (max. ±30°)
Baudrate:	9,6 bis 115,2 kBits/s (Halbduplex)
Bitfehlerrate:	$< 1 \times 10^{-9}$
Wellenlänge:	850...900 nm
Maximale Impulslänge:	3/16 der RS232-Bitlänge
Minimale Impulslänge:	1,41 µs
Anstiegs- und Abfallzeit:	max. 0,6 ms
Jitter:	max. 0,2 ms

IrDA-kompatible Geräte tragen in der Regel das IrDA-Logo.

15.3 IrDA 1.0 Spezifikation

Der IrDA-1.0-Standard wurde besonders für Anwendungen entwickelt, welche nur zeitweise eine Infrarot-Verbindung zu einem Peripheriegerät benötigen. Dazu zählen beispielsweise Handheld PCs, Handys, Docking-Stationen für Digital-Cameras oder Drucker. Als Hardware wird ein Standard UART zusammen mit einem Tranceiver benötigt, die oben genannte Spezifikationen erfüllen.

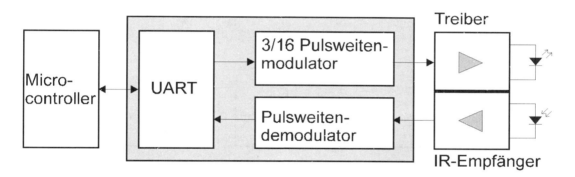

Bild 1. Prinzip einer IrDA-Schaltung

Der Sender besteht aus einer Infrarot-LED, die über eine Treiberstufe angesteuert wird. Die Pulsverkürzung, die laut IrDA-Spezifikation gefordert ist, geschieht in der Impulsformerstufe. Auf der Empfängerseite empfängt eine PIN-Fotodiode die Infrarot-Blitze und leitet diese nach Verstärkung einer Pulsverlängerungsstufe zu.

In jedem Fall ist aufgrund der starken Bündelung des Infrarot-Lichts von max. ±30° eine Ausrichtung des Senders auf den Empfänger erforderlich, was man in der IrDA-Literatur als „Point-and-Beam"-Prinzip bezeichnet. Diese Beschränkung soll sicherstellen, dass Störeinflüsse von vornherein klein bleiben und eine minimale Reichweite von 1 m sichergestellt ist. Auch an den Verstärker im Empfangsteil werden so weniger Ansprüche gestellt, er muss bei der relativ geringen Entfernung keine technisch aufwendigen Regelschaltungen enthalten. Die Industrie hat eine Vielzahl von kompletten ICs entwickelt, bei denen Sender und Empfänger in ein Gehäuse integriert sind. Die Ausführungen unterscheiden sich im Wesentlichen hinsichtlich der maximalen Datenrate und der Gehäuseform.

15. IrDA

Bild 2. IrDA-Modul HSDL-1000 von HP in verschiedenen Gehäuseausführungen im Größenvergleich zu IR-LEDs.

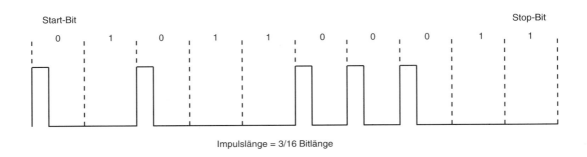

Bild 3. Datenbyte bei IrDA

Im seriellen Datenstrom wird eine logische „0" durch einen Infrarot-Impuls charakterisiert und eine logische „1" durch das Fehlen des Lichtblitzes. Der Datenstrom ist organisiert in Rahmen, die, neben einem Start-Bit, acht Daten-Bits und ein Stop-Bit enthalten. Der IrDA-Standard definiert, dass der Infrarot-Impuls in der Mitte einer Bit-Periode beginnt und eine maximale Länge von 3/16 der RS232-Bitlänge aufweist. Da das Startbit immer logisch „0" ist, leitet ein Infrarot-Impuls die Übertragung jedes Bytes ein.

Nach der raschen Verbreitung des IrDA-1.0-Standards wurde schnell der Ruf nach größerem Datendurchsatz laut. Man wollte IrDA in LAN-Anwendungen implementieren und beispielsweise auch Bilddaten, die mehrere Megabyte groß sind, in benutzerfreundlichen Zeitspannen von Digital-Cameras zum PC übertragen. Die zweite IrDA-Version 1.1, die im Oktober 1995 verabschiedet wurde, beinhaltet die Definition von Datenübertragungsgeschwindigkeiten mit bis zu 4 Mbits/s genannt FIR (= *Fast Infrared*). Doch schon 1999 wurde diese Spezifikation auf 16 Mbits/s erweitert, um den Bedürfnissen der modernen Rechneranwender gerecht zu werden. Bei diesen hohen Geschwindigkeiten muss dann ein eigener Controller eingesetzt werden, da ein UART-Baustein nur bis

15.4 Definition der Schichten von IrDA

115,2 kbits/s ausgelegt ist. IRDA 1.1 ist abwärtskompatibel zur Version 1.0, da während eines Verbindungsaufbaus Geräte die Datenübertragungsgeschwindigkeit untereinander aushandeln.

15.4 Definition der Schichten von IrDA

Die *Infrared Data Association* unterteilt den IrDA-Standard in „IrDA DATA" für die Kommunikation von Geräten und „IrDA Control" speziell für die Anbindung von Computer-Peripherie wie Infrarot-Tastaturen oder -Mäuse.

IrDA DATA setzt sich aus verschiedenen Schichten zusammen, von denen je nach Art der Verbindung unterschiedlich viele innerhalb des Protokolls zum Einsatz kommen. Der so genannte Protokoll-Stack ist eine Ansammlung von Programmen, welche die große Aufgabe der problemlosen Kommunikation über Infrarot-Licht zwischen zwei oder mehreren Geräten abwickeln. Dabei ist jedem Programm eine definierte Aufgabe zugewiesen, das die Ergebnisse anschließend dem nächsten Programm zur Weiterverarbeitung übergibt.

Das Protokoll fordert drei Basisprotokolle: *Physical Layer, IrLAP und IrLMP*. Alle anderen Protokolle sind optional und werden nur bei entsprechenden Anwendungen eingesetzt.

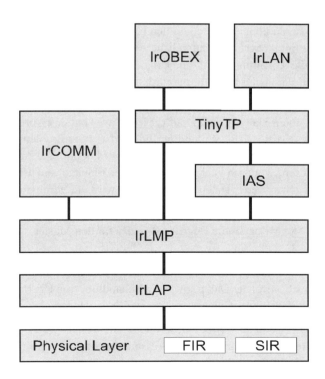

Bild 4. Der Protokoll-Stack von IrDA

15.4.1 Physical Layer

Im *Physical Layer* werden folgende Parameter spezifiziert:

- Entfernung von minimal 1 m und vereinzelt auch bis 3 m. Für so genannte „Low power devices" wird eine Entfernung von 20..30 cm definiert, wodurch eine 10fache Sendeenergieeinsparung möglich ist.
- Beschreibung der bidirektionalen Kommunikation mit Protokollaufbau und Bitlängen.
- Strahlungsintensität der Infrarot-Sende-LED, Abstrahlwinkel.
- Datenübertragungsgeschwindigkeit.
- Definition des Schutzes der Daten durch CRC (*Cyclic Redundancy Check*).

15.4.2 IrLAP

Das *Link Access Protocol* sorgt für den automatischen Verbindungsaufbau zweier Geräte und zusammen mit einer Fehlerkorrektur für deren korrekte Verbindung. Es verwendet das HDLC-Protokoll (= *Highlevel Data Link Control*), das bitorientiert und codeunabhängig arbeitet und speziell auf die Bedürfnisse der Infrarot-Datenübertragung angepasst wurde. Durch die Abstimmung der Datenübertragungsgeschwindigkeit wird durch IrLAP sichergestellt, dass auch langsame Geräte mit Anwendungen kommunizieren können, die eigentlich FIR unterstützen. Hierfür wird zunächst immer erst eine Verbindung mit 9.600 kbits/s aufgebaut, die alle IrDA-kompatiblen Geräte unterstützen. Erst danach erfolgt die Abstimmung auf eine langsamere oder höhere Geschwindigkeit, wobei die Verbindung immer auf Parameter abgestimmt wird, die eine bestmögliche Übertragung gewährleisten.

Die Abwicklung des gesamten Datenverkehrs auf diesem Layer hat den Vorteil, dass die höheren Layer sich damit nicht beschäftigen müssen und nur bei Bedarf über Probleme informiert werden. Wenn z.B. eine Kaffeetasse in den Infrarot-Strahl gestellt wird, kann eine Anwendung des IrDA-Stacks einen Alarm auslösen, wodurch auch gleichzeitig der Benutzer auf Übertragungsprobleme hingewiesen wird. Dabei gehen weder Daten verloren, noch wird die Verbindung unterbrochen.

Die Verbindung zwischen zwei IrDA-Systemen haben eine Master/Slave-Beziehung mit unterschiedlicher Verantwortung. IrDA verwendet die Begriffe *Primary* für den Master und *Secondary* für den Slave.

Die Primary-Station ist verantwortlich für den Aufbau der Verbindung und den Datentransfer, die Organisation und den Flow Control der Daten sowie die Behandlung von Übertragungsfehlern. Typische Primary-Geräte sind PCs, PDAs, Cameras und jedes Gerät, das Drucken möchte.

Die Secondary-Station sendet und antwortet nur, wenn sie selbst angesprochen wird. Typische Vertreter sind Drucker und Geräte mit geringen Systemressourcen. In jeder Verbindung muss ein Gerät die Funktion *Primary* und ein Gerät die Funktion *Secondary* übernehmen. Das Secondary-Gerät kann aber auch eine IrDA-Implementierung mit Primary-Funktion enthalten. Der Verbindungsaufbau erfolgt vom Primary-Gerät, wobei keine Seite mehr als 500 ms am Stück senden kann, bevor die Gegenseite antwortet. Dieses Zeitlimit gilt auch, wenn die andere Seite nichts zu senden hat. Die von IrLAP ausgehandelten Parameter benötigt die nächste Schicht im Protokoll-Stack von IrDA, nämlich IrLMP.

15.4.3 IrLMP

Das IrLMP (= *Link Management Protocol*) arbeitet mit den ersten beiden Schichten des Stacks eng zusammen und ist verantwortlich für das Multiplexen von Daten (mehrere IrLMP-Clients können einen IrDA-Link benutzen) sowie die Beseitigung von Adressenkonflikten. Adressen innerhalb eines IrDA-Systems werden per Zufallsgenerator vergeben und können damit überlappen. Hierbei erfolgt dann die Aufforderung an alle Geräte, eine neue Adresse zu erzeugen, damit der korrekte Datenverkehr gewährleistet ist. Theoretisch können bis zu 127 Systeme gleichzeitig miteinander kommunizieren.

15.4.4 IAS

Mit dem IAS (= *Information Access Service*) wird eine Art von „gelben Seiten" bereitgestellt, die alle Parameter über die an der Infrarotverbindung beteiligten Geräte enthält. Dabei kann jedes Gerät Auskunft über seine Möglichkeiten (Dateitransfer, Drucken, Fax etc.) geben. So könnte beispielsweise ein Computer die Verbindung mit einem Drucker aufnehmen und erhält von diesem Informationen über Hersteller, Treiber und Typ. Als Service würde dann „Druckausgabe" ausgehandelt.

15.4.5 TinyTP

Der TinyTP oder TTP Layer ist ein optionaler IrDA Layer. Er stellt zwei wesentliche Funktionen zur Verfügung:

- Flow Control
- Segmentierung und Reassembly

Flow Control ist die wichtigste Aufgabe von TinyTP. Wenn der Multiplex-Mode von IrLMP verwendet wird, sind damit mehrere Verbindungen aktiv. Dabei können unter Umständen Daten verloren gehen oder Deadlock-Situationen entstehen. Diese können auf Kredit basierenden Flow Control vermieden werden. Dabei wird jeder Seite vor Verbindungsaufbau vom jeweils anderen Teilnehmer Kredit erteilt. Die Anzahl der zugeteilten Kredits ist vom verfügbaren Pufferspeicher der Empfängerseite abhängig. Ein Kredit entspricht einer Erlaubnis, ein Datenpaket zu senden, wobei die maximale Anzahl 127 beträgt. Wenn Daten gesendet werden, wird der Kredit jeweils um einen Wert reduziert. Der Empfänger erteilt periodisch mehr Kredit und bestimmt die Regeln. Diese Regeln sind ein bestimmender Faktor für die Performance der IrDA-Verbindung. Ein Kredit Paket unterliegt nicht der Flow Control, das heißt, es kann immer, auch bei fehlendem Kredit gesendet werden. Da bei einer

15. IrDA

IrDA-Verbindung beide Seiten als Sender und Empfänger arbeiten können, erteilen beide Seite Kredit.

Segmentierung und Reassembly

Große Datenpakete werden von TinyTP zerlegt und entsprechend ihrem ursprünglichen Format auf der Empfängerseite wieder zusammengesetzt. Durch diese Maßnahmen muss sich eine Applikation keine Gedanken machen über die Abwicklung des Datentransfers in Zusammenhang mit der Dateigröße. Die Daten werden einfach als großer Block an TinyTP übergeben und unterliegen damit der völligen Kontrolle bezüglich Segmentierung und Übertragungsgeschwindigkeit dieser Schicht.

15.5.6 IrCOMM

Bei der Entwicklung des IrDA-Standards waren bereits eine Vielzahl unterschiedlicher Peripheriegeräte und PCs mit V.24- und paralleler Schnittstelle am Markt eingeführt. Es war daher ein wesentliches Ziel, bei der Entwicklung des IrDA-Stacks auch das Zusammenarbeiten mit diesen Schnittstellen zu ermöglichen.

Die Kommunikation bei IrDA unterscheidet sich signifikant von der Kommunikation über serielle oder parallele Schnittstellen, die mit mehreren Signalleitungen arbeiten. Bei IrDA müssen alle Signale entsprechend verpackt und über einen Infrarotstrahl gesendet werden. IrCOMM ist eine Option bei IrDA und emuliert unterschiedliche Schnittstellen wie beispielsweise eine serielle oder parallele Schnittstelle.

15.5.7 IrLAN

IrLAN ist eine unter anderem von IBM, HP und Microsoft entwickelte und seit Ende 1997 angenommene Erweiterung des IrDA-Standards. Primäre Anwendung von IrLAN ist die Anbindung portabler PCs an Büronetzwerke. IrLAN unterstützt drei verschiedene Betriebsmodi:

- Anbindung eines PC an ein Netzwerk über ein *Access Point Device*, auch IR LAN-Adapter genannt. Jedes IrDA-Gerät hat dabei seine eigene IP-Netzwerkadresse.

- Zwei IrDA-Geräte sind untereinander mit einem Netzwerk verbunden. Diese direkte Verbindung kann auch auf andere Computer im Netz ausgeweitet werden. Das Lesen anderer Verzeichnisse ist dabei möglich.

- Verbindung eines IrDA-Gerätes über ein anderes IrDA-Gerät, welches einen Netzwerkanschluss besitzt. Dieses Gerät arbeitet dann als Router. Alle an diesem Router angeschlossenen IrDA-Geräte sind über die IP-Adresse des Routers erreichbar.

15.5. IrOBEX

IrOBEX (= *Infrared Object Exchange Protocol*) ist eine optionale Anwendung für den Austausch von Daten in unterschiedlichen Formaten zwischen IrDA-Geräten. Dabei werden die zu übertragenden Daten (z.B. Bilder, Informationen von Visitenkarten, Ergebnisse und Daten von Handheld-Geräten usw.) als Objekte behandelt. Die Funktionen und Arbeitsweise von IrOBEX ist ähnlich der von HTTP (= *Hyper Text Protocol*) im Internet.

Ziele von IrOBEX sind die drastische Vereinfachung des Transfers verschiedener Daten, ohne dass der Anwender sich um unterschiedliche Formate kümmern muss. Es existiert auch eine speziell für Telekomm-Anwendungen entwickelte Option (IrMC), welche unter anderem für *Voice over IrDA* (*Real Time Voice an Call Control*, RTCON) verwendet wird. Hierbei wird die volle Bandbreite einer 115,2-kBits/s-Verbindung benötigt, bei der Sprache Vollduplex übertragen wird. Ein Multiplexen mit anderen Daten ist damit ausgeschlossen.

Eine Anwendung dafür ist die Mobiltelefon-Halterung im Auto, wo Sprachdaten digital und ohne Kabel an den Freisprechadapter weitergeleitet werden.

15.6 Ausblick

IrDA hat durch die Implementierung in vielen Mobiltelefonen einen großen Wachstumsschub bekommen. Zukünftige Generationen werden auf die höheren Datenübertragungsgeschwindigkeiten ausgelegt sein müssen und mit noch mehr Geräten kommunizieren. Das IrDA-Konsortium definiert laufend neue Anwendungen, um das Wachstum dieser Technologie zu fördern. Weitergehende Informationen sowie aktuelle Neuigkeiten findet der Leser auf der Homepage von IrDA: http://www.irda.org.

Ob IrDA irgendwann einmal von BLUETOOTH, der Datenübertragung über Funkwellen im 2,4-GHz-Band abgelöst wird, erscheint bei den Preisen für Funkmodule noch fraglich zu sein. Wahrscheinlich werden beide Technologien nebeneinander existieren und die Bereiche abdecken, für die sie jeder am besten geeignet sind.

Es werden immer mehr Geräte mit dieser hocheffizenten und leistungsfähigen Schnittstelle ausgerüstet werden. Sinkende Preise für die Infrarot-Komponenten, weitere Miniaturisierung sowie der Wegfall jeglicher Verkabelung werden ein Motor für weitere Einsatzfelder sein, an die man bis heute noch nicht denkt.

IrDA bietet dem Entwickler einen großen Gestaltungsspielraum – vorausgesetzt, er beherrscht den Protokoll-Stack. Die Technik und auch die Akzeptanz durch den Kunden steht und fällt mit einer ausgereiften Software. Zu häufig gibt es noch Probleme bei der Konfiguration der Infrarot-Schnittstelle im Computer. IrDA kann zwar viel, aber nur durch die Hand eines erfahrenen Entwicklers, der die letzten Geheimnisse des IrDA-Protokoll-Stacks kennt und diese auch ausnutzt.

15. IrDA

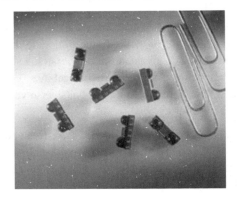

Bild 5. Extrem kleines IrDA-Modul ZHX1810 von Zilog

Für den Hobby-Elektroniker bieten sich eigentlich nur kleinere Schaltungen an, wie beispielsweise der Aufbau einer optischen RS-232 Übertragungsstrecke. Der Softwareaufwand hierbei ist gering, verglichen mit einem Datenaustausch mit einem IrDA-Gerät, und bedarf keiner tiefgreifende Kenntnisse der IrDA-Struktur.

Interessante Anwendungsmöglichkeiten ergeben sich auch für Handel, Handwerk und Industrie. Folgende Beispiele könnten schon in naher Zukunft realisiert werden:

- Ersatz des Diagnosesteckers im Auto durch eine IrDA-Schnittstelle, mit der sich die Daten des Bordcomputers bei geschlossener Motorhaube abrufen lassen.

- Nutzen der Tastatur eines Mobiltelefons als Eingabemedium für andere Geräte.

- Diagnose von Kundendienstdaten in komplexen Werkzeugen oder Geräten, ohne dass ein Kabel angeschlossen werden muss.

- Optische Schnittstelle zwischen Geräten der Unterhaltungselektronik (beispielsweise vom CD-Player zum Verstärker) zum Zweck der Datenübertragung ohne Kabel und Lichtleiter.

16. Schaltungen

16.1 Einfach-Infrarot-Fernsteuerung mit geringem Stromverbrauch

Zur drahtlosen Ausführung von Schaltvorgängen kann eine sehr einfache Fernsteuerung dienen. Das IR-Signal besteht aus einem 20-kHz-Burst mit circa 1 ms Dauer. Um eine gute Störsicherheit gegenüber Umlicht und Lichtblitzen zu erreichen, wird empfängerseitig ein Integrierglied verwendet, das erst nach Eintreffen mehrerer unmittelbar aufeinanderfolgender Impulse einen Trigger-Impuls abgibt. (Entnommen der Applikationsschrift von Siemens „Schaltbeispiele", Ausgabe 1980/81)

Technische Daten

Sender:
Betriebsspannung	9 V
Impulsdauer	ca. 1 ms
Trägerfrequenz	ca. 20 kHz
Spitzenstrom	ca. 1 A

Empfänger:
Betriebsspannung	9 V
Stromverbrauch (o. LED)	2 mA
Mittenfrequenz	ca. 20 kHz
Verstärkung	ca. 80 dB
Reichweite	≥ 15 m

Sender

Ein aus zwei CMOS-NAND-Gliedern aufgebauter Oszillator hat eine Eigenfrequenz von circa 20 kHz. Die Schwingung wird unterbrochen, solange der Ausgang von Gatter 2 auf L liegt. Nach Drücken der Taste T erhält der Eingang von Gatter 1 und damit auch der Ausgang von Gatter 2 High-Potential, und der Oszillator beginnt zu schwingen. Nach einer Zeit, die durch die Zeitkonstante des Gliedes R1, C1 bestimmt wird, unterschreitet die Spannung am Eingang von Gatter 1 die High-Ansprechschwelle. Damit wird die Schwingung unterbrochen. Die Zeitkonstante von R1, C1 ist so dimensio-

16. Schaltungen

niert, dass der Schwingungszug (Burst) eine Länge von circa 1 ms hat. Der Kondensator von 1 nF am Ausgang des Gatters 1 dient zur Unterdrückung von Störspitzen beim Einschalten.

Durch die Schwingung am Ausgang von Gatter 4 wird der Darlington-Transistor BC875 periodisch leitend gesteuert. Die Sendedioden vom Typ LD271 führen dabei Spitzenströme bis zu 1 A. Die Energie wird während der 1 ms von dem 470-µF-Elko geliefert. Seine Spannung sinkt während des Burstes um rund 1 V ab.

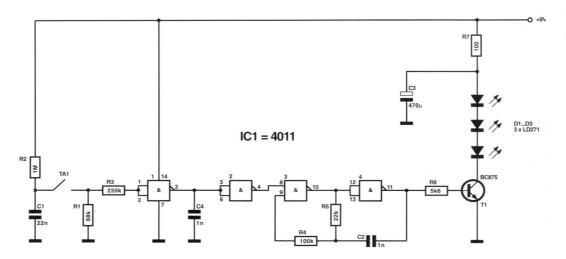

Bild 1. Schaltplan des Senders

Empfänger

Die Photodiode BP104 mit integriertem IR-Filter arbeitet auf einen Widerstand von 56 kΩ als Außenwiderstand. Dieser Widerstand ist bei normalem Umgebungslicht noch genügend niederohmig, um keinen störenden Spannungsabfall zu erzeugen. Die erste nachfolgende Verstärkerstufe ist als Emitter-Folger geschaltet und hat einen Eingangswiderstand von circa 1 MΩ. Zusammen mit der zweiten Stufe ergibt sich eine etwa 100fache Verstärkung. Der Gleichstrom-Arbeitspunkt wird durch eine Gegenkopplung stabilisiert. Die nächsten beiden Stufen, die ebenfalls in die Gegenkopplung einbezogen sind, verstärken das Signal nochmals um den Faktor 100.

Das insgesamt um den Faktor 10.000 verstärkte Eingangssignal wird anschließend einer Gleichrichterschaltung mit Integration zugeführt. Bei jedem Impuls wird der 10-nF-Kondensator um einen gewissen, vom Verhältnis der Kapazitäten (680 pF und 10 nF) abhängigen Spannungswert aufgeladen. Sobald der Schwellwert des nach der Gleichrichtung folgenden Transistors BC308 erreicht ist, entsteht an dessen Kollektor eine positive Schaltflanke, die über die vier Inverter noch versteilert wird. Die Flanke triggert das als Monoflop nachgeschaltete JK-Flip-Flop 4027. An seinem Ausgang steht ein sauberer Impuls für die Umschaltung des folgenden Flip-Flops zur Verfügung. Die antivalenten Ausgänge werden hier zum Steuern einer roten bzw. grünen Leuchtdiode verwendet.

16.1 Einfach-Infrarot-Fernsteuerung mit geringem Stromverbrauch

Stückliste

Sender:

Widerstände:
R1	68 k
R2	1 M
R3	220 k
R4	100 k
R5	22 k
R6	5,6 k
R7	100 Ω

Kondensatoren:
C1	22 n
C2, C4	1 n
C3	470 µ / 16 V

Halbleiter:
IC1	4011
D1...D3	LD271
T1	BC875

Außerdem:
TA1	Taster

Empfänger:

Widerstände:
R1, R12	56 k
R2	1 M
R3	560 k
R4	150 k
R5	15 k
R6, R7	1 k
R8	2,2 k
KR9	1,5 k
R10	47 k
R11	10 k
R13	100 k
R14, R15	680 Ω

Kondensatoren:
C1	3,3 µ / 16 V
C2	150 p
C3, C6	10 n
C4	22 n
C5	680 p
C7	6,8 n
C8	220 µ / 16 V
C9	47 n

Halbleiter:
D1	BP104
D2, D3	AA118
D4, D5	LED
T1...T3	BC238
T4, T5	BC308
IC1	4049
IC2	4027

16. Schaltungen

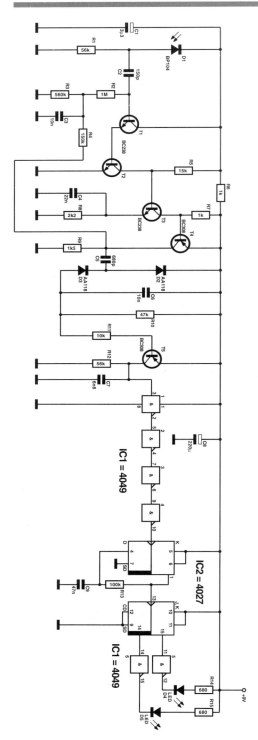

Bild 2. Schaltplan des Empfängers

16.2 NEC-Code-Sender

Dieser Infrarot-Sender wird bei Harman/Kardon zur Steuerung eines Tuners eingesetzt. Herz der Schaltung ist das IC µPD6121G-001, das den Code im NEC-Format sendet.

Die mit 38 kHz modulierten Daten werden ohne Basisvorwiderstand an den Treibertransistor geleitet. Der 2SC3616 ist ein NPN-Transistor, der folgende technische Daten aufweist:

$H_{fe} = 800...3200$ @ $U_{CE} = 2$ V, $I_C = 300$ mA

$U_{CE(sat)} = 0{,}14$ V typ. @ $I_C/I_B = 300$ mA / 3 mA

$I_{C(DC)} = 700$ mA

$I_{C(puls)} = 1{,}0$ A

Er eignet sich aufgrund der hohen Stromverstärkung und des niedrigen Wertes von $U_{CE(sat)}$ sehr gut für Infrarot-Sender, die mit 3 V betrieben werden.

Der Transistor steuert die Infrarot-Sendediode SE303A von NEC über einen 1-Ω-Strombegrenzungswiderstand an. Die hohen Stromspitzen während des Sendevorgangs werden über einen 47-µ-Kondensator gepuffert.

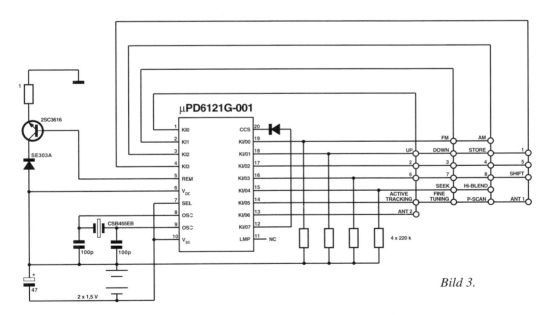

Bild 3.

Die Pins KI0...KI3 bilden die Eingänge und Pins KI/00...KI/06 die Ausgänge für das Scannen der Tastatur. Gemäß dem Datenblatt des ICs wird der Herstellercode durch Pull-down-Widerstände an KI/00...KI/06 und einer bzw. mehrerer Diodenverbindungen nach Pin CCS festgelegt.

Pin 7 (SEL) liegt auf Massepotential, so dass Bit 7 im Befehl immer „1" ist.

16. Schaltungen

Der Takt wird von einem Resonator erzeugt, der auf 455 kHz schwingt und noch zusätzlich mit zwei 100-pF-Kondensatoren bestückt ist.

Mittels der Schaltung des Infrarot-Analysers aus Kapitel 16.13 wurden folgende Codes ermittelt:

Beispiel komplettes Telegramm (hex) für Taste „ACTIVE TRACKING":
Telegramm besteht aus 32 Bits mit folgendem Inhalt:

Befehls-Code	94h
Befehls-Code invertiert	6Bh
Hersteller-Code	80h
Hersteller-Code ´	70h

Taste	Befehls-Code (hex)	Taste	Befehls-Code (hex)
FM	81	7	8D
AM	82	8	8E
UP	84	SHIFT	8F
DOWN	85	SEEK	91
STORE	86	HI-BLEND	92
1	87	ACTIVE TRACKING	94
2	88	FINE TUNING	95
3	89	P-SCAN	96
4	8A	ANT1	97
5	8B	ANT2	98
6	8C		

16.3 RC5-Code-Sender

Der hier beschriebene Sender stellt eine kleine handliche Alternative zu käuflichen Infrarot-Sendern dar, die ihre Daten im RC5-Code aussenden.

Technische Daten des Senders:

- Betriebsspannung 3 V entspricht zwei Batterien Micro Typ AAA
- Zehn Tasten
- Acht verschiedene Systemadressen über Dip-Schalter einstellbar
- Reichweite circa 8 m
- Verwendung des RC5-Codes
- Ruhestromverbrauch unter 10 µA

16.3 RC5-Code-Sender

- Funktionskontrolle über LED
- Infrarotlichtausstrahlung bei 950 nm

Obwohl schon lange auf dem Markt, gibt es nur wenige Schaltungen mit dem Philips-IC vom Typ SAA3010, das den RC5-Code aussendet. Vielleicht liegt es an dem Datenblatt, in dem doch noch einige Fragen offen bleiben, wenn man kein Spezialist für Fernbedienungen ist. Auch auf der Homepage von Philips findet sich keine brauchbare Applikationsschaltung, so dass mit dem hier beschriebenen Sender diese Wissenslücke geschlossen wird.

Die Firma Philips bietet für ihren selbstentwickelten RC5-Code mit den Bausteinen SAA3006 und SAA3010 zwei Typen an, die mit verschiedenen Betriebsspannungen arbeiten. Alternativen dazu werden von den taiwanesischen Firmen Princeton und Holtek als PT2211 und HT6230 angeboten.

SAA3010

Der SAA3010 ist ein universeller Baustein, der für Infrarot-Datenübertragung mit moduliertem Licht im RC5-Code konzipiert wurde. Seine wesentlichen Merkmale sind die niedrige Betriebsspannung und die Fähigkeit, bis zu 2.048 verschiedene Kommandos auszusenden. Mit einer intern festgelegten langen Entprellzeit können auch schlechte Kontakte mit einem maximalen Übergangswiderstand von 7 kΩ einwandfrei abgefragt werden. Die Kommandos werden auf 32 Systemadressen aufgeteilt, wovon einige nachfolgend beschrieben sind.

Schaltung

Der Sender sollte flexibel sein und mehrere Geräte ansprechen können. Da dies nur durch einen vom Benutzer veränderbaren Adressencode möglich ist, wurde mit einem 8-fach-Dipschalter die Auswahl zwischen den Systemadressen 0...7 geschaffen. Laut Definition des RC5-Protokolls können damit folgende Geräte angesprochen werden, wobei die Adresse 7 für Eigenentwicklungen interessant ist:

Systemadresse	Gerät
0	TV1
1	TV2
2	Videotext
3	Erweiterung für TV1 und TV2
4	Laser Vision Player
5	Videorecorder1 (VCR1)
6	Videorecorder2 (VCR2)
7	Reserviert

Die zehn Taster erlauben das Aussenden von folgenden 10 verschiedenen Kommandos, wobei hier die Befehle 16 und 17 mitverwendet wurden, um zur Schaltung 16.4 „Modellbau-Fernsteuerung mit RC5-IR-Signalen" kompatibel zu sein.

16. Schaltungen

Befehl	Bedeutung
0	0
1	1
2	2
3	3
4	4
5	5
6	6
7	7
8	Volume +
9	Volume −

Theoretisch können damit unter Ausnutzung aller Kombinationen von Adressen- und Befehlsmatrix 80 verschiedene Geräte angesprochen werden, was für Hobbyanwendungen mehr als ausreichend sein dürfte.

Pin SSM wird an V_{DD} angeschlossen, da die Adressenwahl durch den Dip-Schalter fest verdrahtet ist und dieses Pinpotential durch das Datenblatt bei dieser Betriebsart vorgeschrieben ist.

Philips schreibt einen Resonator mit 429 kHz Taktfrequenz vor, wenn das definierte Timing des RC5-Protokolls eingehalten werden soll. Der Einsatz eines 455-kKz-Resonators ist laut Datenblatt nicht erlaubt und führt dazu, dass sich die Bit-Längen um circa 40 µs verkürzen. Bei Eigenentwicklungen von Empfängern kann dieses Zeitverhalten berücksichtigt werden – alle anderen Empfänger könnten jedoch das Protokoll verwerfen, da es außerhalb der Toleranzgrenzen liegt und damit nicht mehr der Philips-Spezifikation entspricht.

Dimensionierung der Sendeendstufe

Bei der Wahl für den Transistor T1 fiel die Entscheidung für den Darlington-Typ BC517, der neben einer hohen Stromverstärkung auch genügend Strom zur Ansteuerung der Infrarot-LED liefern kann. Ein weiterer wichtiger Parameter war eine möglichst geringe Kollektor-Emitter-Sättigungsspannung.

BC517: h_{fe} / 0,5 A: 20.000

I_{cmax}: 0,8 A

U_{CEsat} / 100 mA: 1 V

NPN / TO92-Gehäuse

Die Dimensionierung der Sendeendstufe beginnt mit der Berechnung des Kollektorwiderstands für einen Kollektorstrom von 0,5 A. Dieser Wert wurde als Kompromiss zwischen Batterielebensdauer und Reichweite gewählt. Laut Datenblatt der Infrarot – Diode LD274 beträgt deren Flussspannung bei einem Strom von 0,5 A circa 1,7 V.

16.3 RC5-Code-Sender

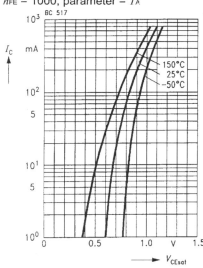
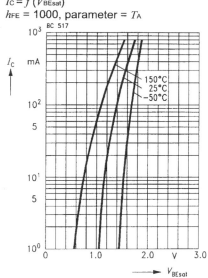

Bild 4. U_{CESAT} und U_{BESAT} des BC517

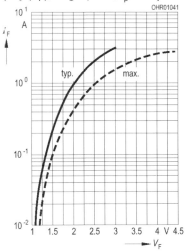

Bild 5. Flussspannung der LD274

16. Schaltungen

Am Transistor tritt ein U_{CESAT} von 1 V auf, womit sich R_C folgendermaßen bestimmt:

$$I_{LED} = \frac{U_{BAT} - U_{CESAT} - U_F}{R_C} \Leftrightarrow R_C = \frac{U_{BAT} - U_{CESAT} - U_F}{I_{LED}} = \frac{3\,V - 1\,V - 1,7\,V}{0,5\,A} = 0,6\,\Omega$$

Der errechnete Wert von 0,6 Ω ist natürlich sehr niedrig, weshalb viele Hersteller kommerzieller Fernbedienungen den Kollektorwiderstand ganz weglassen.

Im Schalterbetrieb wird der Transistor – auch wenn dadurch längere Schaltzeiten entstehen – im Sättigungsbetrieb genutzt. Bei einer in der Praxis ausreichenden Übersteuerung mit dem Faktor 3 wird der Basiswiderstand folgendermaßen ermittelt, um den zulässigen Basisstrom nicht zu überschreiten:

$$R_B = \frac{5.000 \times 0,6\,\Omega}{3} = 1\,k\Omega$$

(Angenommene Stromverstärkung h_{fe} : 5.000)

Der erforderliche Basisstrom ist mit einem U_{BE} von 1,6 V circa 1,4 mA. Dieser Strom kann problemlos vom SAA3010 geliefert werden.

Der Kondensator C1 puffert Stromspitzen, damit die Batteriespannung bei den relativ hohen Sendeströmen annähernd konstant bleibt.

LED

LED D1 dient der Funktionskontrolle und flackert im Rhythmus des gesendeten Codes.

Batterien

Um den Sender möglichst klein und handlich zu gestalten, wurde der Einsatz von zwei Alkali-Mangan-Batterien Typ Micro AAA vorgesehen. Die entsprechenden Halter gibt es als Einlötversionen z.B. von Farnell.

Stückliste

Widerstände:
R1	75 Ω
R2	0,62 Ω
R3	1 k
R4	6k8

Kondensatoren:
C1	100 µ

16.3 RC5-Code-Sender

Halbleiter:
IC1　　　SAA3010P　　　z.B. Reichelt Elektronik
D1　　　LED rot
D2　　　LD274
T1　　　BC517

Sonstiges:
Resonator 429 kHz　　　z.B. Reichelt Elektronik
TA1...TA10 Taster　　　z.B. Reichelt PHAP 3301B 9,5 mm
4 Batteriehalter für AAA-Zellen　z.B. Farnell 877-207
8-fach Dip-Schalter

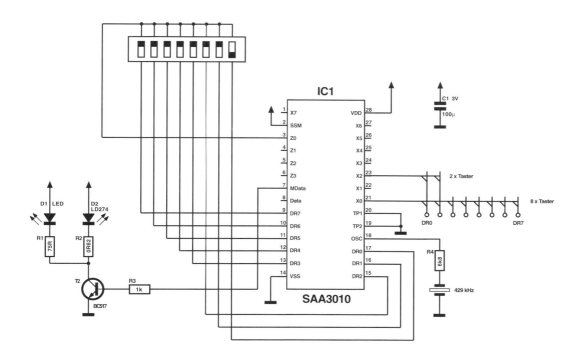

Bild 6

16. Schaltungen

16.4 Modellbaufernsteuerung mit RC5-IR-Signalen

„Highlights"

- Steuerbar über RC5-Infrarotsignal
- Anschließbar: Modellbauservo, Getriebemotor
- Motorfunktionen: Vorwärts – Stop – Rückwärts
- Reichweite circa 10 m

Diese kleine, aber interessante Schaltung verkürzt quälende TV-Werbepausen und verschafft dem Zappen mit der Fernbedienung endlich einen Sinn. Mit der vorhandenen Fernbedienung eines Fernsehers, Sat-Receivers oder einer Stereoanlage lässt sich ein Modellauto, Roboter oder Ähnliches steuern, so dass einem sinnvollen Zeitvertreib im Wohnzimmer nichts mehr entgegensteht. Einzige Voraussetzung ist, dass die Fernbedienung Infrarotsignale im RC5-Format sendet.

Herz der Schaltung ist ein Microcontroller der Firma *National Semiconductor*, der das Infrarotsignal auswertet und zur Steuerung ein Modellbauservo sowie eine Brückenschaltung aus Power-Mosfets treibt. Im Modell selbst steuert das Servo die Lenkung und die Brückenschaltung ist für das Verhalten des angeschlossenen Getriebemotors (vorwärts – stop – rückwärts) verantwortlich.

Schaltung

Das Infrarotsignal, codiert im RC5-Format, wird von IC3 empfangen. Dieses IC vom Typ TSOP1736 oder SFH5110 enthält einen kompletten hochempfindlichen Infrarotempfänger, der auf die Trägerfrequenz von 36 kHz abgestimmt ist. Eine Photodiode, Verstärkerstufen, Filter und ein Demodulator sind integriert und erlauben damit eine preiswerte und nachbausichere Schaltung. Alternativen zu diesem Baustein sind in der Stückliste angegeben.

16.4 Modellbaufernsteuerung mit RC5-IR-Signalen

Das demodulierte Signal wird, wie im Schaltbild zu erkennen ist, dem Microcontroller IC1 zur weiteren Auswertung an Pin G0 zugeführt, also abgetastet und einer Fehlerprüfung unterzogen. R1 und C1 arbeiten als Tiefpassfilter und gewährleisten eine gefilterte Versorgungsspannung für IC1. Die gesamte Schaltung wird mit 5 V betrieben, die der Low-Drop-Spannungsregler IC3 liefert. Die preiswerteste Möglichkeit, diese Fernsteuerung lange zu benutzen, ist mit sieben Accuzellen à 1,2 V gegeben. Soll ein normaler „Stabi" (wie z.B. der 7805) eingesetzt werden, müssen aufgrund der Spannungsverluste im Regler mindestens acht Accuzellen Verwendung finden.

Der Microcontroller zeichnet sich durch folgende Merkmale aus:

- 4096 × 8 OTP Eprom
- 128 Bytes Ram
- 1 µs Zykluszeit bei 10 MHz
- 16-Bit-Timer mit folgenden Betriebsmodi: Timer mit Auto-Reload
  Timer als External Event Counter
  Timer mit Capture Funktion
- 16 I/O Anschlüsse, von denen 14 individuell wahlweise als Ein-/bzw. Ausgang programmierbar sind
- Wählbare Pin-Konfigurationen: Tri-State, push-pull oder pull-up
- Microwire-Schnittstelle
- Interruptquellen: Externer Interrupt mit wählbarer Flanke
  Timer Interrupt
  Software Interrupt

Für die Steuerung des Servos wird die Funktion *Timer mit Auto-Reload* verwendet, bei der – einmal initialisiert – der Timer ohne weitere Softwareunterstützung eine definierte Pulsfolge am Pin G3 ausgibt.

Die zeitliche Länge der benötigten Impulse für handelsübliche Modellbauservos beträgt 0,9...2,1 ms und wird alle 20 ms wiederholt. Die Neutralstellung ist mit einer Pulslänge von 1,5 ms definiert (Minimum 1,00 ms, Maximum 2,00 ms).

Auf der Platine ist die Anschlussbelegung für den Servostecker aufgedruckt. Damit alle handelsüblichen Servos angeschlossen werden können, ist in Bild 7 deren Steckerbelegung angegeben. Beim Nachbau unbedingt auf die korrekte Anschlussfolge achten, da der Stecker auf der Platine nur für die Systeme *Conrad*, *Futaba* und *Graupner* ausgelegt ist!

16. Schaltungen

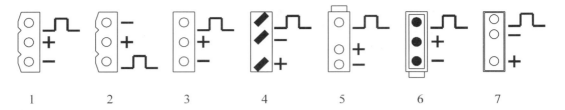

1. Conrad
2. Graupner/JR
3. Futaba
4. Multiplex
5. Robbe
6. Microprop
7. Simprop

Bild 7. Anschlussbelegungen verschiedener Servos (Ansicht von unten)

Die Steuerung des Motors erfolgt über die Pins L6 und L7 des Microcontrollers und der Brückenschaltung. In der Brücke werden Logic-Level-Power-Mosfets eingesetzt, um die Gates direkt mit 5 V ansteuern zu können. Die vorgeschlagenen Typen haben einen $R_{ds(on)}$ von circa 0,1 Ω und steuern damit problemlos 4 A. Bei größerem Strombedarf müssen entweder ein Kühlblech oder niederohmigere Typen verwendet werden. Die Gates sind alle mit 100-kΩ-Widerständen an ein definiertes Potential angeschlossen, damit während der Initialisierungsphase des Microcontrollers (die Portpins sind noch auf Tristate geschaltet) die Mosfets nicht durch ein schwebendes Gate-Potential im Widerstandsbereich betrieben werden. Die Dioden D2...D5 schützen die Mosfets vor Motorspannungsspitzen.

R2, D1 und C3 erzeugen den Reset-Impuls. Die Leuchtdiode zeigt einen korrekten Betrieb des Microcontrollers an, da diese von der Software angesteuert wird. Zur Kontrolle der Fernbedienung blinkt diese noch zusätzlich kurz bei jedem korrekt empfangenen RC5-Befehl. Da hier nicht die Adressinformation berücksichtigt wird, besitzt man sozusagen als nützlichen Nebeneffekt einen Funktionsanzeiger für RC5-Fernbedienungen.

In der Schaltung ist ein Codierpin (G4) vorgesehen, der festlegt, ob der Empfänger auch die Adressinformation berücksichtigen soll (auf Masse gesteckt) oder nicht (offen). Ein interner Pull-up-Widerstand im Microcontroller definiert im zweiten Fall einen korrekten Pegel. Auf der Elektor-Platine ist dieser Codierpin nicht herausgeführt! Hier hilft gegebenenfalls eine „fliegende" Verdrahtung. Soll die Adresse ausgeblendet werden, ist man bei der Wahl der Fernbedienung naturgemäß flexibler. Im anderen Fall reagiert der Empfänger nur auf einen Sender, der die Adresse einer Stereoanlage (Tuner Adresse 17) sendet, damit während der Werbepausen und langweiligen Sendungen der Unterhaltungswert im Wohnzimmer gesichert ist.

Die doppelseitige Platine für die Modellbau-Fernsteuerung ist so bemessen, dass sie leicht in Modellfahrzeuge oder Roboter passt. Die Bestückung dürfte keine Probleme bereiten, wenn man einigerma-

16.4 Modellbaufernsteuerung mit RC5-IR-Signalen

ßen sorgfältig umgeht und auf die korrekte Polarität der Bauteile achtet. Der Microcontroller wird natürlich erst nach einer Sichtkontrolle der Lötarbeiten und einer kurzen Prüfung der Versorgungsspannung (aber dann im stromlosen Zustand) in seine Fassung gesteckt. Wichtig ist natürlich die liegende Ausrichtung des Infrarotempfängers nach oben zur möglichst hellen Decke, damit möglichst viel Licht in jeder Lage des Fahrzeugs empfangen werden kann.

Leider darf man auf einer Fernbedienung immer nur eine Taste drücken, so dass kein echtes Steuergefühl wie einer richtigen Modellbaufernsteuerung aufkommt. Nach kurzer Eingewöhnungsphase ist jedoch eine Steuerung eines kleinen Gefährtes ohne Probleme möglich.

Zusammenhang zwischen gedrückter Taste und Reaktion des Microcontrollers:

Taste „Volume –"	Servo links
Taste „Volume +"	Servo rechts
Taste „2"	Motor vorwärts
Taste „1"	Motor stop
Taste „3"	Motor rückwärts

Stückliste

Widerstände:
R1, R3...R6	100 k
R2	1k2
R8	100 Ω

Kondensatoren:
C1, C5, C6	100 n
C2, C3	33 p
C4	10 µ /16 V stehend
C7	100 µ /16 V stehend

Halbleiter:
IC1	COP8782C (EPS000160-41)
IC2	LM2940 (z. B. Fa. Conrad)
IC3	TSOP1736 (z. B. Fa. Conrad) Alternativ: SFH5110-36 (Siemens) TFMS 5360

Halbleiter:
D1	1N4148
D2	LED rot
D3...D6	1N4001
T1–T2	P-Kanal Mosfet IRF9Z34N (z. B. Fa. Conrad)
T3–T4	N-Kanal Mosfet IRF530N (z. B. Fa. Conrad)

Außerdem:
X1	Quarz 10 MHz
K1	3-poliger Pfostenfeldverbinder
K2	2-poligePlatinenanschlussklemme, RM5
PC1,PC2	Lötnägel
Platine	EPS000160-1

16. Schaltungen

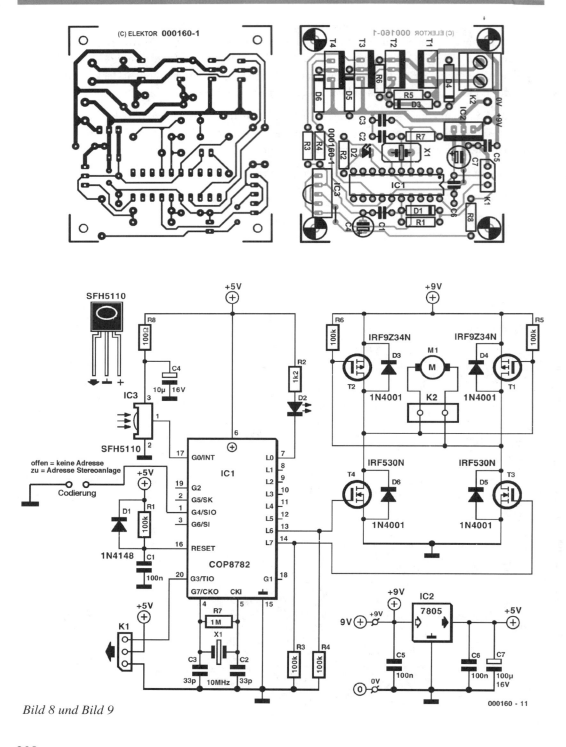

Bild 8 und Bild 9

16.5 Lernfähiger RC5-Fernbedienungs-Empfänger Nr. 1

(Von J. van Boxtel)

Die Schaltung erlaubt es, Lampen und andere Lasten mit einer gewöhnlichen RC5-Fernbedienung ein- und auszuschalten. Die Schaltung kann auf jeden üblichen RC5-Code inklusive Geräteadresse eingestellt werden, der Default-Wert ist KTV1 Code 4. Wie das Schaltbild in Bild 10 zeigt, ist die Elektronik sehr einfach gehalten. Sie besteht nur aus vier wichtigen Teilen: einem IR-Empfangsmodul, einer Triac-Steuerung, einem Microcontroller und einer Spannungsversorgung.

Die Betriebsspannung für den Fernbedienungs-Empfänger wird über den „Wechselstromwiderstand" C3, R2 und F1 direkt aus dem Lichtnetz bezogen. Die Z-Diode D2 sorgt für eine erste Begrenzung der Spannung auf 12 V, der –5-V-Festspannungsregler sorgt nach der Gleichrichtung durch D1 für den Rest.

Über das IR-Empfangsmodul sind nicht viele Worte zu verlieren, es handelt sich um einen gut erhältlichen und preiswerten Standardtyp. Externe Bauteile benötigt das Modul nicht. Auch die Triac-Schaltung bildet ein Solid-state-Relais nach klassischen Regeln.

Das Herz der Schaltung ist IC2, ein kleiner Microcontroller der Firma Atmel im DIL8-Gehäuse. Der Attiny22 wird so programmiert, dass er beim Empfang des richtigen RC5-Codes den Triac sperrt oder schließt. Auf die Software und Programmierung des Controllers soll an dieser Stelle nicht weiter eingegangen werden. Im Normalbetrieb ist der Jumper JP1 nicht gesteckt. Verbindet man dagegen Pin 2 des Controllers mit dem unteren Betriebsspannungspotential, so wird der nächste empfangene Code im Eeprom gespeichert. Das abgebildete Platinenlayout garantiert für einen problemlosen und sicheren Aufbau des Empfängers. Denken Sie beim Bau, Test und Betrieb immer daran, dass die gesamte Schaltung mit dem Lichtnetz verbunden ist! Die Schaltung arbeitet nur bei ohmscher Belastung zufriedenstellend, nicht aber mit Leuchtstoffröhren.

16. Schaltungen

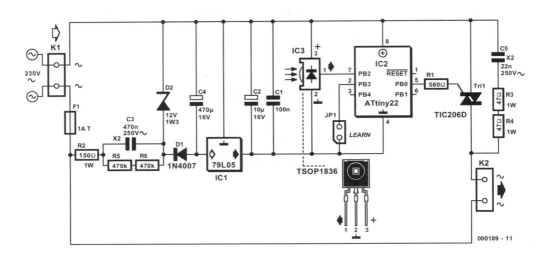

Bild 10. Schaltplan

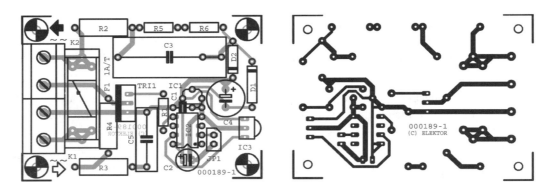

Bild 11. Layout und Bestückung

Stückliste

Widerstände:
R1	560 Ω
R2	150 Ω/1 W
R3, R4	47 Ω/1 W
R5, R6	470 k

Kondensatoren:
C1   100 n keramisch
C2   10 μ/16 V stehend
C3   470 n/250 V_{AC}, Klasse X2
C4   470 μ/16 V stehend
C3   22 n/250 V_{AC}, Klasse X2

Halbleiter:
D1   1N4007
D2   Z-Diode 12V, 1W3
Tri1   TIC206D
IC1   79L05
IC2   Atmel Attiny 22L-8PC (EPS000189-41)
IC3   TSOP1836
            Alternativ: SFH5110 oder ISIU60

Außerdem:
JP1   2-poliger Pfostenverbinder oder Jumper
K1, K2   2-polige Platinenanschlussklemme, RM7.5
F1   Sicherung 1 A träge mit Platinensicherungshalter und Schutzkappe
Platine   EPS000189-1
Diskette mit Quellcode EPS000189-11

16.6 Lernfähiger RC5-Fernbedienungs-Empfänger Nr. 2

Preiswerter IR-Lautstärkesteller (Von Jason Vincent-Newson)

Der hier vorgestellte IR-Fernbedienungs-Empfänger kann in Verbindung mit jeder RC5-Fernbedienung verwendet werden, um mittels eines Motorpotis die Lautstärke eines hochwertigen (Röhren-) Vorverstärkers einzustellen.

Eine Besonderheit dieses Empfängers besteht darin, dass er so programmiert werden kann, dass jedes beliebige Tastenpaar auf einer RC5-kompatiblen Fernbedienung für die zu steuernde Funktion verwendet werden kann. Man kann dem Empfänger auf sehr einfache Weise beibringen, auf welche Tasten des Fernbedienungs-Senders er reagieren soll. Durch Setzen eines Jumpers geht die Empfängerschaltung nach dem Einschalten in den Programmiermodus, der durch eine blinkende LED angezeigt wird. Wenn man jetzt auf dem Handsender die beiden Tasten betätigt, die zum Fernbedienen der Lautstärke verwendet werden sollen, merkt sich der Empfänger diese Informationen (Systemadressen und Befehle) und speichert sie in einem nichtflüchtigen Speicher.

16. Schaltungen

Auf gleiche Weise ist auch beliebig oft eine Neuprogrammierung möglich, zum Beispiel, wenn ein anderer Handsender verwendet werden soll. Der Ausgang der Empfängerschaltung bildet ein Motortreiber mit integrierten Power-Opamps, der den Motor eines Motorpotis direkt ansteuern kann. Natürlich können die Ausgänge des Motortreibers auch zwei 5-V-Relais (mit Freilaufdioden!) oder Optotriacs bzw. Solid-state-Relais ansteuern, so dass sich der Fernbedienungs-Empfänger auch für andere Anwendungen eignet. Die Platine verfügt über eine 10-polige Anschlussleiste, auf der sämtliche Anschlüsse zusammengefasst sind, so dass man Platine und andere Elemente auch voneinander räumlich trennen kann.

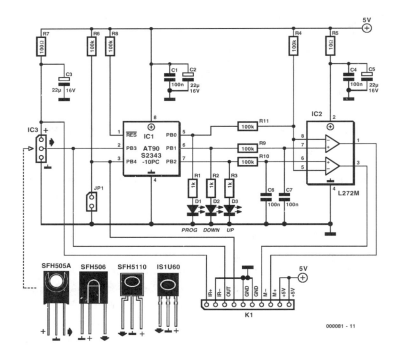

Bild 12. Schaltbild

16.6 Lernfähiger RC5-Fernbedienungs-Empfänger Nr. 2

Die Schaltung

Wie Bild 12 zeigt, kommt man dank der Verwendung eines Microcontrollers für die gesamte Schaltung mit nur drei integrierten Schaltkreisen aus: Neben dem Atmel-Microcontroller IC1 sind das der schon erwähnte Motortreiber IC2 und der IR-Empfänger IC2.

Der IR-Empfänger sorgt auch schon für eine Demodulation des empfangenen IR-Signals, so dass an seinem Ausgang bereits ein Digitalsignal mit 5-V-Pegel anliegt, das vom Microcontroller direkt verarbeitet werden kann. Für diesen Baustein lassen sich verschiedene Typen verwenden, die aber in der Regel unterschiedliche Anschlussbelegungen aufweisen. Im Schaltbild sind vier Typen alternativ angegeben.

Der für IC1 verwendete Atmel AVR AT90S2343 ist ein kleiner 8-Pin-Controller, der neben 2K-Flash-Programmspeicher noch 128 Bytes nichtflüchtigen Eeprom-Datenspeicher enthält. Ein interner Oszillator gibt 1 MHz Taktrate vor, womit dank des effizienten Controller-Konzepts eine Rechenleistung von fast 1 MIPS erreicht wird. In der Schaltung der IR-Empfängers werden alle fünf I/O-Pins verwendet:

- PB3 dient als RC5-Dateneingang (aktiv Low).
- PB4 fragt den PROG-Jumper ab (PROG-Modus bei Low aktiv).
- PB1 und PB2 sind die UP/DOWN-Ausgänge, die den L272-Motortreiber und die UP/DOWN-LEDs steuern.
- PB0 ist gleichzeitig Enable-Ausgang für den Motortreiber (bei Low) und Anzeigetreiber für die PROG-Modus-LED (bei High).

Der L272-Motortreiber funktioniert wie folgt:

Die beiden invertierenden Eingänge der Opamps sind miteinander verbunden und liegen an einem Spannungsteiler mit R4 und R11, der die Spannung an diesen Eingängen auf etwa 2,5 V legt, wenn der Enable-Ausgang (PB0) des Microcontrollers Low ist. In diesem Modus werden die Ausgänge des Motortreibers in Abhängigkeit von den Pegeln an den den Pins PB1 und PB2 Up-down-gesteuert. Ist Pin 7 High und Pin 6 Low, ist der eine Ausgang des L272M ebenfalls High und der andere Low. Ändern sich die Pegel an den Eingangspins (6 High, 7 Low), so ändert sich die Polarität an den Ausgangspins ebenfalls und damit die Drehrichtung des angesteuerten Motors.

Ist der PB0-Ausgang des Microcontrollers High, wird der Motortreiber deaktiviert, weil die Eingangspins (8 und 5) auf +5 V gelegt werden, so dass keiner der beiden Opamp-Ausgänge mehr positiv werden kann. Die 10-Ω- und 100-Ω-Widerstände dienen zusammen mit den Kondensatoren zum Abblocken der 5-V-Anschlüsse, um Störsignale von den ICs fernzuhalten. Die Ruhestromaufnahme der Schaltung ist vernachlässigbar, die Betriebsstromaufnahme hängt dementsprechend fast nur von der Stromaufnahme des angeschlossenen Motors ab.

16. Schaltungen

Bauhinweise

Für den Aufbau der Schaltung wurde eine kleine, einseitige Platine entwickelt.

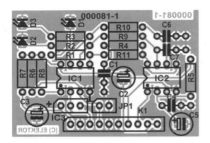 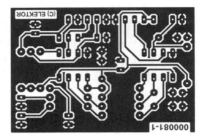

Bild 13. Platine und Bestückung

Zumindest für den Microcontroller IC1 sollte man eine Fassung vorsehen, IC2 kann man auch direkt auf die Platine löten. Für die Anschlüsse kann man anstelle von Stiftleisten natürlich auch einzelne Lötstifte (Lötnägel) verwenden. Die Stiftleiste bietet aber auch die Möglichkeit, die Platine als steckbare Baugruppe in eine passende Buchsenleiste einzustecken.

Anwendung

Wenn beim Anlegen der Betriebsspannung an die Platine der PROG-Jumper gesteckt ist (das heißt, wenn PB4 beim Einschalten an Masse liegt), startet die Schaltung im Programmiermodus (PROG-Modus):

PROG-Modus

Die rote (PROG-)LED leuchtet, und die Down-LED D2 blinkt, um anzuzeigen, dass auf dem Fernbedienungs-Handsender die Taste gedrückt werden muss, die der Volume-Down-Funktion zugeordnet sein soll. Die RC5-Fernbedienung sendet beim Drücken der Taste den der Taste zugeordneten Befehlscode und die Fernbedienungs-Systemadresse. Sobald diese beiden Codes empfangen wurden, hört die Down-LED zu blinken auf, dafür beginnt jetzt die Up-LED zu blinken, um anzuzeigen, dass die Taste für Up auf dem Fernbedienungs-Handsender gedrückt werden muss. Sobald nun der dieser Taste zugeordnete Code empfangen wurde, geht die rote PROG-LED aus, der Fernbedienungs-Empfänger wechselt gleichzeitig vom PROG-Modus in den NORMAL-Modus.

Normal Modus

In diesem Modus wertet der Fernbedienungs-Empfänger fortwährend das vom IR-Sensor empfangene Signal aus und wartet darauf, dass er einen der zuvor im PROG-Modus „gelernten" Befehlscodes erkennt. Sobald der Microcontroller einen der beiden bekannten Codes identifiziert, steuert er den Motortreiber entsprechend dem empfangenen Befehl (Up oder Down). Die Ansteuerung hält solange

16.6 Lernfähiger RC5-Fernbedienungs-Empfänger Nr. 2

an, wie die entsprechende Taste am Sender gedrückt wird. Lässt man die Taste los, wird kein Code mehr empfangen, und die Motortreiberausgänge gehen auf Null (Masse).

Beim Einschalten im Normal-Modus (wenn der PROG-Jumper nicht gesetzt ist) kontrolliert der Microcontroller, ob in seinem nichtflüchtigen Datenspeicher Codes gespeichert sind. Wenn keine relevanten Daten festgestellt werden (Empfänger ist noch nicht programmiert oder hat die programmierten Daten verloren), geht der Empfänger automatisch in den PROG-Modus.

Stückliste

Widerstände:
R1...R3	1 k
R4, R6, R8...R11	100 k
R5	10 Ω
R7	100 Ω

Kondensatoren:
C1, C4, C6, C7	100 n
C2, C3, C5	22 µ/16 V stehend

Halbleiter:
D1...D3	Low-currend-LED
IC1	AT90S2343-10PC (EPS000081-41)
IC2	L272M
IC3	SFH506-36
	Alternativ ISIU60, SFH5110-36

Außerdem:
JP1	2-polige Stiftleiste mit Jumper
K1	10-polige SIL-Stiftleiste
Platine	EPS000081-1
Diskette mit Sourcecode und Hex-Datei	EPS000081-11

16. Schaltungen

16.7 IR-Multicode-Empfänger

Die Schaltung stellt das Gegenstück zu Fernbedienungen dar, die für nahezu alle Geräte der Unterhaltungselektronik geeignet sind: ein Empfänger, der kompatibel zu vielen Infrarot-Fernbedienungssendern ist.

Mit den Informationen über die Fernbedienungskodes diverser Hersteller (siehe Elektor März/April 2001) lässt sich sozusagen als Krönung ein wirklich universeller Multicode-Infrarot-Empfänger aufbauen. Mit ihm kann man ein Fernsteuersystem mit nahezu jedem handelsüblichen Sender realisieren, so dass endlich ausrangierte und nicht mehr benötigte Fernbedienungen eine neue Daseinsberechtigung bekommen.

Auch kann man selten genutzte Tasten (zum Beispiel die Autoprogrammiertasten der TV-Fernbedienung) mit einer neuen Funktion ausstatten und sie etwa zur Fernsteuerung der Raumbeleuchtung einsetzen. Lediglich für Fernbedienungen, die im Flash-Modus senden, ist die Schaltung (aufgrund des Innenlebens des IR-Empfängers) nicht geeignet.

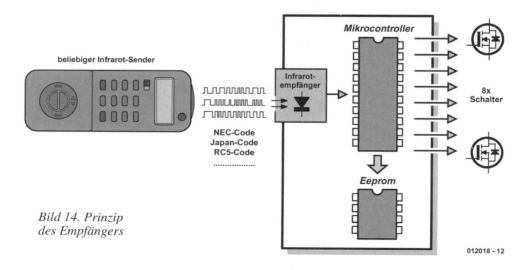

Bild 14. Prinzip des Empfängers

16.7 Infrarot-Multicode-Empfänger

Der Empfänger, dessen Blockschaltung in Bild 14 zu sehen ist, kann auf jede beliebige Taste einer Fernbedienung eingestellt werden. Ein Tastendruck bewirkt ein Ein- oder Ausschalten eines beliebigen Verbrauchers. Eingebaut beispielsweise in eine Steckdosenleiste, erhält man einen Empfänger, der acht Kanäle unabhängig voneinander schalten kann.

Modelleisenbahner werden die Möglichkeiten zu schätzen wissen, ohne großen Verdrahtungsaufwand mit Infrarotlicht und – weil sowieso schon vorhanden – kostenlosem Sender Lichter oder sonstige Sonderfunktionen einfach steuern zu können. Bei Bedarf lassen sich auch mehrere Empfänger sozusagen parallel betreiben, um alle Funktionen einer Fernbedienung auszuschöpfen. Die Vielfalt an möglichen Kodekombinationen ist jedenfalls fast unerschöpflich und erlaubt damit die Realisierung umfangreicher Steueraufgaben.

Die Schaltung

Die Schaltung in Bild 15 ist sehr einfach aufgebaut und dürfte keine Schwierigkeiten beim Nachbau bereiten. Es empfiehlt sich, IC1 und IC2 in Fassungen zu setzen.

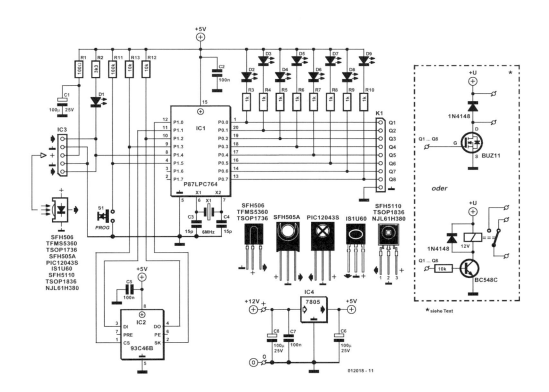

Bild 15. Die Schaltung beschränkt sich auf ein IR-Empfängermodul und einen Mikrocontroller mit angeschlossenem EEPROM

16. Schaltungen

Infrarotempfang

Photoempfänger IC3 stellt ein hochintegriertes IC dar, das mit einer Trägerfrequenz versehenes Infrarotlicht dekodieren kann. Es enthält einen kompletten hochempfindlichen Infrarotempfänger, der auf die Trägerfrequenz von 36 kHz abgestimmt ist. Eine Photodiode mit Tageslichtfilter, Verstärkerstufen, Filter und ein Demodulator sind integriert, so dass keine nennenswerte externe Beschaltung mehr nötig ist. R1 und C1 bilden einen Tiefpass, der Störungen auf der Versorgungsspannung eliminiert. In der Stückliste sind einige Alternativen zu diesem IC angeben. Wichtig ist nur die Beachtung der Pinbelegung! LED D1 zeigt die generelle Funktion der Schaltung. Die Leuchtdiode sollte beim Empfang rhythmisch flackern.

Technische Daten

- Betriebsspannung 5 V
- lernfähig für die Infrarot-Protokolle:
- Japan NEC, RC5, RECS80, SIRCS, DENON, MOTOROLA und Fernost (zum Beispiel von Daewoo verwendet)
- acht frei programmierbare Ausgänge
- Speicherung aller Daten im EEPROM
- optimiert für Trägerfrequenzsysteme bei 36 kHz
- optische Programmierhilfe
- optische Anzeige des Ausgangszustands

Mikrocontroller

Der Mikrocontroller wurde bereits in einigen Bauprojekten wie dem Infrarot-Kode-Analyser (Elektor 10/2001) verwendet. Er weist folgende technische Daten auf:

- 4 KBytes ROM
- 128 Bytes RAM
- 32 Bytes Customer code EEPROM
- 2,7...6 V Betriebsspannung
- zwei 16-Bit-Timer/Counter
- integrierter Reset
- interner RC-Oszillator, auf Wunsch wählbar
- 20 mA Treiberfähigkeit auf allen Portpins
- maximal 18 IO-Pins, wenn interner Reset und RC-Oszillator gewählt wird

16.7 Infrarot-Multicode-Empfänger

- zwei analoge Komparatoren
- I²C-Schnittstelle
- Full-duplex-UART
- serielle In-circuit-Programmiermöglichkeit

Durch die Taktfrequenz von 6 MHz und den internen Teiler (durch sechs) wird eine Zykluszeit von 1 µs erzielt. Diese Geschwindigkeit lässt ein genaues Ausmessen der Pulsbreiten zu, was für eine Unterscheidung der verschiedenen Kodes unerlässlich ist. Die Pulse werden mit einem der beiden internen Timer gemessen und mit bestimmten Grenzwerten verglichen.

EEPROM

Das serielle EEPROM IC2 besitzt eine Speicherkapazität von 1024 Bits, die in einer 64×16-Bit-Matrix organisiert sind. Alle Lese- und Schreiboperationen werden über ein microwire-kompatibles Interface in Blöcken von 16 Bit abgewickelt. Einmal geschriebene Daten bleiben laut Herstellerangaben für mindestens 40 Jahre gespeichert.

Schaltstufe

Der Mikrocontroller besitzt eine Treiberfähigkeit von 20 mA pro Ausgangspin, die er nach Masse schalten kann. Als High-Pegel liefert er nur etwa 1 mA, so dass für folgende Verbraucher ein Transistor zwischengeschaltet werden sollte. Im Schaltplan sind zwei Varianten angegeben:

Variante 1

Der Portpin schaltet eine Endstufe mit dem MOSFET-Transistor BUZ11. Mit seinem RDSON von 0,04 Ω kann der Transistor problemlos Dauerströme von 5 A schalten. Die Diode schützt den Transistor vor Spannungsspitzen, wenn beispielsweise induktive Verbraucher geschaltet werden. Bei ohmschen Lasten kann diese entfallen. Variante 1 erlaubt nur das Schalten von Gleichströmen.

Variante 2

Bei dieser Variante wird ein 12-V-Relais mit 400 Ω Spulenwiderstand (entsprechend einem Strom von 30 mA) über den Transistor BC548 geschaltet. Mit einem Kleinleistungsrelais lassen sich beliebige Verbraucher schalten. Wichtig ist auch hier der Einsatz einer Freilaufdiode.

Spannungsversorgung

Die Betriebsspannung wird im Wesentlichen durch den Photo-Empfänger IC3 mit 5 V bestimmt und vom Spannungsregler IC4 bereitgestellt. Die Eingangsspannung sollte mindestens 9 V betragen, da am Regler etwa 3 V abfallen. In Applikationen, wo bereits 5 V zur Verfügung stehen, kann IC4 selbstverständlich entfallen. Zu beachten ist, dass der Spannungsregler gekühlt zwar mit 1 A, ungekühlt aber mit nicht mehr als 100 mA belastet werden darf. Die Eingangsspannung von 12 V wurde für den Einsatz eines Relais mit 12-V-Spulenspannung vorgeschlagen.

16. Schaltungen

Die Software

Die Software basiert auf dem IR-Kode-Analyser mit der Erweiterung, dass die empfangenen Kodes gespeichert und einem Schaltvorgang zugeordnet werden. Das Signal wird nicht nur einfach abgetastet und als Folge von Signalproben gespeichert, sondern es wird der tatsächliche Kode erkannt und mit bestimmten Referenzwerten verglichen, die beispielsweise für die einzelnen Pulslängen vorgegeben sind. Dieses Verfahren ist wesentlich weniger speicherintensiv, hat allerdings den Nachteil, dass nur bekannte Formate erkannt werden. Lernfähige Fernbedienungen arbeiten vielfach nach dem einfachen Abspeichern der Abtastwerte und benötigen damit ein statischen Speicher, der die großen Datenmengen aufnimmt. Beim Abtasten eines Signals durch Polling fragt die Software permanent (und vor allem häufiger, als sich in Bild 16 darstellen lässt) den logischen Zustand des Eingangspins P1.4 ab. Dies geschieht mit einer Frequenz, die durch die Software-Zykluszeit bestimmt wird. Während des Pollings zählt ein Softwarezähler die Anzahl der Abtastvorgänge, die für einen logischen Zustand gelten. Der Zählerstand ist ein Maß für die Pulslänge und damit für die digitale Information. Kurze Signaleinbrüche wie Spikes können leicht herausgerechnet werden, wenn man für einen zulässigen Pegelwechsel eine Mindestanzahl von Abtastungen vorgibt. Ist dieses Mindestmaß nicht gegeben, wird von einer Störung ausgegangen, das Zählergebnis für den letzten Pegelzustand verworfen und mit dem vorherigen weitergerechnet.

Wie alles hat dieses Verfahren Vor- und Nachteile. Der einfachen Programmierbarkeit, der Störunanfälligkeit (Störungen zwischen den Abtastvorgängen werden ignoriert, wenn Warteschleifen eingefügt werden) und der Portierbarkeit des Verfahrens auf jeden Mikrocontroller (es werden keine Hardwareressourcen benötigt) steht die hohe Prozessorauslastung (die Software wird exklusiv für den Abtastvorgang eingesetzt, und es bleibt während des Telegramms keine Zeit, andere Aufgaben abzuarbeiten) entgegen. Auch können zwischenzeitlich auftretende Interrupts das Messergebnis je nach Verweildauer in der dazugehörigen Routine stark verfälschen.

Die empfangenen Kodes werden in hexadezimaler Form im EEPROM und controllerinternen RAM abgespeichert. Es erfolgt dabei keine Trennung zwischen Adressen- und Befehlsbits, so dass immer das gesamte empfangene Telegramm mit bereits gespeicherten verglichen wird. Toggle-Bits wie beispielsweise beim RC5-Kode, die bei jedem Tastendruck ihren logischen Zustand wechseln, werden von der Software ausgeblendet und nicht bewertet, da diese ansonsten jedes mal einen anderen hexadezimalen Wert für den Kode ergeben würden.

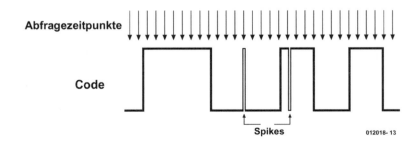

Bild 16. Abtasten durch Polling

16.7 Infrarot-Multicode-Empfänger

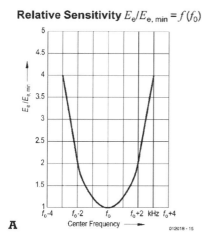

Bild A. Abnahme der Empfindlichkeit bei Abweichung von der Mittenfrequenz

Bild B. Schaltung für den einfachen Test einer Fernbedienung

Trägerfrequenz

Im Bild A ist deutlich erkennbar, dass bereits mit einem Sender, der auf 34 kHz oder 38 kHz sendet, die Empfindlichkeit um den Faktor 2 zurückgeht. Sollte dieses Problem bestehen, schafft der Austausch des Photoempfängers Abhilfe. Die ICs werden für nahezu alle Frequenzen in 2-kHz-Abstufungen im Bereich zwischen 30...40 kHz angeboten. Eine einfache Möglichkeit, die Sendefrequenz zu testen, bietet sich über ein Oszilloskop. Eine gewöhnliche IR-Empfangsdiode wie eine BPW75 wird wie in Bild B über einen Widerstand an 5 V angeschlossen. Wird nun eine Fernbedienung dicht an die Photodiode gehalten, können die Signale am Oszilloskop analysiert und auf ihre Frequenz hin untersucht werden.

Die Bedienung

Der Aufbau der Empfängerschaltung auf der Platine in Bild 17 bereitet keine Mühe. Die Anschlussbelegungen für mehrere passende IR-Empfänger-Typen ist eingezeichnet.

Dem Einsatz des Geräts geht ein erster Programmiervorgang voraus, damit der Mikrocontroller lernt, auf welchen Befehl hin er einen Schaltvorgang auslösen soll. Die Programmierung startet mit einem kurzen Druck auf Taster S1. Sofort beginnt LED D2 zu blinken. Jeder nun eintreffende Befehl eines dem Mikrocontroller bekannten Kodes wird gespeichert und diesem Portpin zugewiesen. Damit ist dieser Programmiervorgang abgeschlossen, und der nächste (LED D3 blinkt) beginnt automatisch. Analog dem zuvor beschriebenen Vorgang kann auch diesem Pin ein neuer Befehl zugewiesen werden. Dabei ist es nicht von Bedeutung, ob zwischenzeitlich eine andere Fernbedienung mit einem gegebenenfalls neuen Kode eingesetzt wird.

Dieser Vorgang wird auf alle acht Ausgänge angewandt, wonach keine LED mehr blinkt und die Programmierung abgeschlossen ist. Soll zu einem späteren Zeitpunkt eventuell einmal nur ein Kanal

16. Schaltungen

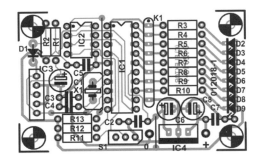

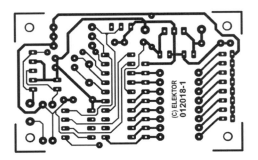

Bild 17. Bestückungsplan und Layout der Platine

geändert werden, wird der Programmiervorgang des jeweils nicht benötigten Pins mit kurzem Tastendruck übersprungen.

Durch den Blinkvorgang wird natürlich ein eventuell angeschlossener Verbraucher ebenfalls an- und wieder ausgeschaltet. Alle Einstellungen werden dauerhaft in dem EEPROM IC2 gespeichert, so dass bei einem Neustart des Mikrocontrollers nach Reset die letzte Konfiguration wieder zur Verfügung steht.

Nach dem Empfang eines bereits gespeicherten Kodes wechselt am entsprechenden Anschluss der digitale Pegel den letzten Zustand. Da manche Fernbedienungen bei andauerndem Tastendruck das Telegramm mehrfach aussenden, sorgt ein Software-Monoflop für ein sauberes Schaltverhalten. Erst nach Ablauf einer Wartezeit von etwa einer Sekunde nach dem letzten gültigen Telegramm kann der Pinzustand erneut wechseln.

Da die Software nur die ihr bekannten Kode-Formate dekodieren kann, findet der Benutzer während der Programmierung mit dem automatischen Weiterschalten der blinkenden LED auf den nächsten Kanal die Bestätigung, dass der Code korrekt gelesen wurde. Anderenfalls ändert sich trotz Tastendrucks auf der Infrarot-Fernbedienung nichts am Ausgangszustand des Mikrocontrollers. Durch den Einsatz des auf die Trägerfrequenz von 36 kHz optimierten Photoempfänger IC3 wird naturgemäß die größte Reichweite mit Sendern erzielt, die ihre Daten mit dieser Frequenz modulieren. Nicht ausreichende Reichweiten lassen sich in der Regel darauf zurückführen, dass der Sender eine andere Frequenz benutzt.

Adressen:

EEPROM:
www.fairchildsemi.com/pf/FM/FM93C46.html

Microcontroller:
www.semiconductors.philips.com/pip/p87lpc764bd

Photo-IC:
www.infineon.com/cmc_upload/0/000/008/562/sfh5110.pdf
www.vishay.com/products/optoelectronics/IRMall.html

Stückliste

Widerstände:
R1 = 100 Ω
R2 = 3k3
R3...R10 = 1 k
R11 = 100 k
R12, R13 = 10 k

Kondensatoren:
C1, C2, C8 = 100 µ/10 V
C2, C5, C7 = 100 n keramisch
C3, C4 = 15 p

Halbleiter:
IC1 = P87LPC764BN (Philips),
programmiert (EPS 012018-41)
IC2 = 93C46 (Microchip 93C46B/P)
IC3 = TSOP1736
(alternativ SFH5110-36, IS1U60,
TFMS5360,
PIC26043SM,TSOP1836)

IC4 = 7805
D1 = LED rot, high efficiency
D2...D9 = LED, rot, flaches Gehäuse

Außerdem:
X1 = Quarz 6 MHz
S1 = Taster (Schließer)
20-polige IC-Fassung
8-polige IC-Fassung
K1 = 1×9-poliger Pfostenverbinder
Platine EPS 012018-1
Software: Download von
www.elektor.de
oder Diskette EPS 012018-11

16.8 Infrarot-Empfänger am I²C-Bus

Oftmals steht man vor dem Problem, dass der gesendete Code eines Infrarot-Senders vom Microcontroller nicht direkt nach dem Empfang durch ein Foto-Modul ausgewertet werden kann. Einer der Gründe kann fehlende Rechenleistung sein, insbesondere wenn in der Programmiersprache Basic programmierbare Microcontroller verwendet werden. Hierbei kann häufig das Signal nicht schnell genug abgetastet werden, wie es für eine fehlertolerante Auswertung nötig wäre.

Für solche Fälle bietet sich der Infrarot-Fernsteuerungs-Decoder SAA3049 von Philips an, der auf einem Microcontroller basiert und alle Aufgaben der Decodierung eines Infrarotsignals im RC5 oder RECS80-Format erledigt. Der gesendete Befehl steht in binärer Form an den Ausgangspins 1...6 zur Weiterverarbeitung durch einen zweiten Microcontroller zur Verfügung. Besitzt dieser genug Eingangspins, um sechs Bits plus ein Toggle-Bit parallel einzulesen, wird keine weitere Elektronik benötigt. Doch bei Portpin-Knappheit, was in der Praxis leider die Regel darstellt, müssen die Signale umgewandelt werden. Eine Möglichkeit stellt das Zwischenschalten eines Bausteins dar, der die Befehlsinformation in ein I²C-Bus-kompatibles Datenformat wandelt, das anschließend seriell über die beiden Busleitungen SDA und SCL von Software ausgelesen wird. Philips bietet mit dem Typ PCF8574 einen Port-Expander-Baustein an, der acht Pins zur Verfügung stellt, die wahlweise als

16. Schaltungen

Aus- oder Eingänge programmiert werden können. Die komplette Kommunikation und Programmierung erfolgt über den I²C-Bus.

Mit der hier beschriebenen Schaltung können die Befehlsinformation und zusätzlich der Zustand des Toggle-Bits eines RC5-Codes, der auf Adresse 5 eingestellt ist, seriell von einem Microcontroller über drei Portpins eingelesen werden.

Infrarot-Empfänger

Den Infrarot-Empfänger stellt ein Foto-Modul dar, das trägerfrequenzbasierende Infrarot-Daten empfängt. Dieses IC wird von mehreren Halbleiterherstellern angeboten, wobei sich jedoch die Pinbelegungen unterscheiden können. R1 und C1 sorgen mit ihrer Tiefpasswirkung für eine Siebung der Versorgungsspannung. LED D1 flackert bei jedem empfangenen Signal im Rhythmus des gesendeten Codes und dient damit als optische Kontrolle, ob beispielsweise der Sender korrekt arbeitet.

I²C-Bus Port-Expander PCF8574

Der PCF8574 bietet als Slave innerhalb eines I²C-Bus-Systems die Möglichkeit, acht Ein- oder Ausgänge zu nutzen, die typischerweise 25 mA als Open-drain-Ausgang nach Masse schalten können.

Die Adresse, auf die das IC bei der Bus-Kommunikation reagieren soll, wird an A0...A2 eingestellt. In dieser Schaitung liegen alle Pins auf Masse, wodurch Adresse Null eingestellt ist.

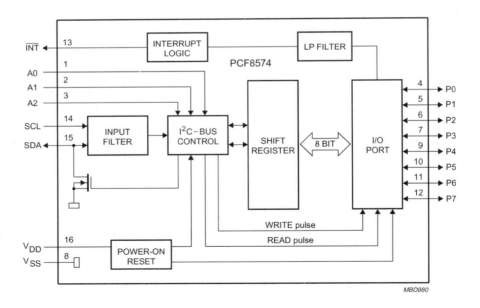

Bild 18. Blockschaltbild PCF8574

16.8 Infrarot-Empfänger am I²C-Bus

Die Funktion des Pins INT wird in dieser Applikation nicht genutzt. Zwar wird bei jedem Pegelwechsel an den Pins P0...P7 ein Interrupt und damit ein Pegelwechsel von High nach Low ausgelöst und könnte damit dem nachgeschaltetem Microcontroller neue Daten ankündigen. Das Signal muss jedoch durch einen Datentransfer auf dem Bus erst gelöscht werden, bevor es wieder aktiv werden kann, und es besteht die Möglichkeit, dass ein Interrupt verloren geht, falls er während des Ackknowledge-Taktes auftritt.

Die Spezifikation des Timings für den I²C-Bus sowie die genaue Programmierung des PCF8574 können dem Datenblatt auf der Homepage von Philips entnommen werden.

Stückliste

Widerstände:
R1	100 Ω
R2...R6	68 k
R8	1k3

Kondensatoren:
C1	10 µ
C2	1 µ

Halbleiter:
D1	LED
D2	1N4148
IC1	z.B. SFH506-36
IC2	SAA3049
IC3	PCF8574

Sonstiges:
4-MHz-Quarz

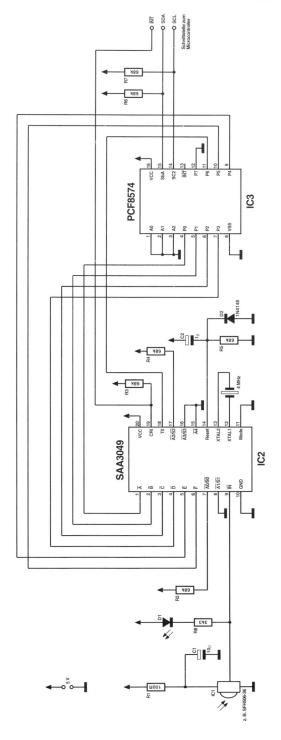

Bild 19

16. Schaltungen

16.9 IR-gesteuerter Schalter

Die hier beschriebene Infrarot-Sender/Empfänger-Kombination arbeitet im Gegensatz zu vielen kommerziellen Fernbedienungen nicht mit dem RC5-Code. Da von der Schaltung nur eine Ein/Aus-Funktion verlangt wird, reicht ein einfacher unmodulierter 33-kHz-Träger völlig aus.

Ein Knopfdruck am Sender schaltet den Empfänger ein, der nächste wieder aus. So einfach der Sender, so gering seine Abmessungen: Er passt ohne größere Schwierigkeiten in eine Streichholzschachtel, den meisten Platz beansprucht noch die Batterie.

Auch die Schaltung des Senders in Bild 20 ist wenig umfangreich und besteht nur aus wenigen Bauteilen. Ganz rechts befinden sich die in Reihe geschalteten Infrarot-LEDs D7 und D8, die von T2 gesteuert werden. Die Ansteuerung des Transistors über den Schmitt-Trigger-Inverter IC4d und den Basiswiderstand R8 übernimmt der mit IC4c aufgebaute Oszillator. Beim Einschalten (Druck auf S1) ist der Ausgang von IC4a zunächst High. Damit ist der Oszillator IC4c eingeschaltet: Ist der andere Eingang (Pin 8) gerade Low, kippen der Ausgang und kurze Zeit später der Eingang auf High. Dadurch kippt der Ausgang und sorgt für einen erneuten Pegelwechsel am Eingang. R7, P1 und C9 bestimmen die Frequenz dieses Umschaltens. Mit P1 kann man die Frequenz auf etwa 33 kHz einstellen.

Ein anderes Zeitglied sorgt aber dafür, dass dieser Zustand nicht allzu lange anhält. Durch den Druck auf S1 lädt sich C8 über R6 auf. Bis die Schaltschwelle des Schmitt-Triggers erreicht ist, vergehen nur wenige Millisekunden. Dann kippt der Ausgang von IC4a auf Low und sperrt den Oszillator und im Endeffekt T2. Der Sender gibt auf Knopfdruck also nur einen kurzen 33-kHz-Burst ab, egal wie lange man die Taste gedrückt hält. Er kann auch nur nach Ablauf einer von R5/C8 bestimmten Zeit von etwa 0,6 s wieder aktiviert werden. Dies kommt der Lebensdauer der Batterie zugute, da die LEDs doch einen hohen Strom beanspruchen. Als Batterie wird ein 9-V-Block verwendet, dessen Innenwiderstand gleichzeitig den Strombegrenzungswiderstand für die IR-LEDs darstellt. Wer es

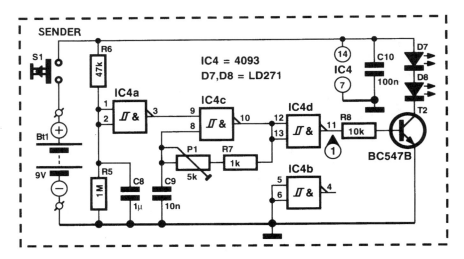

Bild 20. Schaltbild des Senders

16.9 IR-gesteuerter Schalter

besonders „mini" haben möchte, kann auch drei Lithium-Knopfzellen in Reihe einsetzen. Der geringere Innenwiderstand der Knopfzellen macht dann allerdings einen Strombegrenzungswiderstand von 39 Ω in Reihe mit den Sendedioden notwendig. Dieses Maßnahme ist auch angebracht, wenn man einen aufladbaren Akku einsetzen möchte.

Der IR-Empfänger

Der Empfänger besteht aus einem Netzteil zur Spannungsversorgung, einem Schalter, der die Netzspannung per Relais zu einem Ausgang durchschleift, und der eigentlichen Empfängerschaltung.

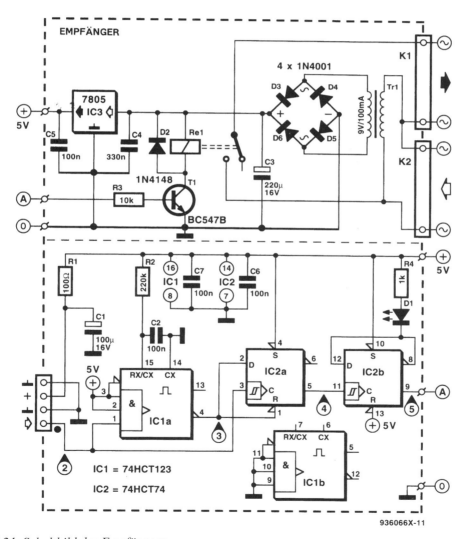

Bild 21. Schaltbild des Empfängers

16. Schaltungen

Zu dem ganz unten in Bild 21 eingezeichneten Schaltungsteil gehört auch das Timing-Diagramm in Bild 22, das die Signalverläufe an wichtigen Punkten der Schaltung darstellt. Kurvenform 1 repräsentiert das Ausgangssignal des Senders, Bursts mit einer Frequenz von 33 kHz. Das Empfangs-IC umfasst nicht nur die IR-Empfangsdiode, sondern einen Verstärker mit automatischer Verstärkungseinstellung, einem steilflankigen Bandpass mit einer Mittenfrequenz von 33 kHz und einem Demodulator mit angeschlossenem Leistungstreiber. Durch die Demodulation erscheint das von Störungen weitgehend unbeeinflusste Signal 2 am Ausgang von IC5 und trifft gleichzeitig auf den monostabilen Multivibrator IC1a und das D-Flipflop IC2b.

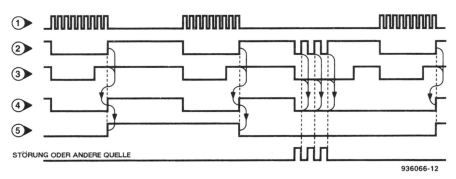

Bild 22. Timing-Diagramm

Im nichtaktiven Zustand ist der Ausgang von IC5 High und kippt zu Beginn des Bursts auf Low. Die negative Flanke triggert das Monoflop, dessen Zeitkonstante kürzer als die Burstdauer ist. Nach Ende der Monozeit ist Signal 3 schon wieder High, wenn der Ausgang von IC5 nach High kippt. Diese positive Flanke bewirkt, dass IC2a den High-Pegel am Data-Eingang (Signal 3) zum Ausgang durchschiebt. Deshalb unterscheiden sich die Signale 2 und 4 im Normalfall nicht voneinander. IC2b arbeitet als gewöhnlicher Teiler durch zwei: Durch die Verbindung des invertierenden Ausgangs zum Data-Eingang bewirkt jede positive Flanke am Triggereingang einen Pegelwechsel des Ausgangssignals (Signal 5). Wenn der Ausgang A High ist, ist der invertierende Ausgang von IC2b Low, so dass D1 leuchtet und anzeigt, dass die angeschlossene Last „am Netz hängt".

Welche Aufgabe hat nun das Monoflop IC1a? Obwohl IC5 recht immun gegen Störungen ist, kann doch einmal eine Störung bis zum Ausgang durchdringen, wie dies auch im weiteren Signalverlauf von Signal 2 zu sehen ist. Solche in der Regel sehr kurzen Störimpulse werden durch das Monoflop eliminiert. Die erste negative Flanke eines Störimpulses triggert IC1a, dessen Ausgang Low wird. Da dieser Pegel auch am Reset-Eingang des D-Flipflops liegt, kann es in der Monozeit nicht durch die positiven Flanken der Störimpulse getriggert werden. Die Störimpulse dringen also nicht bis zum Ausgang A durch.

Der Ausgang schaltet über R3 und T1 das Relais und damit die angeschlossene Last. Wie groß diese Last sein darf, hängt natürlich vom verwendeten Relais ab. Mit dem in der Stückliste vorgeschlagenen Typ kann man 5 A induktiv beziehungsweise 8 A ohmsch schalten.

16.9 IR-gesteuerter Schalter

Aufbau

Bild 23 zeigt die Platine des IR-Schalters, die in drei Teile gesägt werden muss. Die Bestückung wirft keine unüberwindlichen Probleme auf. Die Frequenz des Sendesignals kann mit P1 abgeglichen werden, indem man die Potistellung ermittelt, bei der bei maximaler Entfernung zwischen Sender und Empfänger IC5 noch ein ordnungsgemäßes Ausgangssignal liefert. Die Trägerfrequenz ist übrigens nicht auf 33 kHz beschränkt, denn für andere IR-Empfänger-Typen können mit P1 die passenden Frequenzen eingestellt werden. Sender und Empfänger können in beliebigen Gehäusen untergebracht werden. Natürlich müssen Sende- und Empfangsdiode „Sichtkontakt" haben, und auch die Funktionsanzeige-LED sollte gut sichtbar sein. Beim Einbau der Netzteil/Relais-Platine ist auf die elektrischen Sicherheitsvorschriften zu achten. Die Verbindung zwischen den beiden empfängerseitigen Platinen übernimmt ein normales dreiadriges Kabel.

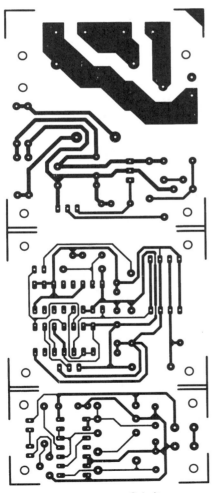
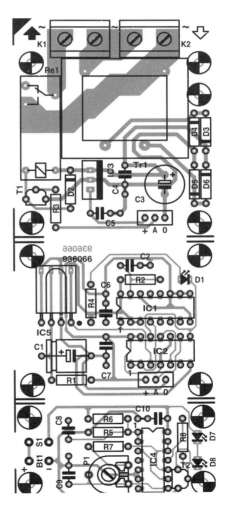

936066 IR-gesteuerter Schalter

Bild 23

16. Schaltungen

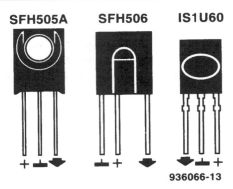

Bild 24

Stückliste

Widerstände:

R1	100 Ω
R2	220 k
R3, R8	10 k
R4, R7	1 k
R5	1 M
R6	47 k
P1	Trimmpoti 5 k

Halbleiter:

D1	LED 3 mm rot
D2	1N4148
D3...D6	1N4001
D7, D8	LD271
T1, T2	BC547B
IC1	74HCT123
IC2	74HCT74
IC3	7805
IC4	4093
IC5	SFH505A
Alternativ:	SFH506-33 (Siemens), 1S1460 (Sharp)

Kondensatoren:

C1	100 µ/16 V
C2, C5...C7, C10	100 n
C3	220 µ
C4	330 n
C8	1 µ
C9	10 n

Außerdem:

K1, K2	2-polige Platinen-lüsterklemme RM7.5
S1	1-poliger Drucktaster
Re1	12-V-Kartenrelais 1 µm
Bt1	9-V-Blockbatterie mit Anschlussclip
Tr1	Netztrafo 9 V / 100 mA
Gehäuse	z. B. Bopla SE432DE
Platine	EPS936066

16.10 Fernschalten mit RECS80-IR-Signalen

Dieses Infrarot-Steuersystem benutzt als Übertragungscode das RECS80-Format von Philips. Es ist ausgelegt zum Schalten eines Kanals, der über ein Relais Verbraucher ein- und wieder ausschaltet. Die Reichweite beträgt je nach Umgebungslicht bis zu 20 m und dürfte damit für die meisten Anwendungen ausreichend sein.

Sender

Zentraler Baustein des Senders ist der SAA3004 von Philips (Alternativ M3004AB1 von SGS-Thomson), der als Beschaltung nur noch die Bauteile für die Takterzeugung und die Sendeendstufe benötigt. Das IC ist ausführlich in Kapitel 7, Bausteine für Infrarot-Sender, beschrieben.

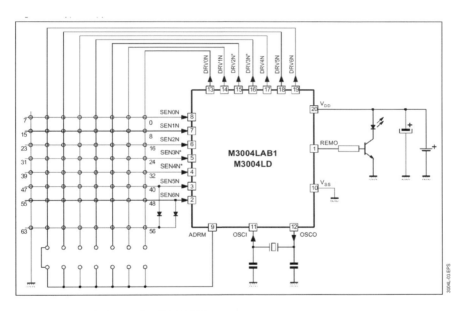

Bild 25. Maximale Beschaltung des SAA3004

Da in dieser Schaltung nur ein Kanal benötigt wird und auch die Adresse fest auf den Wert 0 eingestellt ist, sind weitaus weniger Verbindungen nötig, als in der Philips-Applikation dargestellt ist. Gemäß der Adressenmatrix wird die Adresse 0 durch eine Verbindung von Pin 9 (ADRM) mit DRV0N und DRV6N erzeugt.

Adresse 7 wie auch das modulierte Übertragungsformat werden durch die Verbindung zwischen Pin 9 und Pin 19 festgelegt. Als Befehl wird durch Druck auf den Taster der Wert 000001 im Protokoll ausgegeben. Die Kommandomatrix 7.1.1.3 im Kapitel 7 zeigt den Zusammenhang zwischen den Verbindungen bei SENxN und DRVxN sowie dem dazugehörigen Befehl.

16. Schaltungen

Für die Takterzeugung wird ein 455-KHz-Resonator zusammen mit zwei Kondensatoren verwendet, damit sich vom Timing genau die Bitlängen laut Spezifikation des RECS80-Protokolls sowie die Trägerfrequenz von 38 kHz ergeben.

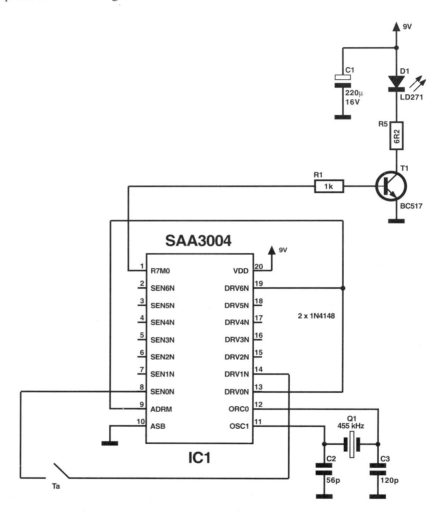

Bild 26. Schaltplan des Senders

Die Infrarot-Sendeendstufe besteht aus dem Darlington-Transistor BC517 mit der Sendediode LD271. Bei der gewählten Dimensionierung ergeben sich Pulsströme von circa 1 A, die durch die Diode fließen. Die hohen Ströme erfordern einen Stützkondensator, damit die Betriebsspannung während des Sendevorgangs nicht einbricht.

Die Betriebsspannung wird von einer 9-V-Blockbatterie geliefert. Die Ruhestromaufnahme der Schaltung bei nicht gedrückter Taste liegt unter 2 µA und ist daher vernachlässigbar.

16.10 Fernschalten mit RECS80-IR-Signalen

Empfänger

Das Infrarotsignal wird vom Foto-Modul IC2 empfangen und zur Auswertung an den SAA3049 weitergeleitet. IC3 ist ein von Philips programmierter Microcontroller, der Signale im RC5- und RECS80-Code decodieren kann. Für RECS80 muss Pin 11 (MODE) mit der Betriebsspannung verbunden sein.

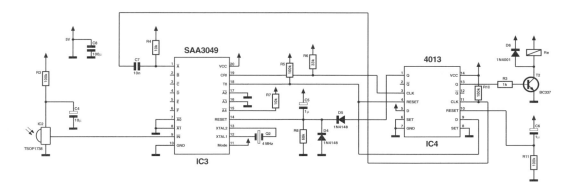

Bild 27. Schaltplan des Empfängers

Sobald ein Telegramm vom Chip decodiert worden ist, liegt die digitale Information des Befehls an den Pins 1...6 an. Da am Sender durch Tastendruck immer nur der Befehl 000001 ausgegeben wird, ist auch nur der Pin 1 am Microcontroller aktiv. Dieser Pegel bleibt so lange erhalten, bis ein neuer Befehl die Information überschreibt oder ein Reset den Controller neu startet. Jeder korrekt empfangene Befehl bewirkt an Pin 19 (CRI) einen circa 15 ms andauernden Low-Puls, der mit dem CLK-Eingang des ersten D-Flip-Flops von IC4 verbunden ist. Die beiden Flip-Flops sorgen zusammen mit dem Zustand des Pins 18 (TO), der dem digitalem Wert des Toggle-Bits folgt, für ein Rücksetzen (Reset) von IC3 und dem Ansteuern des Treibertransistors für das Relais. Die Bauelemente C5 zusammen mit R8 sorgen für einen Reset von IC3, und C6 sorgt mit R11 für einen Reset des IC4 beim Einschalten der 5-V-Betriebsspannung.

Der Pull-up-Widerstand an Pin 15 (A4) legt fest, dass die Adressen 0–7 des RECS80-Codes berücksichtigt werden sollen. Adresse 0 wird festgelegt, indem alle anderen Adresseingänge auf Low-Potential liegen.

Je nach Relaisausführung lassen sich beliebige Verbraucher wie z. B. 220-V-Glühlampen oder Motoren schalten.

16. Schaltungen

Stückliste

Widerstände:
R1, R9	1 k
R2	6Ω2
R3	100 k
R4, R7	10 k
R5, R10	100 k
R6	33 k
R8	68 k

Kondensatoren:
C1	220 µ/16 V
C2	56 p
C3	120 p
C4	10 µ
C5, C6	1 µ
C7	10 n
C8	100 µ

Halbleiter:
IC1	SAA3004
IC2	TSOP1738
IC3	SAA3049
IC4	4013
T1	BC517
T2	BC338
D1	LD271
D4, .D5	1N4148
D6	1N4001

Außerdem:
Q1	455-kHz-Resonator
Q2	4-MHz-Quarz
Ta	Taster
Re	Relais mit 5 V Spulenspannung

16.11 Laufschrift (gesteuert von PC-Tastatur mit Infrarotübertragung)

Überall dort, wo Informationen ein größeres Publikum erreichen sollen, werden so genannte Eye-Catcher eingesetzt, welche die Aufmerksamkeit auf sich lenken sollen. Immer wieder blickt man unwillkürlich dorthin, wo sich etwas bewegt oder leuchtet. Leuchtlaufschriften gibt es zwar mittlerweile in einer fast unüberschaubaren Vielfalt, die aber fertig aufgebaut relativ teuer oder als Selbstbauprojekt einfach zu kompliziert sind.

Das hier vorgestellte Projekt einer Laufschrift wurde entwickelt mit dem Ziel von einfachem, preiswertem Aufbau, Nachbausicherheit und einfachster Bedienung. Es wurde bewusst darauf verzichtet, das Anzeigefeld möglichst groß zu gestalten und vielfältige Darstellungsformen zu implementieren, die einen großen Microcontroller oder Einplatinencomputer erfordern. Herausgekommen ist eine Elektronik, die von einem preiswerten Microcontroller von *National Semiconductor* mit 4-K-ROM gesteuert wird und mit überall erhältlichen Komponenten bestückt ist.

Herkömmliche Laufschriften haben in der Regel eine Tastatur, die mit der Anzeigeeinheit fest verbunden ist. Diese Tastaturen weisen in der Regel ein nicht standardisiertes Tastenlayout auf, so dass eine Programmierung langwierig und umständlich ist. Auch erfordert die Matrix eine große

16.11 Laufschrift (gesteuert von PC-Tastatur mit Infrarotübertragung)

Bild 28. Laufschriftmodul mit Sender und PC-Tastatur

Platinenfläche mit teuren Tastern, was einem Selbstbauprojekt entgegensteht. Das hier beschriebene Konzept beruht auf dem Einsatz einer PC-AT-Tastatur, deren Daten per Infrarot an die Anzeigeeinheit gesendet werden. Die Laufschrift kann so bequem aus größerer Entfernung (bis zu 10 m) programmiert werden, mit den Vorteilen einer normierten PC-Tastatur.

Technische Daten:

- Maximal 508 Zeichen speicherbar
- Betriebsspannung für Sender und Empfänger 12 V
- sechs Zeichen auf 7×35-Leuchtdiodenmatrix gleichzeitig sichtbar
- Reichweite des Senders etwa 10 m

Der Sender mit angeschlossener Tastatur kann universell auch für zukünftige Projekte eingesetzt werden, um die Bedienung und den Aufbau von Geräten zu vereinfachen. Für die Decodierung der Information von bis zu 128 Tasten wird auf der Empfängerseite nur ein Portpin eines Microcontrollers benötigt.

Der Microcontroller

Für die Sender- und Empfangseinheit wird ein OTP-Microcontroller der Firma *National Semiconductor* eingesetzt, der aufgrund seiner technischen Daten hervorragend für dieses Projekt geeignet ist:

- 4096 × 8 OTP Eprom
- 128 Bytes RAM
- 1 µs Zykluszeit bei 10 MHz
- 16-Bit-Timer mit folgenden Betriebsmodi: Timer mit Auto-Reload

  Timer als External Event Counter

  Timer mit Capture Funktion

16. Schaltungen

- 16 I/O Anschlüsse, von denen 14 individuell wahlweise als Ein-/bzw. Ausgang programmierbar sind
- Wählbare Pin-Konfigurationen: Tri-State, push-pull oder pull-up
- Microwire-Schnittstelle
- Interruptquellen: Externer Interrupt mit wählbarer Flanke
    Timer Interrupt
    Software Interrupt

Für den Typ COP8782 gibt es mittlerweile den Nachfolgetyp COP8SAC7 mit verbesserten Eigenschaften, der aber im Wesentlichen Pin- und funktionskompatibel ist. Ein Starterkit, das leider keine Echtzeitemulation erlaubt, bietet neben der Programmiermöglichkeit für OTPs einen umfassenden Einblick in diese preiswerte und technisch interessante Microcontrollerfamilie. Für etwas anspruchsvollere Projekte, die den Test des Echtzeitverhaltens des Controllers voraussetzen, ist der Kauf eines Emulators unabdingbar, damit ein Projekt nicht zum ständigen Ausprobieren entartet.

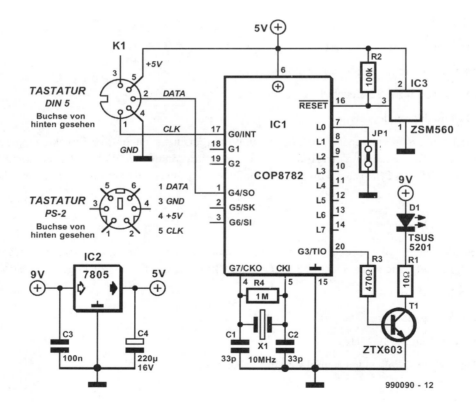

Bild 29. Schaltplan des Senders

16.11 Laufschrift (gesteuert von PC-Tastatur mit Infrarotübertragung)

Sender

Der Microcontroller im Sender, dessen Schaltung Bild 31 zeigt, empfängt das serielle digitale Signal der PC-Tastatur und wandelt dieses in ein Protokoll um, das per Infrarot an die Anzeigeeinheit gesendet wird. Die Steuerung und Auswertung des Tastatursignals ist sehr komplex und kann in Elektor (Heft 2/2000) nachgelesen werden.

Der Microcontroller im Sender stellt nach einem Reset Scan-Code-Satz 3 ein, schaltet als Indikator die Scroll-Lock-LED ein, unterbindet den Break-Code für die Shift-Tasten und überträgt den Tastencode an die Anzeigeeinheit. Die Datenübertragung geschieht aus Gründen der Störsicherheit durch Modulation eines 36-kHz-Trägers. Es werden ein Startbit, acht Datenbits, ein Paritybit und ein Stoppbit übertragen:

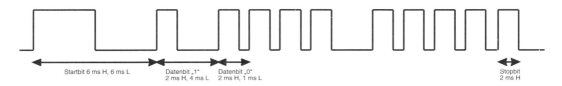

Bild 30. Telegramm des Senders, mit dem der 36-kHz-Träger moduliert wird. Beispiel: 88h

Der Microcontroller wird mit 10 MHz relativ schnell getaktet, um den seriellen Datenstrom der Tastatur korrekt zu decodieren und die 36 KHz Trägerfrequenz für die Infrarotleuchtdiode per Software zu erzeugen.

Die Infrarotleuchtdiode D1 wird von dem Darlingtontransistor T1 angesteuert. Um eine hohe Reichweite zu erzielen, wird der Strombegrenzungswiderstand R1 bewusst niedrig dimensioniert und eine LED mit hoher Strahlstärke eingesetzt. Prinzipiell lässt sich jedoch jede Infrarot-LED einsetzen. Die kurzen Datenpakete mit der daraus resultierenden kurzen Einschaltdauer verhindern eine kritische Erwärmung des Transistors.

Der Resetbaustein IC3 ist für das einwandfreie Starten des Microcontollers zuständig, was bei einer herkömmlichen Schaltung mit R, C und einer Entladediode nicht immer gewährleistet ist – insbesondere dann, wenn der Anstieg der Versorgungsspannung aufgrund von großen Kapazitäten nicht schnell genug erfolgt. Die Stromaufnahme für den Sender mit angeschlossener Tastatur beträgt etwa 110 mA.

Empfänger

Die gesendeten Informationen werden vom Infrarotempfänger IC34 in Bild 33 demoduliert und dem Microcontroller zur Auswertung zugeführt. IC26 tastet das Signal alle 400 µs ab und unterdrückt dabei kurzzeitige Störungen (soweit noch vorhanden) durch einen speziellen Algorithmus. Dabei wird die Länge der Pulse wie auch der Pausen bewertet und mit Referenzwerten verglichen. Zuletzt bildet die Software aus dem empfangenen Signal die Parität und vergleicht diese mit dem Zustand des gesendeten Paritybits.

16. Schaltungen

Für die Darstellung der Zeichen werden sogenannte 5×7-LED-Matrixelemente eingesetzt, die zwar geringfügig teurer sind als 35 Einzelleuchtdioden, aber den Vorteil eines einfacheren Layouts und besserer Bestückbarkeit bieten. Die Ansteuerung der Matrizen wird folgendermaßen durchgeführt:

Da nicht alle Leuchtdioden gleichzeitig angesteuert werden können, müssen diese im Multiplexverfahren für den Benutzer unbemerkt nacheinander eingeschaltet werden. Es leuchten daher maximal sieben LEDs, nämlich die einer Spalte gleichzeitig. Unser träges Auge setzt dann die Einzelinformationen zu einem Bild zusammen, das aus 7 × 35 (= 245) Punkten besteht.

Ein Anzeigezyklus beginnt mit einem H-Pegel für die Dauer eines Taktimpulses am Dateneingang des ersten Schieberegisters IC21. Alle 400 µs werden die fünf kaskadierten Schieberegister gleichzeitig interruptgesteuert getaktet, so dass die aktive Spalte von QA von IC21 bis QH von IC25 fortschreitet. IC28...IC32 sind einfache Treiber-ICs und stellen ausreichend Strom für die Matrizes zur Verfügung.

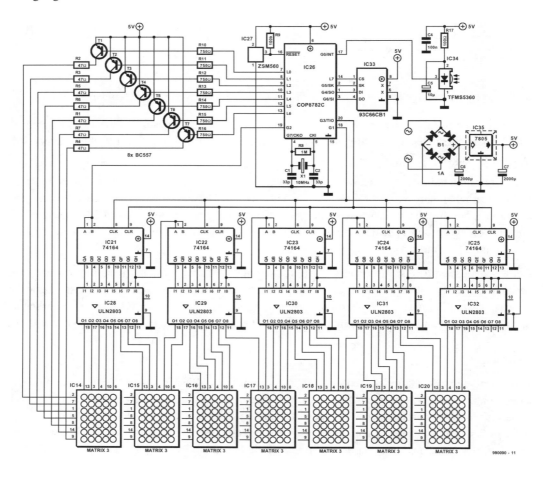

Bild 31. Schaltplan des Empfängers

16.11 Laufschrift (gesteuert von PC-Tastatur mit Infrarotübertragung)

Jeder Spalte auf der Matrix ist eine RAM-Zelle im Microcontroller zugeordnet. Je nach angesteuerter Spalte erscheint die darzustellende Information für 400 μs an den Ausgängen L0...L6 des Microcontrollers IC26. Auch hier sind Transistoren T1...T7 als Treiberstufen zwischengeschaltet. Durch das Multiplexen müssen die LEDs mit einem hohen Strom betrieben werden, damit die Leuchtkraft auch bei Tageslicht ausreichend ist. Deshalb empfiehlt sich auch unbedingt der Einsatz von Matrixelementen mit einer Leuchtkraft von mehr als 3 mcd / 20 mA.

Die Information der Laufschrift wird dauerhaft in dem 512 Bytes fassenden seriellen Eeprom IC33 abgespeichert. Damit die Daten schnell abgerufen werden können, wird dieses Eeprom über den Microwire-Bus des Microcontrollers mit einer Taktfrequenz von 500 kHz angesprochen.

Die PC-Tastatur liefert über das Infrarotsignal den so genannten Scan-Code einer Taste, beispielsweise die Zahl 3 den Code 26h. Um die Zahl auf einer 5×7-Matrix wie in Bild 34 darzustellen, wird dieser Wert über eine Tabelle umgerechnet, so dass sich für die 3 die Werte 42h, 41h, 49h, 59h, 66h ergeben, die nacheinander an den Spalten anzulegen sind:

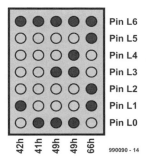

Bild 32. Darstellung der Zahl 3 auf einem 5×7-Matrixelement

IC36 ist ebenso wie in der Schaltung des Senders ein ZSM560 von Zetex, der einen Impuls zum Power-on-Reset des Microcontrollers erzeugt.

Die Stromaufnahme des Empfängers beträgt etwa 25 mA, wenn alle Displays dunkel sind und im Betrieb etwa 100 mA (Mittelwert) beziehungsweise 200 mA (Spitzenwert). Damit ist der Einsatz einer Batterie oder eines Kleinakkus nicht sehr sinnvoll, zur Stromversorgung eignet sich ein 12-V-Steckernetzteil oder, falls netzunabhängiger Betrieb benötigt wird, ein 12-V-Bleiakku bzw. Autoakku.

Bedienung

Mit dem Einschalten der Betriebsspannung startet automatisch die zuletzt eingegebene Laufschrift. Ist noch keine Schrift programmiert, erscheint der Schriftzug „ELEKTOR". Der Sender wird nun mit einer PC-Tastatur verbunden und erst danach eingeschaltet. Bei korrekter Funktion muss die LED

16. Schaltungen

„Scroll Lock" aufleuchten. Durch einen Druck auf die Taste F2 wird die Anzeige gelöscht und ein Cursor dargestellt. Es kann jetzt der gewünschte Text eingegeben werden. Um von Klein- auf Großschreibung (und umgekehrt) umzuschalten, wird die Shift-Taste kurz gedrückt. Der Cursor verändert dabei sein Aussehen. Fehlerhafte Eingaben lassen bis zum ersten Buchstaben auf der Anzeigefläche mit der Backspace-Taste gelöscht. Es ist nicht möglich, vorhergehende Buchstaben zu löschen, dazu muss der laufende Eingabevorgang mit ESC abgebrochen und mit der Taste F2 neu gestartet werden. Eine Eingabe wird immer mit RETURN abgeschlossen. Die Laufschrift startet nun automatisch.

Nach dem Durchlauf der Laufschrift wird automatisch die Uhrzeit für circa 15 s angezeigt. Die Uhr lässt sich mit F1 einstellen. Ist die wechselweise Anzeige nicht gewünscht, kann die Funktion mit den Tasten F3 / F4 geändert werden.

Da der Microcontroller keine Echtzeituhr mit separatem 32-KHz-Quarz implementiert hat, geht die Uhr bedingt durch die hohe Taktfrequenz und der Toleranz des Quarzes relativ ungenau. Ein kleiner Trimmkondensator anstelle von C1 kann hier Abhilfe schaffen.

Bedeutung der Funktionstasten:

Taste ESC:	Eingabe abbrechen
Taste F1:	Uhrzeit eingeben
Taste F2:	Laufschrift eingeben
Taste F3:	Nur Laufschrift ein / aus
Taste F4:	Nur Uhrzeit ein / aus
Taste SHIFT:	Umschaltung Groß-/Kleinschreibung
Taste RETURN:	Abschluss eines Eingabevorgangs. Start der Laufschrift.
Taste fl:	Zeichen im Eingabefenster löschen

Stückliste Sender

Widerstände:
R1	10 Ω
R2	100 k
R3	470 Ω
R4	1 M

Kondensatoren:
C1, C2	33 p
C3	100 n
C4	100 µ/16 V

Halbleiter:
D1	TSUS5201 oder SFH485 oder LD274
T1	ZTX603 (TO92, Zetex)
IC1	COP8782CN (EPS 996527-1)
IC2	7805
IC3	ZSM560 (Zetex)

Außerdem:
K1	5-polige DIN-Buchse 180° oder PS2-Buchse
X1	10-MHz-Quarz

16.12 Übertragung des Tastencodes einer Computer-Tastatur durch Infrarot

Stückliste Empfänger

Widerstände:
R1...R7	47 Ω
R8	1 M
R9	100 k
R10...R16	750 Ω
R17	100 Ω

Kondensatoren:
C1, C2	33 p
C4	100 n
C5	10 µ/16 V
C6	2000 µ/25 V
C7	2000 µ/16 V

Halbleiter:
B1	Gleichrichterbrücke B80C1000
T1...T7	BC557B
IC14...IC20	OM1001C (Opto Devices)
IC21...IC25	74164
IC26	COP8782CN (EPS 996527-2)
IC27	ZSM560 (TO92, Zetex)
IC28...IC32	ULN2803
IC33	93C66CB1
IC34	TFMS5360 oder TSOP1736
IC35	7805

Außerdem:
Niederspannungsbuchse
Fingerkühlkörper für IC35
X1   10-MHz-Quarz

16.12 Übertragung des Tastencodes einer Computer-Tastatur durch Infrarot

Dieser Universalempfänger wurde als Ergänzung zur Applikation 16.11 „Laufschrift (gesteuert von PC-Tastatur mit Infrarotübertragung)" entwickelt, um die Möglichkeiten des Infrarotsenders mit angeschlossener PC-Tastatur auch für eigene Projekte zu nutzen. Damit steht dem Anwender die Vielfalt an Tasten einer vorhandenen oder preiswert erstandenen Tastatur zur Verfügung, um mit einem Minimum an Aufwand komplexe Geräte anzusteuern. Der Sender kann unverändert übernommen werden, da dieser nur die verschiedenen Codes der Tasten per Infrarot ohne speziellen Bezug zum empfangenden Gerät ausgibt.

Der Empfänger decodiert das Infrarotsignal und gibt die empfangenen Befehle an acht Ausgangspins zur Weiterverarbeitung aus. Mit diesem Signal können direkt bis zu acht Verbraucher gesteuert werden, oder es wird das hexadezimal codierte Signal abgegriffen und entsprechend von einer ergänzenden Elektronik weiterverarbeitet. Welche Art der Ausgabe nötig ist, wird von einem Codierpin festgelegt. Der Empfänger ist daher sehr flexibel, bietet mit seinen Features die direkte Steuerung von Verbrauchern oder fungiert als Infrarot-Interface zwischen PC-Tastatur und weiterer Elektronik.

16. Schaltungen

Als Einsatzgebiet ist eine Fernsteuerung von Lampen denkbar oder die Steuerung von Messgeräten, bei denen der Einbau einer Tastatur zu kompliziert würde. Auch kann eine abgesetzte Bedienkonsole manche Messaufgaben wesentlich vereinfachen.

Schaltung

Das Infrarotsignal wird von dem hochempfindlichen Foto-Empfänger IC4 empfangen und aufbereitet. Da sich im IC bekanntermaßen nicht nur der eigentliche IR-Empfänger, sondern auch Filter, automatische Verstärker und Demodulator vorhanden sind, kann das Ausgangssignal direkt zur Weiterverarbeitung in den Microcontroller IC2 geleitet werden. Den Photoempfänger gibt es von verschiedenen Halbleiterherstellern. Wichtig sind hier die Trägerfrequenz (36 kHz) und die Pinbelegung Die Leistungsdaten (wie z. B. Empfindlichkeit oder Stromverbrauch) sind bei nahezu allen Bausteinen gleich. Alternativen hierzu können dem Kapitel über die Infrarotempfänger entnommen werden.

R1 und C1 dienen als Tiefpassfilter und beseitigen Störungen durch die Versorgungsspannung, da durch eine eventuell vorhandene Restwelligkeit die Empfindlichkeit gegebenenfalls drastisch reduziert werden kann und somit ein Infrarotempfang unmöglich wird.

Um wie oben beschrieben den Empfänger so universell wie möglich zu gestalten, ist dieser ausgelegt für die Ausgabe von zwei Varianten des Codes einer PC-Tastatur:

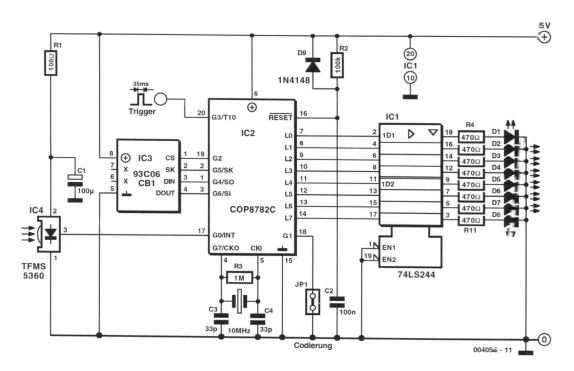

Bild 33. Schaltplan

16.12 Übertragung des Tastencodes einer Computer-Tastatur durch Infrarot

Variante 1:
Um Verbraucher direkt steuern zu können, folgen die Ausgänge L0–L7 dem Tastendruck auf die Tasten 1...8. Einmal drücken z. B. auf Taste 1 bedeutet dabei H-Pegel an Pin L0, nochmaliges Drücken setzt den Pegel auf Low zurück. Zur besseren Kontrolle des Ausgangszustands sind die Leuchtdioden D1–D8 vorgesehen, die bei H-Pegel leuchten. Jeder einzelne Pin L0...L7 kann damit individuell gesteuert werden. Ein Druck auf die ENTER-Taste setzt alle Pins auf Low zurück.

Variante 2:
Das Signal der PC-Tastatur wird hexadezimal codiert vom Infrarotsender übertragen und in diesem Format vom Controller auch wieder ausgegeben. Der Code entspricht damit dem Scan-Code der gedrückten Taste (Erläuterung der Scan-Codes siehe Elektor Heft Nr. 2/2000).

Beispielsweise besteht folgender Zusammenhang zwischen Taste und Code:

Taste	Code
Esc	08H
Return	5AH
Space	29H
A	1CH
S	1BH

Dieser hexadezimale Code wird an den Pins L0...L7 ausgegeben und kann entsprechend weiterverarbeitet werden. Jede gedrückte Taste überschreibt den letzten Zustand an den Portpins.

Eine PC-Tastatur bietet einige Programmiermöglichkeiten, deren Beschreibung aber sehr umfangreich ist und in Elektor Heft 2/2000 nachgelesen werden kann. Der hier verwendete Sender programmiert die Tastatur zur Ausgabe des Scan-Code-Satzes 3, so dass beispielsweise beim Druck auf Taste 1 nur der Wert 16H übertragen wird. Dieser Scan-Code stellt für die Decodierung den geringsten Aufwand dar. Andere Scan-Codes übertragen noch einen Code für das Drücken und Loslassen einer Taste, was an dieser Stelle jedoch nicht benötigt wird.

An Pin G1 des Microcontrollers (mit internem Pull-up-Widerstand) kann gewählt werden, welche der beiden Varianten ausgegeben wird. Ein nicht gesteckter Jumper bedeutet einen High-Pegel und damit die Ausgabe der Information nach Variante 1, eine Verbindung von G1 nach Masse sorgt für die hexadezimale Codierung nach Variante 2.

Am Ausgang G3 steht bei jedem gültigen Tastendruck und bei beiden Varianten für circa 35 ms ein Triggersignal an, das zur Synchronisation für weitere Elektronik genutzt werden kann.

R2, C2 und D9 erzeugen einen Power-up-Reset für den Microcontroller.

Bustreiber IC1 ermöglicht den Anschluss von acht Verbrauchern, die pro Pin mit circa 15 mA versorgt werden können. Der Microcontroller besitzt eine weitaus geringere Treiberfähigkeit von nur 3 mA pro Pin. In Applikationen, wo dies ausreichend ist, kann selbstverständlich auf das Treiber-IC verzichtet werden und ein Verbraucher direkt an den Microcontroller angeschlossen werden. Die LEDs entfallen dann natürlich.

16. Schaltungen

Im Empfänger ist zusätzlich ein preisgünstiges serielles 32-Bytes-Eeprom IC3 implementiert, von dem jedoch nur ein Byte benötigt wird. Es speichert den letzten Zustand der Pins L0...L7, so dass beim Wiedereinschalten nach einem Spannungsausfall die Portpins entsprechend gesetzt werden. Wird das Eeprom nicht bestückt, funktioniert die Schaltung dennoch bis auf die Speicherfähigkeit.

Stückliste

Widerstände:
R1   100 Ω
R2   100 k
R3   1 M
R4–R11   470 Ω

Kondensatoren:
C1   100 µ / 6,3 V
C2   100 n
C3, C4   33 p

Halbleiter:
IC1   74LS244
IC2   COP8782CN
            (EPS004055-41)
IC3   93C06CB1 Fa. ST
IC4   TSOP1736
D1–D8   LED rot
D9   1N4148

Außerdem:
X1   10-MHz-Quarz
Codierungsstecker

16.13 Infrarot-Fernbedienungs-Analyser

16.13 Infrarot-Fernbedienungs-Analyser

Leider kocht jeder Hersteller von Unterhaltungselektronik sein eigenes Süppchen, wenn es um die Kodierung von IR-Fernbedienungssignalen geht. Als Folge sammelt sich in jedem Haushalt im Laufe der Jahre eine Vielzahl von (nicht mehr genutzten) Fernbedienungen mit unbekanntem Innenleben. Zu schade, um weggeworfen zu werden, weil ein Elektroniker noch viele sinnvolle Anwendungen dafür im Kopf hat. Doch in der Regel scheitert ein weiterer Einsatz am mangelndem Wissen über das verwendete Protokoll, das für einen Empfängerbau unerlässlich ist. Das gleiche Problem taucht auf, wenn man Infrarot-Fernbedienungen vom Wühltisch kauft: ohne Kenntnis des sendenden Kodes ziemlich nutzlos.

Die hier vorgestellte Schaltung beseitigt dieses Dilemma. Sie zeigt dem Benutzer genau die interessanten Daten eines Infrarot-Senders, die für eigene Entwicklungen unerlässlich sind. Besonders beim gut dokumentierten RC5- beziehungsweise RECS80-Kode von Philips kann mit Wissen der gesendeten Daten (Adresse und Befehl) mit überall erhältlichen Empfänger-ICs wie SAA3009 oder SAA3049 einfach ein Empfangssystem aufgebaut werden. Sehr hilfreich ist auch der Grundlagenbeitrag aus den Elektor-Heften März/April 2001, der die gängigsten Protokolle in ihren Details beschreibt.

Oberstes Ziel bei der Planung dieses Projekts waren eine einfache Handhabung und ein kostengünstiger Aufbau. Es sollte ein kleines tragbares Gerät entwickelt werden, mit dem man gegebenenfalls einen preiswerten Sender direkt am Wühltisch auf seine Einsatzfähigkeit hin untersuchen kann. Durch den Einsatz eines Microcontrollers können problemlos alle wichtigen Daten einer Fernbedienung erfasst und ausgewertet werden. Das zu untersuchende Gerät wird mit der Seite der Sendediode an den Photoempfänger IC2 gehalten und eine Taste gedrückt. Bei bekanntem Übertragungsformat wird sofort der Name des Kodes auf dem Display angezeigt. Aufgrund des verwendeten Empfänger-ICs können jedoch nur Infrarotprotokolle dekodiert werden, die im Bereich zwischen 30...40 kHz moduliert sind. Dabei bestimmt (je nach Kode) der Abstand zwischen zwei Paketen oder aber deren Länge die Information (Bild 34 unten). Bei Signalen, die im heutzutage kaum mehr verwendeten Flash-Mode übertragen werden, bestimmt der Abstand zwischen zwei Blitzen den Informationsgehalt (oben). Diese Signale werden vom IR-Empfänger ignoriert.

16. Schaltungen

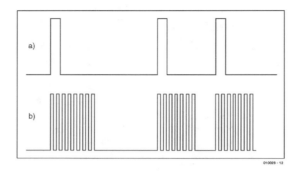

Bild 34. Der Flash-Modus (a) ist den mit 36 Hz modulierten Fernbedienungssignalen (b) gewichen

Einfache Bedienung

Nach dem Einschalten des Analysators erscheint zunächst der Schriftzug CODE ANALYSER VER 1 und anschließend WAITING... als Aufforderung, dass ein Infrarotsignal anzubieten ist. Bei Empfang zeigt der Analyser einen Kode-Namen an. Auf Tastendruck erscheinen weitere Details des empfangenen Kodes.

1. Tastendruck: Adresse (adress)

Dieser hexadezimale Wert zeigt den Teil des Kodes an, der die Adresse des anzusprechenden Geräts enthält, beispielsweise bei RC5 die Adresse 0 für ein Fernsehgerät. Nicht jeder Hersteller definiert einen Adressbefehl in seinem Kode. Sollte dies der Fall sein, erscheinen im Display lediglich zwei Striche (- -).

2. Tastendruck: Befehl (command)

Dieser hexadezimale Wert stellt den gesendeten Befehl dar, der vom empfangenden System ausgeführt werden soll. Der Befehl 10h (16dez) beispielsweise bewirkt beim RC5-Kode eine Erhöhung der Lautstärke.

3. Tastendruck: Gesamt-Kode (cod)

Hier wird der Inhalt des gesamten Kodes in hexadezimaler Schreibweise angezeigt. Zu beachten ist, dass dieser Wert in der Form Bit 7...Bit 0 dargestellt wird. Manche Hersteller wie Sony übertragen die Bits in der Reihenfolge Bit 0...Bit 7. Dies wird in der Anzeige berücksichtigt und entsprechend korrigiert.

4. Tastendruck: Kode-Name

Es wird der Name des zuletzt dekodierten Kodes wie RC5, SIRCS oder RECS80 angezeigt. Bei der Anzeige UNKNOWN ist entweder das Übertragungsprotokoll unbekannt, das Signal zu schwach

16.13 Infrarot-Fernbedienungs-Analyser

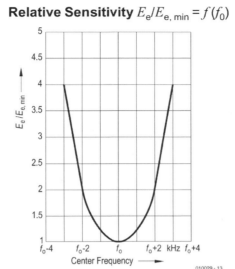

Bild 35. Die Empfindlichkeit nimmt rechts und links der Mittenfrequenz rapide ab

oder der Kode zu stark gestört. Insbesondere bei „extremen" Modulationsfrequenzen von 30 kHz oder 40 kHz sollte der Sender direkt vor den Empfänger gehalten werden, da das Empfangs-IC für eine Frequenz von 36 kHz ausgelegt ist. Wie man in Bild 35 sieht, nimmt die Empfindlichkeit bei anderen Modulationsfrequenzen rapide ab. Einige moderne Fernbedienungen senden in bestimmten Betriebsmodi zwei unterschiedliche Protokolle. Als Beispiel hierfür kann die Firma Loewe aufgeführt werden, die nach Umschaltung auf VTR beziehungsweise DVD zuerst das Japan- und anschließend nach etwa 50 ms das RC5-Format sendet. In diesen Fällen zeigt der Analyser immer das zuletzt empfangene Protokoll an.

Wenig Hardware ...

Die Schaltung des Analysers in Bild 36 ist kaum der Rede wert. Das Infrarotlicht wird von dem sattsam bekannten und von Infineon nicht mehr produzierten, dennoch aber noch überall erhältlichen SFH505A (oder einer der zahlreichen Alternativen, siehe Stückliste) empfangen, der das Signal verstärkt und die Trägerfrequenz herausgefiltert. Der SFH505A enthält einen kompletten hochempfindlichen Infrarotempfänger, der auf die Trägerfrequenz von 36 kHz abgestimmt ist. Eine Photodiode, Verstärkerstufen, Filter und ein Demodulator sind bereits integriert, so dass keine nennenswerte externe Beschaltung mehr nötig ist. Näheres zu dem IR-Empfänger erfahren Sie aus dem Datenblatt des Nachfolgetypen (www.infineon.com/cmc_upload/0/000/008/56 2/sfh5110.pdf).

Der Kode wird in invertierter Form direkt an den Mikrocontroller IC1 zur Dekodierung weitergeleitet. R2 und C2 bilden einen Tiefpass, der das Empfänger-IC vor Störungen der Versorgungsspannung schützt. Diese Bauteile sind unerlässlich, da das IC auf Spikes mit drastischen Empfindlichkeitseinbußen reagiert. Die an den Eingang des Controllers gekoppelte LED flackert, wenn ein Kode

16. Schaltungen

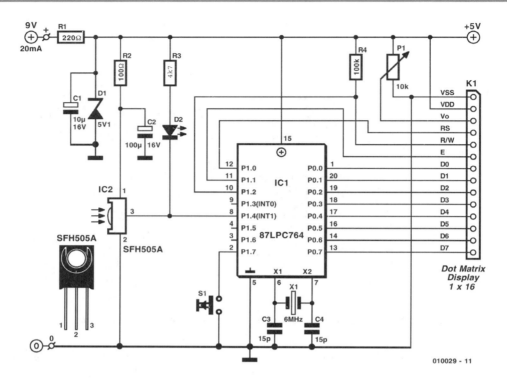

Bild 36. Die Mini-Schaltung des IR-Kode-Analysators mit nur zwei ICs

empfangen wird. Damit lässt sich einfach überprüfen, ob die Fernbedienung überhaupt ein Signal sendet. Der Mikrocontroller basiert auf der bewährten 51er Architektur und erlaubt damit eine einfache Kodeentwicklung, da viele Tools sehr kostengünstig angeboten werden oder gar als Shareware erhältlich sind. Der 87LPC764 wird von Philips als „Low power, low price, low pin count"-Microcontroller bezeichnet. Aufgrund der intensiven Berechnungen zur Kodeauswertung wird der Controller mit einer Taktfrequenz von 6 MHz und damit mit einer Zykluszeit von 1 µs betrieben. Das Dot-Matrix-Display bestimmt mit seiner Versorgungsspannung von 5 V die Betriebsspannung des Gesamtsystems. Der geringe Stromverbrauch kommt einem 9-V-Block-Batteriebetrieb entgegen. Die Betriebsspannung ist von einer Z-Diode auf etwa 5 V stabilisiert. R1 begrenzt die Stromaufnahme auf für die Schaltung ausreichende 20 mA.

Display

Als Display wird ein alphanumerischer-Dot-Matrix-Typ mit 1×16 Zeichen eingesetzt, wie er von vielen Herstellern angeboten wird. Das Display verfügt über einen eigenen Controller, der mit einem standardisierten Befehlssatz angesprochen wird. Auch die Anschlussbelegung, die Multiplexrate und die RAM-Adressaufteilung aller in der Stückliste genannten Typen sind gleich. Zwar müssen weit-

16.13 Infrarot-Fernbedienungs-Analyser

aus mehr Daten angezeigt werden, als auf eine Displayzeile passt, es ist jedoch viel preiswerter, diese erst auf Wunsch des Benutzers per Tastendruck darzustellen, als ein beispielsweise 4-zeiliges Display zu verwenden. Da am Mikrocontroller ausreichend Portpins zur Verfügung stehen, wird das Display im 8-Bit-Modus betrieben, was den Softwareaufwand verringert. Am Poti P1 wird der Kontrast eingestellt.

... viel Programm

Die Daten folgender Kodes sind in der Software integriert und können damit dekodiert und angezeigt werden: JAPAN, NEC, RC5, RECS80, SIRCS, DENON, DAEWOO, MOTOROLA.

Die Software misst zunächst die erste Lowphase am Ausgang des Empfänger-ICs, um eine grobe Auswahl treffen zu können, welche Kodes überhaupt in Frage kommen können. Fast alle Kode-Formate unterscheiden sich nämlich in der Länge des Start-Bits, was eine Dekodierung vereinfacht.

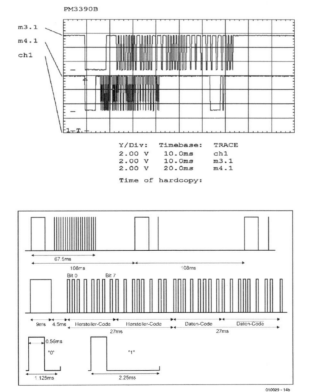

Bild 37. Auswertung der Signale einer NEC-Kode-Übertragung (Harman/Kardon oder Yamaha)

16. Schaltungen

Nach dem Start-Bit, das in der Regel aus einer Low- mit anschließender Highphase definierter Länge besteht, trifft die Software die Entscheidung, wie die anderen Register für die kommende Auswertung zu konfigurieren sind. Dies betrifft die Anzahl der Bits, die von 11 bei RECS80 bis zu 48 beim Japan-Format reichen kann, und außerdem deren erwartete Länge mit Toleranzen. Jedes jetzt folgende Bit wird ausgemessen und mit den Grenzwerten verglichen.

Die Software des Mikrocontrollers ist auch als Quellkode (im Internet auf der Elektor-Site sowie auf Diskette EPS 010029-11) verfügbar. Bei Modifikationen oder Eigenentwicklungen ist zu berücksichtigen, dass je nach Signalstärke des einfallenden Infrarotlichtes die Pulslängen ganz erheblich schwanken können und die Software entsprechend fehlertolerant bemessen sein sollte. Ein praktisches Beispiel für die zulässigen Toleranzen des in Bild 37 aufgezeichneten Signals zeigt folgende Tabelle (NEC-Kode von Harman/ Kardon oder Yamaha):

1. Lowphase:	8700...9200 ms
1. Highphase:	4352...4607 ms
nachfolgende Lowphasen:	400...767 ms
Pausen zwischen Lowphasen:	0-Bit: 400...767 ms
	1-Bit: >767 ms

Die etwas „krummen" Werte entsprechen oftmals dem Zählerstand des High-Bytes des 16-Bit-Zählers und erlauben in hexadezimaler Berechnung eine einfache Auswertung. Bei den gewählten großen Toleranzen braucht damit der Low-Byte-Zählerstand nicht mehr berücksichtigt zu werden.

Aufbau

Da der Mikrocontroller in einem 20-poligen DIL-Gehäuse steckt und auch sonst keine „schwierigen" Bauteile verwendet werden, ist der Aufbau des Analysers auf der Platine in Bild 38 ein Kinderspiel. Der abgebildete IR-Empfänger ist der Infineon-Typ. Andere Modelle weisen unterschiedliche Pinbelegungen auf, für die zusätzliche Lötaugen reserviert sind. Das LC-Display wird über ein kurzes Stück Flachbandkabel angeschlossen. Die in der Stückliste angegebenen Typen passen 1:1, bei anderen Displays muss das Datenblatt zu Rate gezogen werden. Das Ganze wird nach einem Funktions-

16.13 Infrarot-Fernbedienungs-Analyser

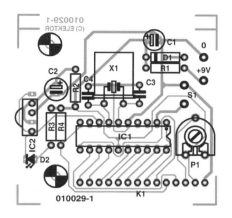 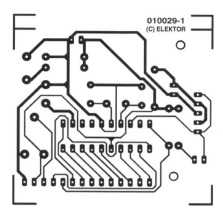

Bild 38. Auf der kleinen Platine des Analysators muss der Quarz flach gelegt werden

test zusammen mit dem 9-V-Block in ein passendes Gehäuse eingebaut. Der vorgeschlagene Heddic-Typ ist durchsichtig, so dass nur zwei Bohrungen (für den An-/Aus-Schalter und den Modus-Taster) angebracht werden müssen.

Stückliste

Widerstände:
R1 = 220 Ω
R2 = 100 Ω
R3 = 1k2
R4 = 100 k
P1 = 10 k Trimmpoti

Kondensatoren:
C1 = 10 μ, 16 V stehend
C2 = 100 μ, 16 V stehend
C3, C4 = 15 p

Halbleiter:
D1 = Z-Diode 5V1, 1 W
D2 = LED high efficiency, rot
IC1 = 87LPC764 (programmiert EPS 010029-41)*
IC2 = SFH505A (TSOP1736, SFH5110-36, PIC26043SM, IS1U60, TFMS5360)

Außerdem:
K1 = 14-poliges Flachbandkabel
S1 = Drucktaster 1× an
X1 = Quarz 6 MHz
Punktmatrix-Display mit 1×16 Zeichen (MCC161A1-4, MCC161A2-3 (Truly), LM161556 (Sharp)
9-V-Blockbatterie mit Clip
Gehäuse (Heddic 222)
An/Aus-Schalter
Diskette EPS 010029-11 oder
Download* mit Quellcode

* siehe www.elektor.de

16. Schaltungen

16.14 Miniatur-PCM-Modellbau-Fernsteuerung

Diese Fernsteuerung entspricht dem Wunsch vieler Modellbauer, eine wirklich kleine und proportionale Fernsteuerung zu besitzen, die viele Anwendungsfälle abdeckt und ohne teure Zusatzkomponenten auskommt. Dem Anwender steht dabei frei, welches Übertragungsmedium er verwendet: Zweidrahtleitung, Funk oder Infrarotlicht.

Bild 39. Foto des Senders

Neben der Nachbausicherheit dank kompletter und abgeglichener HF-Module ist die Elektronik so einfach konzipiert, dass selbst unerfahrene Elektroniker die Schaltung problemlos aufbauen und nutzen können. Mikrocontroller im Sender und Empfänger ersetzen die sonst üblichen Timerbausteine, Schieberegister und Taktgeneratoren, so dass eine kostengünstige und platzsparende Elektronik vorliegt.

Die Fernsteuerung ist aufgrund ihrer reduzierten Reichweite in erster Linie für Indoor-Modelle gedacht, wie zum Beispiel für Automodelle und Trucks. Dafür ist die Schaltung ideal, da ein Fahrtregler ja bereits eingebaut ist.

Durch die Option, auch mit Infrarotlicht als Übertragungsmedium arbeiten zu können, wird dem Modellbauer eine vom Preis-Leistungs-Verhältnis unschlagbare und auf dem Markt konkurrenzlose Proportional-Fernsteuerung an die Hand gegeben. Für die Betätigung von Überwachungskameras ist ebenfalls eine drahtgebundene Übermittlung der Befehle möglich, wobei dann eine Zweidrahtleitung ausreichend ist.

Diese Fernsteuerung zeigt, wie mit wenig Aufwand Features realisiert werden können, für die vor gar nicht so langer Zeit noch viel Elektronik nötig war. Zudem kann das Konzept bei Bedarf problemlos weiterentwickelt werden, wenn der Wunsch nach weiteren Funktionen im Sender wie Programmierbarkeit über Tasten und Menüführung durch LC-Display besteht. Das noch freie ROM und die ungenutzten Pins des Mikrocontrollers warten geradezu auf begeisterte Programmierer.

16.14 Miniatur-PCM-Modellbau-Fernsteuerung

Highlights der Fernsteuerung

- Miniatur-Ausführung
- einfacher Aufbau ohne Abgleicharbeiten
- sechs Kanäle → vier analoge plus zwei digitale
- Schaltausgänge mit 5 A belastbar
- vier handelsübliche Modellbauservos anschließbar
- Trimmfunktion für vier Kanäle
- klein, leicht und handlich
- PCM-Übertragungssystem
- wahlweise Infrarot- oder Funkübertragung
- betätigungsabhängige Stromsparfunktion
- handelsübliche 433-MHz-Komponenten
- Spannungsüberwachung bei Sender und Empfänger
- eingebauter Fahrtregler im Empfänger
- eingebauter Sanftanlaufschalter im Empfänger
- Fahrtregler und Sanftanlaufschalter mit 15 A belastbar
- BLD-Funktion durch eingebauten Spannungsregler
- Servoreverse (Umpolung der Servolaufrichtung) für alle vier Servos
- Betriebsspannung: Sender 3,3 V...4,8 V (3× Mignon oder 4× NC-Akku) Empfänger 5 V über Spannungsregler

Aufbau des Senders

Die Blockschaltung in Bild 40 zeigt, dass ein Mikrocontroller für den gesamten Ablauf im Sender verantwortlich zeichnet. Der Controller digitalisiert die Daten von vier Potentiometern, fragt Taster ab und generiert ein definiertes Sendeprotokoll. Wahlweise wird dieses Protokoll über HF oder Infrarot-

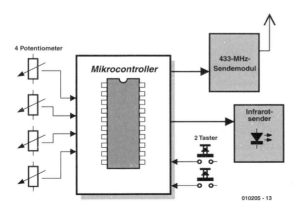

Bild 40. Blockschaltbild Sender

16. Schaltungen

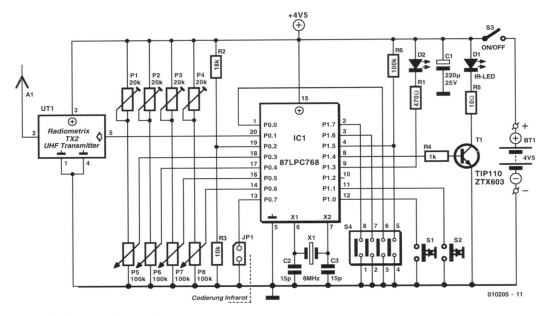

Bild 41. Vollständiges Schaltbild des Senders

licht ausgesendet. Der Nutzer kann beide Sendeoptionen bestücken, da insbesondere der Treibertransistor und die IR-Sendediode sehr preiswert sind. Der Controller erkennt bei der Initialisierung an einem gesteckten Jumper, dass eine IR-Datenübertragung gewünscht ist. Die Software bearbeitet die Ausgaberoutinen entsprechend den Gegebenheiten einer Infrarot-Datenübertragung. Dies bedeutet unter anderem, dass die Datenrate reduziert wird, um die Batterie zu schonen, und dass die Bits des PCM-Signals mit einem 36-kHz-Träger moduliert werden. Diese Modulation wird in der Fernbedienungen der Unterhaltungselektronik häufig eingesetzt und verspricht eine hohe Übertragungssicherheit.

Die Bauteile des Senders, dessen Schaltung Sie in Bild 41 sehen, sind zwar verhältnismäßig preiswert und auch gut erhältlich, aber beileibe keine Allerweltselektronik. Ein genauer Blick auf die verwendeten Komponenten ist also angebracht.

Kreuzknüppel

Die Fernsteuerung sollte klein, billig sowie nachbausicher sein und sich an der Bedienung der Fernbedienungen von *Graupner*, *Multiplex*, *Futaba* und anderen orientieren. Eine erste Hürde stellt die Beschaffung von kostengünstigen Kreuzknüppeln dar, mit denen erst eine proportionale Steuerung ermöglicht wird. Von der US-amerikanischen Firma CTS werden Kreuzknüppel in Miniaturausführung angeboten, die sich durch eine Mittenrückstellung und ein geringes Spiel auszeichnen (Bild 42). Die wichtigsten technischen Daten dieser Kreuzknüppel:

16.14 Miniatur-PCM-Modellbau-Fernsteuerung

reuzknüppel von CTS

Bild 42. gszyklen
.äuse
- \er
- iderstand zwischen 10...150 k wählbar
- viderstand mit 10...30 % Toleranz wählbar
- internen Taster erhältlich
- iderstand des Tasters maximal 0,1 Ω
- 50 mA @ 12 V
- auer: 100.000 Tastvorgänge

wird der Betätigungsstift in einem runden Gehäuseausschnitt geführt, wodurch nie die gleich-ge maximale Auslenkung beider Achsen möglich ist. Für geschickte Modellbauer dürfte es jedoch keine Schwierigkeit darstellen, bei Bedarf diese Rundung entsprechend mit einem kleinen Fräser zu erweitern. Für ein besseres Steuergefühl sollte eine Verlängerung auf den Knüppel aufgesteckt werden. Bei unserem Musteraufbau wurden dafür die aufgebohrten Kunststoff-Führungen von Kugelgelenken verwendet. Alternativ sind selbstverständlich auch herkömmliche Potentiometer in Dreh- oder Linearausführung einsetzbar, was bei Maschinen- oder Robotersteuerungen durchaus angebracht ist. Wie es sich für eine moderne Fernsteuerung gehört, sind in Reihe zu den Kreuzknüppel-Potentiometern noch Trimmpotis geschaltet, durch die eine Trimmung der Servostellung auf der Empfängerseite möglich ist.

Mikrocontroller

Zentrales Steuerelement des Senders ist der Mikrocontroller 87LPC768, der über seine vier Analog-/Digitalwandler die Potentiometerstellungen sowie die Tasten abfragt und daraus ein PCM-Signal generiert. Dieses Signal wird dann an das HF-Modul beziehungsweise die Infrarot-Sende stufe weitergeleitet.

16. Schaltungen

Der Mikrocontroller basiert auf der bewährten 51er Architektur un[d] damit eine einfache
Programmentwicklung, da viele Tools sehr kostengünstig oder als Sh[are]ware erhältlich sind.
Der Typ 87LPC768 ist ein „Low power, low price, low pin count"-M[icrocont]roller von Philips.
Aufgrund der intensiven Berechnungen zur fortlaufenden Kodegenerierun[g wird de]r Controller mit
einer Taktfrequenz von 6 MHz und damit mit einer Zykluszeit von 1 ms be[trieben. Di]e wichtigsten
technischen Daten des Controllers sind:

- 4 KBytes ROM
- 128 Bytes RAM
- 32 Bytes Customer Code EEPROM
- 2,7...6 V Betriebsspannung
- zwei 16-Bit-Timer/Counter
- 4-Kanal Pulsweitenmodulator (PWM) mit 10 Bit
- 4-Kanal A/D-Wandler, 8 Bit Auflösung, Wandlungszeit 9,3 ms @ 20 MHz Taktfrequ[enz]
- integrierter Reset
- interner RC-Oszillator, auf Wunsch wählbar
- 20 mA Treiberfähigkeit aller Portpins
- maximal 18 I/O-Pins, wenn interner Reset und interner RC-Oszillator gewählt werden
- zwei analoge Komparatoren
- I²C-Schnittstelle
- Full duplex UART
- serielle In-circuit-Programmiermöglichkeit

HF-Modul

Mittlerweile hat sich ein Massenmarkt für Informationsübertragung im 433-MHz-Band etabliert. Einige Hersteller bieten neben kompletten Geräten auch kleine Sende- und Empfangsmodule an, die in eigenen Applikationen genutzt werden können. Der große Vorteil dieser Module ist der komplette abgeglichene Aufbau mit Zulassung, was einen unschätzbaren Vorteil gegenüber herkömmlichen (selbst gebauten) Sendern und Empfängern beispielsweise im 27-MHz-Band darstellt.

Für die HF-Übertragung setzen wir auf ein System der Firma Radiometrix (Bild 43 zusammen mit dem Empfangsmodul). Der Sender besitzt folgende technischen Eigenschaften:

Sender TX2

- Sendesignal 433 MHz, +9 dBm
- Modulation: FM
- 40 kbps max. Übertragungsrate
- Versorgungsspannung 4,0...6,0 V
- Stromaufnahme 6 mA

16.14 Miniatur-PCM-Modellbau-Fernsteuerung

Bild 43. Die verwendeten 433-MHz-Module für Sender und Empfänger

Das Sendemodul besitzt fünf Lötstifte, die direkt in die Schaltung gelötet beziehungsweise gesteckt werden. Nach Anschluss der Betriebsspannung ist das Modul sofort betriebsbereit und sendet auf 433 MHz (wenn der Modulationspin auf High liegt).

Alternativ kann das Sendemodul HFS300 vom Elektronikversender ELV eingesetzt werden, das eine Leiterbahnantenne besitzt, aber nicht in das Platinenlayout des Senders passt und deshalb fliegend verdrahtet werden muss.

Infrarot-Sendestufe

Die Infrarot-Sendestufe besteht aus dem Darlington-Transistor T1 und der Sendediode D1. Der Transistor besitzt mit einer Stromverstärkung von 2.000 eine Treiberfähigkeit von 1 A und ist damit ideal als Sendestufe geeignet. Alternativ lassen sich aber auch die Typen BCX38 oder TIPP110 (andere Pinbelegung) einsetzen. Der Widerstand R1 begrenzt den Strom durch die Sendediode auf einen Wert von etwa 240 mA und bestimmt damit die Reichweite.

Dieser Wert liegt aus Energiespargründen deutlich unter dem zulässigen Maximum. Eventuell kann der Widerstand verringert werden, wobei jedoch durch Handauflegen (auf den Transistor) stets geprüft werden sollte, ob die Leistungsgrenze nicht überschritten wird.

Die Sendediode vom Typ TSUS5201 besitzt bei 950 nm eine Strahlstärke von 230 mW/sr bei 1,5 A und einen Abstrahlwinkel von ±15°. Damit ist die Diode bestens für diese Applikation geeignet.

Prinzipiell ist aber jede Infrarot-LED einsetzbar, die eine hohe Strahlstärke I_e von >200 mW/sr bei 1,5 A und der Wellenlänge von 950 nm besitzt. Der Betriebsstrom der Sendediode berechnet sich folgendermaßen:

$$I_{LED} = (U_{BAT} - U_{CESAT} - U_F) / R1$$

mit:

U_{BAT} = Betriebsspannung 4,5 V

16. Schaltungen

$U_{CESAT} \approx 0{,}7$ V

U_F = Fluss-Spannung der Infrarot-Diode $\approx 1{,}6$ V

Einen entscheidenden Anteil an der Betriebssicherheit eines Infrarot-Senders besitzen auch die Batterien. Es kann an dieser Stelle nur davon abgeraten werden, billige Zink-Kohle-Typen einzusetzen, die die erforderlichen Impulsströme nicht liefern können. Es sollten ausschließlich Alkali-Mangan-Typen oder NC-Akkus verwendet werden.

Servoreverse

Um die Schaltung möglichst flexibel zu gestalten, kann mit einem 4fachen Dip-Schalter die Laufrichtung der Rudermaschinen umgepolt werden.

Überwachung der Betriebsspannung

Der A/D-Wandler im Mikrocontroller ist bis zur minimalen Betriebsspannung von 3 V spezifiziert. Daher sollte der Benutzer rechtzeitig auf zur Neige gehenden Batterien hingewiesen werden. Die LED, die im Normalbetrieb als Softwaretest von der Software permanent eingeschaltet wird, blinkt ab dem Unterschreiten der Betriebsspannung von etwa 3,3 V.

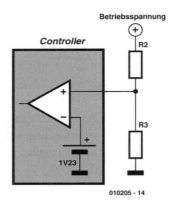

Bild 44. Controllerinterner Komparator mit Beschaltung

Die Überwachung erfolgt mit dem eingebauten Komparator (Bild 44), seiner internen Referenz von 1,23 V und den externen Widerständen R2 und R3. Die Dimensionierung der externen Widerstände:

Interne Referenz = 1,23 V

R3 wird mit 10 kΩ vorgegeben

R2 = 10 kΩ × [(Detektionsspannung / 1,23 V) – 1]

R2 = 10 kΩ × [(3,3 V/1,23 V) – 1)]

R2 = 16,829 kΩ (gewählt: 18 kΩ)

16.14 Miniatur-PCM-Modellbau-Fernsteuerung

Der Empfänger

Genau wie der Sender besteht der Empfänger aus mehreren Funktionsblöcken, die – wie in Bild 45 gut zu sehen – zum Teil mit fertigen Baugruppen identisch sind.

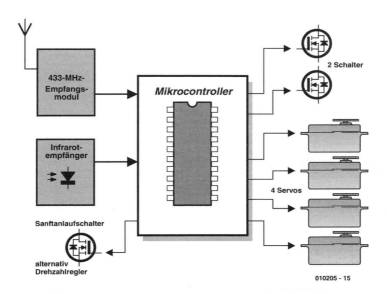

Bild 45. Blockschaltbild des Empfängers

Infrarot-Empfänger

Aufgrund des boomenden Marktes für Infrarotfernsteuerungen gibt es eine Reihe von ICs, die alle Komponenten besitzen, die Signalverunreinigungen von elektrischen und optischen Störquellen eliminieren und das IR-Signal demodulieren und verstärken. Ein solcher Baustein weist in der Regel drei Anschlüsse (Masse, Versorgungsspannung, Datenausgang) auf. Der Datenausgang kann ohne weitere Beschaltung an einen Mikrocontroller-Eingang angeschlossen werden. Der hier eingesetzte miniaturisierte Empfänger kann je nach Typ im Frequenzbereich zwischen 30 kHz und 56 kHz eingesetzt werden. Er weist folgende Merkmale auf:

- Empfangsdiode und Verstärker integriert
- Abschirmung gegenüber elektrischen Feldern
- interner Filter für PCM-Frequenz
- TTL- und CMOS-kompatibel
- Ausgang aktiv low
- niedriger Stromverbrauch
- Unterdrückung von Störungen, Gleichlicht (Glühlampenlicht oder Sonnenlicht), Dauersignalen auf 36 kHz oder anderen Frequenzen sowie Signalen von Fluoreszenzlampen

16. Schaltungen

HF-Empfänger für 433 MHz

Das Pendant zum HF-Sender ist das Empfängermodul RX2, natürlich ebenfalls von Radiometrix. Es zeichnet sich durch einen geringen Stromverbrauch von etwa 13 mA und ein geringes Gewicht aus. Ein wesentlicher Vorteil für Modellbauer ist weiterhin die Empfangsantenne, die mit einer Länge von 15,5 cm erfreulich kurz ausfällt. Die technischen Daten in Kurzform:

- 433,92 MHz Empfangsfrequenz
- Empfangsprinzip: Doppelsuperhet
- –107 dBm Empfindlichkeit
- Betriebsspannung 3...6 V
- Stromaufnahme 14 mA
- digitaler Datenausgang

Sofort nach Anschluss der Betriebsspannung ist der HF-Empfänger einsatzbereit. Zu beachten ist jedoch, dass das Ausgangssignal ohne eingeschalteten Sender von Störungen übersät ist.

Wie beim Sender ist auch beim Empfänger der Einsatz eines alternativen Empfangsmoduls möglich. An dieser Stelle soll daher auf das 433-MHz-Empfängermodul HFS301-45 von ELV hingewiesen werden. Es zeichnet sich durch einen geringen Stromverbrauch von nur 1 mA und geringes Gewicht aus. Ein wesentlicher Vorteil für Modellbauer ist weiterhin die Empfangsantenne, die bereits als Leiterschleife auf der Platine integriert ist. Die Platine ist an der Seite mit verzinnten Flächen versehen, an die Kabel oder Stecker zur Verbindung mit der eigenen Schaltung angelötet werden. Die Module von Radiometrix und ELV sind aufgrund der unterschiedlichen Modulationsart nicht untereinander mischbar!

Mikrocontroller

Genau wie beim Sender ist das zentrale Steuerelement des Empfängers (Bild 46) ein Mikrocontroller, der direkt die Daten des Übertragungsprotokolls in analoge Steuersignale für die Servos beziehungsweise Schalter umsetzt. Der im Empfänger eingesetzte Mikrocontroller ist eine abgespeckte Version des 87LPC768 und enthält bis auf den A/D-Wandler, den PWM-Block und einem mit 2 kByte kleinerem ROM die gleiche Innenbeschaltung wie der Controller des Senders. Auch der Controller des Empfängers wird mit 6 MHz Taktfrequenz betrieben, um die umfangreichen Berechnungen zeitgerecht ausführen zu können.

Servoansteuerung

Handelsübliche Servos, auch Rudermaschinen genannt, werden mit Impulsen gesteuert, deren Länge je nach Hersteller im Bereich von 0,8...2,3 ms variiert. Die Länge definiert dabei die Stellung der Steuerscheibe. So befindet sich ein Servo, das mit Pulsen von 1,5 ms Länge angesteuert wird, in der Neutralposition. Die Pulse werden ungefähr im Abstand von 20 ms wiederholt.

16.14 Miniatur-PCM-Modellbau-Fernsteuerung

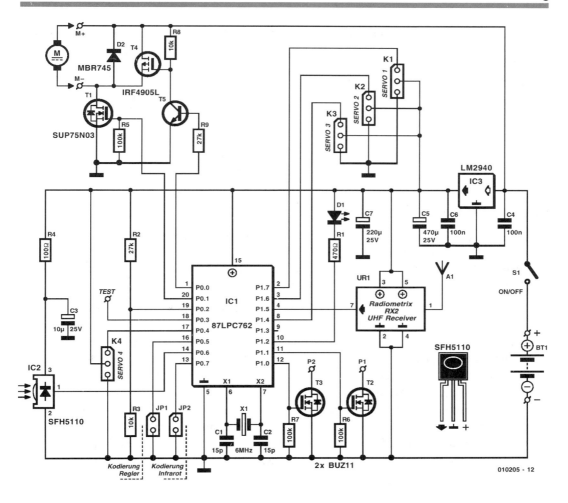

Bild 46. Das Schaltbild des Empfängers für zwei Übertragungsmedien

Aus dem empfangenen 8-Bit-Digitalwert wird das Signal für die Ansteuerung der Servos gemäß der Formel Servowert in ms = A/D-Wert $\times$ 5 + 900 gebildet. Das Ausgangssignal wird vom controllerinternen Timer generiert, wobei die vier Ausgänge nacheinander angesteuert und dadurch unerwünschte Stromspitzen auf der Versorgungsspannungsleitung vermieden werden.

Wegen des Strombedarfs der Servos sind die Ausgangspins als Push-Pull-Stufen konfiguriert. Die genaue Pinbelegung verschiedener Modellbauservos finden Sie in Bild 47 das Platinenlayout ist für Modelle von *Graupner*, *Conrad* und *Futaba* ausgelegt.

16. Schaltungen

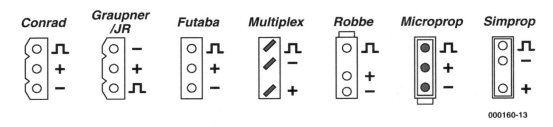

Bild 47. Die Anschlüsse von Servos verschiedener Hersteller

Sanftanlaufschalter/Drehzahlregler

Elektromotoren und angeschlossene Getriebe danken es mit einem langen Leben, wenn nicht schlagartig die volle Leistung von ihnen gefordert wird. Parallel zum Schaltausgang P1.0, der bei senderseitigem Tastendruck auf den linken Schaltknüppel aktiv wird, schaltet der Ausgang P0.1 über einen MOSFET-Transistor einen angeschlossenen Elektromotor ein.

Bei Kodierung Sanftanlaufschalter (Pin P0.5 offen) erfolgt dieser Einschaltvorgang, in dem der Ausgang mit PWM angesteuert wird, deren Tastverhältnis innerhalb einer Sekunde bis zum völligen Durchschalten hochgefahren wird. Bei Kodierung Drehzahlregler (Pin P0.5 über Jumper nach Masse) erfolgt bei Betätigung des linken Steuerknüppels nach unten eine Regelung des Motors. Da der Kreuzknüppel für diese Funktion leider keine Rastung besitzt, muss er in der gewählten Stellung festgehalten werden. Die Regelfunktion setzt erst dann ein, wenn der Steuerhebel ein wenig über die Neutralposition bewegt wird. Der Transistor wird mit einer Gate-Spannung von 5 V betrieben, weshalb Logic-level-Typen zum Einsatz kommen. Um ein Maximum an Spannung für den Motor bereit zu stellen, sollte auf einen niedrigen R_{DSON} von < 0,01 Ω geachtet werden. Diese Kriterien werden mit dem gewählten SUP75N03 erfüllt, mit dem Dauerströme von 15 A geschaltet werden können.

Die Gates sind alle mit Widerständen von 100 kΩ an ein definiertes Potential angeschlossen, damit während der Initialisierungsphase des Mikrocontrollers (alle Portpins auf Tristate) die MOSFETs nicht durch ein floatendes Gate im Widerstandsbereich betrieben werden. Die Schottky-Diode D3 schützt den MOSFET vor Motorspannungsspitzen.

Der Brems-FET T4 sorgt für ein Abbremsen des angeschlossenen Motors, wenn dieser nicht angesteuert wird. Wichtig ist dies für das Anlegen von Klappluftschrauben bei Flugmodellen, um den Luftwiderstand zu senken.

Schaltausgänge

Die Schaltausgänge an den Portpins P1.0 und P1.1 besitzen eine Toggle-Funktion, da senderseitig keine Schalter, sondern Taster zum Umschalten eingesetzt werden. Jeder Tastendruck bewirkt also eine Änderung des aktuellen Pegels.

16.14 Miniatur-PCM-Modellbau-Fernsteuerung

Mit den vorgesehenen MOSFETs vom Typ BUZ11 mit einem R_{DSON} von 0,04 Ω lassen sich problemlos Dauerströme von 5 A schalten. Die MOSFETs können entfallen, wenn auf das Gewicht geachtet werden muss. Möchte man induktive Verbraucher wie Relais mit den Transistoren schalten, muss unbedingt eine Freilaufdiode parallel zur Spule geschaltet werden.

BEC (*Battery Eliminator Circuit*)

Das BEC-System, bestehend aus dem Low-Drop-Spannungsregler LM2940, stellt der Elektronik der Empfangsanlage eine geregelte Betriebsspannung von 5 V zur Verfügung. Ist dies nicht gewünscht, lässt man IC2 einfach weg. Die Spannungsversorgung für die Schaltung wird dann direkt an Punkt P1 angelötet.

Die Regelschaltung bewirkt eine Verlustleistung $P = (U_{Akku} - U_{BEC}) \times I_{BEC}$, die vollständig in Wärme umgesetzt wird. Wenn die Wärme nicht über eine große Masse gepuffert oder über Kühlbleche abgeführt wird, wird relativ schnell eine starke Erwärmung des ICs auftreten. Ein zusätzliches Alublech am Spannungsregler puffert zusätzliche Wärmeenergie und ist bei leistungsstärkeren Servos zu empfehlen. Wichtig: Damit die Schaltung einwandfrei arbeitet, muss beim Einsatz des BEC-Systems die Spannung mindestens 6 V betragen und die Spannungsversorgung den geforderten Strom der Servos liefern können! Die wichtigsten technischen Daten des LM2940:

- maximal 1 V Spannungsverlust durch Regler
- maximaler Ausgangsstrom 1 A / 25 °C
- Verpolungsgeschützt
- Eingangsspannung max. 26 V

16. Schaltungen

Spannungsüberwachung

Analog zum Sender ist auch im Empfänger eine Spannungsüberwachung eingebaut, die ab 4,5 V den Benutzer mit einer blinkenden Leuchtdiode auf den Zustand aufmerksam macht. Im Normalbetrieb dient die LED als Betriebsbereitschaftsanzeige, die von der Software eingeschaltet wird. Mit dem internen Komparator wird genau wie beim Sender die durch die externen Widerstände bestimmte Schwelle überwacht. Der Unterspannungszustand wird gespeichert, so dass sich erholende Batterien kein falsches Ergebnis liefern und der Benutzer eine eindeutige Aussage über einen kritischen Betriebszustand erhält.

Das Softwareprotokoll

Bei der Entwicklung der Software galt es, zunächst ein Protokoll zu definieren, das eine hohe Datenrate zusammen mit einer hohen Dekodiersicherheit zulässt. Auch muss auf die technischen Randbedingungen des verwendeten Senders und Empfängers geachtet werden, damit beispielsweise die maximale Taktfrequenz nicht überschritten wird. Unter diesen Voraussetzungen wurde ein Protokoll (Bild 48) implementiert, das sich gleichermaßen für Infrarot und HF eignet.

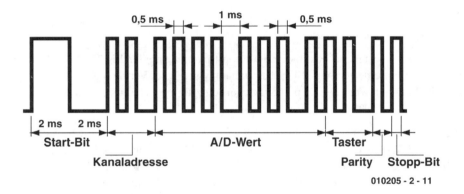

Bild 48. Aufbau des Protokolls

Start-Bit

Das Start-Bit dient der Synchronisation der Empfängersoftware auf ein neues Protokoll. Dies ist also das erste Erkennungsmerkmal, bevor irgendwelche Abtastvorgänge beginnen. Das Start-Bit unterscheidet durch die Länge von Low- und Highphase deutlich von den nachfolgenden Informationsbits.

16.14 Miniatur-PCM-Modellbau-Fernsteuerung

Kanaladresse (2 Bits)

Die Kanaladresse ordnet den nachfolgenden Bits eine bestimmte Adresse zu, damit deren Information auf der Empfängerseite auch dem entsprechenden Servo zur Verfügung gestellt wird. Mit zwei Bits lassen sich vier verschiedene Adressen beziehungsweise Kanäle unterscheiden.

Beispiel:

Knüppel links senkrecht: Adresse 00

Knüppel links waagerecht: Adresse 01

A/D-Wert (8 Bits)

Die Stellung der Potentiometer wird vom internen A/D-Wandler im Sendercontroller mit einer Auflösung von 8 Bit erfasst. Dieser Wert wird direkt ohne weitere Berechnungen übertragen. Jedem übermittelten Wert wird die entsprechende Kanaladresse vorangestellt.

Taster-Bits

Da auch die Information von zwei Tastern übertragen werden soll, stellen diese zwei Bits den Toggle-Zustand dar. Dies bedeutet, dass ein Bit bei Tastendruck gesendet und dieser Zustand solange beibehalten wird, bis der gleiche Taster erneut gedrückt und damit das Bit wieder zurückgesetzt wird.

Parity-Bit

Das Parity-Bit ergänzt die Anzahl der 1-Bits zu einer geraden Summe und stellt somit eine einfache Möglichkeit dar, Fehler im Protokoll zu erkennen.

Beispiel:

Protokoll = 0010101100, Parity = 0

Protokoll = 0011101100, Parity = 1

Stopp-Bit

Das Stopp-Bit hilft der Empfängersoftware, die Länge des Parity-Bits zu erkennen, hat aber keinen Informationsgehalt.

Anhand des Protokolls erkennt man, dass nicht immer die kompletten Informationen gesendet werden. Um eine möglichst hohe Geschwindigkeit für die Aktualisierung der Knüppel- und damit der Servostellungen zu erreichen, werden bevorzugt nur die Kanäle übertragen, auf denen sich etwas ändert. Die Sendersoftware digitalisiert zwar bei jedem Schleifendurchlauf den Potentiometerzustand, analysiert jedoch die Werte vor dem Senden auf Veränderungen und vergibt damit Prioritäten. Würde man immer alle Daten senden, ergäbe sich ein deutlich fühlbares ruckartiges Steuergefühl, da die aktuelle Knüppelstellung nicht häufig genug übertragen wird. Eine Digitalisierung der Potentiometerstellung findet jeweils viermal hintereinander statt. Diese Werte werden aufsummiert

16. Schaltungen

und anschließend durch vier geteilt. Das Resultat ist ein nahezu konstanter A/D-Wert, Voraussetzung für die Stromsparfunktion.

Diese Funktion stellt ein sehr interessantes Feature der Sendersoftware dar. Sie bewirkt, dass nur bei einer tatsächlichen Änderung der Parameter am Sender (Tasten- oder Knüppelbetätigung) gesendet wird. Am Oszilloskop kann man dies gut beobachten, im Ruhezustand werden nämlich kaum Datenpakete übertragen. Und der Empfänger behält solange seine Ausgangssignale bei, bis eine Veränderung gesendet wurde. Das Resultat dieses Verhaltens ist eine drastische Verlängerung der Batterielebensdauer (insbesondere im Infrarotbetrieb).

Das HF-Modul wird direkt mit dem beschriebenen Protokoll angesteuert, woraus sich eine 100%ige Amplituden- oder Frequenzmodulation ergibt. Für die Ausgabe der Information für Infrarot-Datenübertragung müssen die Daten noch mit der Trägerfrequenz von 36 kHz versehen werden (Bild 49).

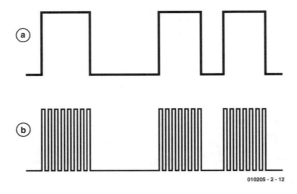

Bild 49. Ansteuerung des HF-Moduls (a) und der Infrarot-Diode (b)

Reichweite

HF-Module

Radiometrix gibt als Reichweite für die gewählte Modulkombination etwa 300 m Freifeld an. Für Automodelle ist dies völlig ausreichend. Die Module von ELV reichen ungefähr 100 m weit und sind aufgrund der AM-Modulation etwas störanfälliger.

Infrarot

Die Reichweite der Infrarot-Übertragung ist deutlich geringer als die der HF-Version. Es sollte beachtet werden, dass der Empfänger immer Infrarot- Licht entweder direkt oder durch Reflexion beispielsweise an Wänden „sehen" muss. In einem Automodell sollte daher das Photo-Modul ohne Abdeckung immer zur Decke zeigen. Die Sendediode besitzt einen Abstrahlwinkel von ±15°, wodurch der Bereich der direkten Sichtverbindung zwischen Sender und Empfänger definiert ist. Unter Berücksichtigung dieser Parameter und dem Vermeiden von direkter Sonneneinstrahlung lässt sich ein Automodell im Radius von etwa 5 m steuern.

16.14 Miniatur-PCM-Modellbau-Fernsteuerung

Bedienelemente und ihre Aktionen beim Empfänger

Sender	Aktion am Empfänger
Knüppel links senkrecht	Servo an Pin P1.7
	Drehzahlregler an Pin P0.1 (Kodierung!)
Knüppel links waagerecht	Servo an Pin P0.4
Knüppel rechts senkrecht	Servo an Pin P1.6
Knüppel rechts waagerecht	Servo an Pin P1.4 Taster 1 an
Knüppel links (Pin P1.1)	Schaltausgang an Pin P1.0 Taster 2 an
Knüppel rechts (Pin P1.0)	Schaltausgang an Pin P1.1
	Sanftanlaufschalter an Pin P0.1 Kodierung!)

Sende- und Empfangssequenz

Sende- und Empfangssoftware lassen sich tabellarisch sehr übersichtlich zusammenfassen:

Sender

1. Initialisierung von Ports und controllerinterner Hardware
2. Watchdog-Reset
3. Abfrage der Batteriespannung und gegebenenfalls Ansteuerung der LED
4. Alle vier Steuerknüppel abfragen
5. Taster abfragen
6. Bei Änderungen Protokoll senden: bei Infrarot: Modulation durch einen 36-kHz-Träger; bei HF: 100 % AM/FM durch Ein- und Ausschalten des Senders gemäß der Bitreihenfolge
7. Bei Infrarot etwa 10 ms warten
8. Zurück zu Punkt 2

Empfänger

1. Initialisierung von Ports und controllerinterner Hardware
2. Watchdog-Reset
3. Abfrage der Betriebsspannung
4. Abtasten der Empfängerausgänge und Überprüfung auf Längentoleranzen
5. Überprüfen des Protokolls auf Parität
6. Bedienen der Schaltausgänge, Sanftanlaufschalter und Drehzahlregler
7. Berechnen der Servoimpulslänge aus 8-Bit-Befehl
8. Timer mit Servoimpulslänge programmieren
9. Zurück zu Punkt 2

Als Toleranzen für die zu erwartenden Impulslängen werden etwa 200 µs zugelassen.

16. Schaltungen

Aufbau

Bei der Verwendung der vorgeschlagenen Platinen dürften keine Probleme beim Aufbau und der späteren Funktion auftreten.

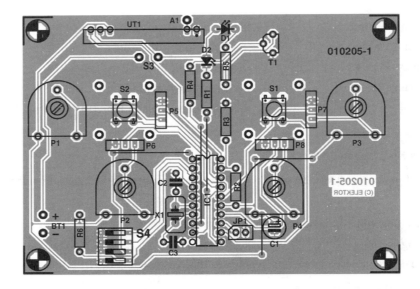

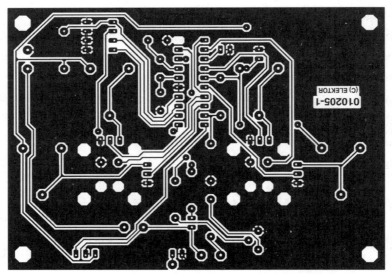

Bild 50. Layout und Bestückungsplan des Senders

16.14 Miniatur-PCM-Modellbau-Fernsteuerung

Sender

Auf der Senderplatine, deren Layout und Bestückung Sie in Bild 50 sehen, sind alle Bauteile übersichtlich angeordnet. Die große Massefläche schützt den A/D-Wandler vor Störungen, die vor allem durch die hohen Ströme im Infrarotbetrieb auftreten. Der Mikrocontroller sollte in eine Fassung gesteckt werden. Vergessen Sie bei der Bestückung nicht die fünf Drahtbrücken (zum Teil unter dem Mikrocontroller). Für alle Trimmpotis sollte man Ausführungen verwenden, in die kleine Steckachsen passen.

Das HF-Sendemodul UT1 sollte nicht in unmittelbarer Nähe von Metall montiert werden, damit die maximale abgestrahlte Leistung nutzbar ist. Am besten werden die Anschlussbeinchen nicht gekürzt und mit maximaler Länge eingelötet. Die Infrarot-Sendediode wird um 90° abgewinkelt montiert, so dass die Abstrahlung nach vorne erfolgt. Als Antenne fungiert ein Stück isolierter Draht mit einer Länge von 14,5 cm an Pin A1. Auf der Platine ist bereits 1 cm als Leiterbahn vorhanden.

Stückliste Sender

Widerstände:
R1 = 470 Ω
R2, R3 = 18 k
R3 = 10 k
R4 = 1 k
R5 = 10 Ω
R6 = 100 k
P1...P4 = Poti 20K linear
P5...P8 = Kreuzknüppel (CTS, Best.-Nr. 25A104A60TB mit internem Taster)

Kondensatoren:
C1 = 220 µ/16 V
C2, C3 = 15 p

Halbleiter:
D1 = TSUS5201, LD271
D2 = LED rot 3 mm
T1 = ZTX603 (Zetex), TIP110
IC1 = 87LPC768FN (EPS 010205-41)

Außerdem:
X1 = Quarz 6 MHz
S3 = Schalter 1 an
S4 = 4facher DIP-Schalter
JP1 = 2-poliger Jumper
UT1 = TX2 Sendemodul 433 MHz (Radiometrix bei Farnell)
Batteriehalterung für 3 Mignon-Zellen
Platine EPS 010205-1

16. Schaltungen

Empfänger

Deutlich gedrängter bestückt sieht aus verständlichen Gründen die Empfängerplatine in Bild 51 aus. Zunächst werden alle sechs Drahtbrücken angebracht. Für den Mikrocontroller IC1 empfiehlt auch hier sich eine 20-polige Fassung. Nach dem Einlöten aller Bauteile bis auf IC1, IC2 und die Empfängermodule wird Betriebsspannung angeschlossen und an den entsprechenden Anschlüssen der ICs kontrolliert. Ist das in Ordnung, können die restlichen Bauteile montiert werden. Beim HF-Empfangsmodul UR1 ist darauf zu achten, dass das Abschirmblech keinen Kurzschluss zu einem Bauteil verursacht. Zuletzt wird die Antenne – ein Stück isolierter Draht oder Litze mit einer Länge von 15,5 cm – an A1 gelötet. Antenne und HF-Modul sollten mit ein paar Tropfen Heißkleber gesichert werden. Die Stromaufnahme des Empfängers beträgt ohne Anschluss eines Verbrauchers etwa 40 mA.

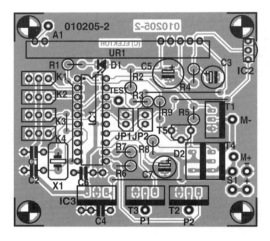

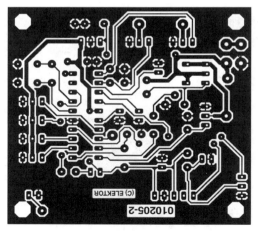

Bild 51. Layout und Bestückungsplan des Empfängers

16.14 Miniatur-PCM-Modellbau-Fernsteuerung

Stückliste Empfänger

Widerstände:
R1 = 470 Ω
R2, R9 = 27 k
R3, R8 = 10 k
R4 = 100 Ω
R5...R7 = 100 k

Kondensatoren:
C1, C2 = 15 p
C3 = 10 µ/16 V
C4, C6 = 100 n
C5 = 470 µ/16 V
C7 = 220 µ/16 V

Halbleiter:
D1 = LED rot 3 mm
D2 = MBR745
T1 = SUP75N03, IRL2203
T2, T3 = BUZ11
T4 = IRF4905L International Rectifier)
T5 = BC547
IC1 = 87LPC762BN (EPS 010205-42)
IC2 = SFH5110-36 (Siemens)
IC3 = LM2940

Außerdem:
X1 = Quarz 6 MHz
S1 = Schalter 1 an
JP1, JP2 = Jumper, 2-polig
4 Servoanschlussstecker 3-polig
UR1 = RX2-Empfangsmodul 433 MHz
(Radiometrix bei Farnell)
Platine EPS 010205-2
Diskette mit Quellkode
EPS 010205-11 (oder Download)
(EPS-Produkte und Downloads siehe Service-Seite www.elektor.de)

Diagnose

Für eigene Versuche ist es oft hilfreich, wenn ein Diagnoseausgang zur Verfügung steht. Diese Funktion übernimmt Anschluss P0.3 des Empfänger-Controllers, der auf einen Lötnagel herausgeführt ist. P0.3 zeigt, an welcher Stelle des gerade empfangenen Telegramms eine Bedingung innerhalb der Software verletzt worden ist. Dies betrifft alle Grenzwerte, die nach der ersten Highphase vom Startbit als überschritten angesehen werden. Mit diesem Hilfsmittel wird die optimale Position des Empfängers innerhalb eines Systems leichter gefunden, wenn man die Möglichkeit hat, mit Hilfe eines Oszilloskops die Signale des Empfängers und der Software gleichzeitig zu beobachten.

16. Schaltungen

Adressen:

Der deutsche CTS-Distributor ist:
  Eurocomp Elektronik GmbH
  Terrassenstrasse 4
  D-61231 Bad Nauheim
  Tel: 06032/9308-0
  Fax: 06032/9308-30

Kreuzknüppel:	www.ctscorp.com
Mikrocontroller:	www.semiconductors.com/mcu/
LM2940:	www.national.com/pf/LM/LM2940.html
MBR745:	www.fairchildsemi.com/pf/MB/MBR745.html
SUP75N03:	www.nessel-elektronik.de/FET_Bauteile/fet_bauteile.html
HF-Module:	www.radiometrix.com

16.15 Infrarot-Scheinwerfer

Dieser Scheinwerfer ermöglicht das Filmen mit CCD-Videokameras auch bei völliger Dunkelheit. Durch den für Mensch und Tier unsichtbaren Infrarotstrahl erschließen sich filmerisch neue Möglichkeiten wie z. B. bei nachtaktiven Tieren oder der unbemerkten Überwachung von Räumen und

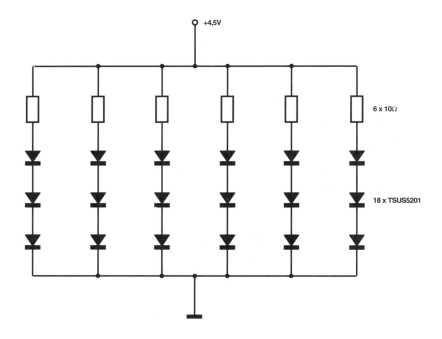

Bild 52

16.16 Infrarot-„wake up"-Schaltung

Haueingängen. Durch die breitbandige spektrale Empfindlichkeit von CCD-Sensoren in Kameras erfassen diese auch Strahlung im Infrarotbereich.

Die Schaltung ist ausgelegt für eine Betriebsspannung von 4,5 V, die zweckmäßigerweise von vier Akkuzellen geliefert wird. Die 18 Infrarot-Leuchtdioden sind in sechs Gruppen verschaltet, wobei durch jeden Zweig ein Strom von circa 100 mA fließt. Mit dieser Dimensionierung wird ein Bereich von 5–7 m sehr gut ausgeleuchtet. Die LEDs vom Typ TSUS5201 sind Hochleistungs-Infrarot-Leuchtdioden, die bei 100 mA etwa 1,2 V Spannungsabfall haben. Durch den hohen Dauerstrom und der daraus folgenden Erwärmung der LEDs sollte der Scheinwerfer nicht in ein komplett geschlossenes Gehäuse eingebaut werden. Für andere Betriebsspannungen errechnet sich der Wert des Vorwiderstands gemäß folgender Formel:

$R = (U_X - 3{,}6\ V) / 0{,}1\ A$ ➔ z. B. Betriebsspannung 12 V: $R = 84\ \Omega$; gewählt $82\ \Omega$

Für die Infrarot-LED können natürlich auch andere Typen wie z. B. die LD271 eingesetzt werden. Es sollte nur auf eine möglichst hohe Strahlstärke geachtet werden, damit die Leuchte nicht zur Funzel wird. Eine Auswahl findet der Leser im Kapitel über die Sendedioden. Die Stromaufnahme der Schaltung beträgt circa 600 mA.

16.16 Infrarot-„wake up"-Schaltung

Für alle batterie- bzw. akkubetriebenen Apparate bedeutet: Je geringer der Stromverbrauch, desto länger ist die mögliche Betriebszeit des Gerätes. Aus diesem Grund werden alle nicht gerade benötigten Funktionseinheiten nach Möglichkeit abgeschaltet und nur bei Bedarf entweder automatisch oder durch den Nutzer hinzugeschaltet. Alle Schaltungen, die einen Empfänger z. B. für eine drahtlose Steuerung oder Kommunikation eingebaut haben, kämpfen mit dem Problem des Stromverbrauchs, wenn die Elektronik ständig aktiv sein soll. So bewegt sich beispielsweise der Stromverbrauch eines typischen Foto-Moduls, wie es auch in Geräten der Unterhaltungselektronik als Infrarotempfänger eingebaut ist, im Bereich von 1…2 mA und macht damit einen wirtschaftlichen Batteriebetrieb zunichte. Es gilt also eine Lösung zu finden, die diese Unzulänglichkeit unbemerkt vom Benutzer umgeht.

Mit der hier beschriebenen Zusatzelektronik wird das eigentliche für die Steuerung verantwortliche Foto-Modul nur dann aktiviert, wenn Infrarotstrahlung von z. B. einer Fernbedienung auf eine zweite Fotodiode eintrifft. Dieser nachgeschaltet ist ein besonders stromsparender Komparator, der mit circa 4 µA einen für die Batterie unbedeutenden Verbraucher darstellt und bei Überschreiten eines bestimmten Photostroms ein Schaltsignal abgibt. Bedingt durch die fehlenden Verstärkerstufen ist die Aufweckschaltung naturgemäß nicht ganz so empfindlich. Die Reichweite beträgt je nach verwendeter Fotodiode circa 50 cm.

Herz der Schaltung ist ein Baustein der Firma *Maxim*, der neben einem Komparator eine Referenzspannungsquelle implementiert hat und speziell für batteriebetriebene Geräte durch seinen Stromverbrauch von maximal 4 µA und typischen 2,5 µA entwickelt wurde. Der Fotostrom, der von der als Fotoelement betriebenen Fotodiode D1 einen Spannungsabfall an R2 verursacht, wird kapazitiv auf

16. Schaltungen

den Eingang des Komparators geführt. Diese Betriebsweise der Fotodiode wurde gewählt, da hierbei der Stromververbrauch gegenüber einer Schaltung mit Vorspannung bedeutend geringer ist. U_{ref} und der Spannungsteiler aus R3/R4 liefern eine Spannung von circa 18 mV über den Komparatoreingängen. Durch die eingebaute Referenz ist diese Vorspannung unabhängig von der Versorgungsspannung. Das Hochpassfilter aus C1, R3 und R4 beseitigt niederfrequente Störungen wie beispielsweise die 50-Hz-Netzfrequenz. Die Spannung an C1 setzt sich zusammen aus U_{ref}, minus der Vorspannung von 18 mV. Jede Spannung, die durch den Fotostrom an R2 erzeugt wird, addiert sich zu der Spannung an C1. Die Folge davon ist, dass jedes IR-Signal, dessen Schwellwert 18 mV an R2 überschreitet, den Komparatorausgang zum Schalten nach Low zwingt. Bedingt durch die Eingangsoffsetspannung schwankt die IR-Auslöseschwelle im Bereich von circa 6 mV...28 mV. R1 stellt den Arbeitswiderstand für den Open-Drain-Ausgang des Komparators dar und kann entfallen, wenn der nachgeschaltete Microcontroller interne Pull-up-Widerstände besitzt.

Um den Stromverbrauch auf ein Minimum zu senken, wird der Microcontroller IC2, wenn keine Aufgaben zu verrichten sind, durch die Anwendersoftware in den Sleep-Mode versetzt. Hierdurch wird der Oszillator abgeschaltet und damit sämtliche Aktivitäten des ICs eingefroren. Beim Microcontroller 87LPC768 von Philips beispielsweise sinkt dadurch der Verbrauch von typischen 15 mA bei 10 MHz Taktfrequenz auf typische 1 μA. Durch eine High/Low-Flanke am Pin INT wird ein Interrupt ausgelöst, wodurch der Oszillator automatisch wieder anschwingt und die Software an der Stelle weiterarbeitet, an der sie vor Eintritt in den Sleep-Mode stoppte. Nach dem Einschalten der Versorgungsspannung für IC3 wird der Ausgang des Foto-Moduls auf Aktivität und Anwesenheit einer codierten Abfolge von Pegelwechseln untersucht. Ist dies nicht der Fall, kann von einer Störung ausgegangen werden mit der Folge, dass der Microcontroller wieder seine Aktivitäten einstellt.

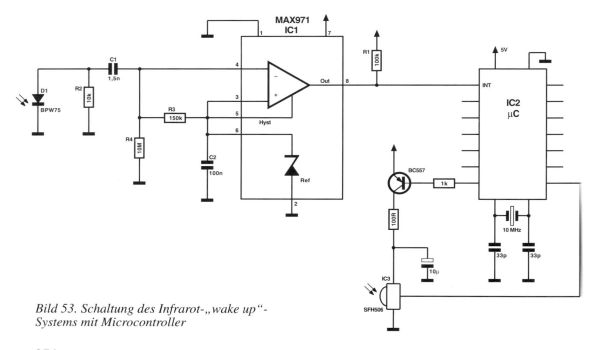

Bild 53. Schaltung des Infrarot-„wake up"-Systems mit Microcontroller

Der Transistor kann entfallen, wenn der entsprechende Ausgang genügend Strom für IC3 liefern kann.

Foto-Modul IC3 wird natürlich nur dann benötigt, wenn trägerbasierende Infrarotstrahlung beispielsweise mit 36 kHz im RC5-Format empfangen und decodiert werden soll. Ist die geringe Reichweite für eine Anwendung ausreichend, so kann der Microcontroller auch direkt Signale verarbeiten, die im Flash-Mode gesendet und am Komparatorausgang anliegen. Hierbei liegt der Informationsgehalt im Abstand zweier Lichtblitze.

16.17 Infrarot-Fernbedienungstester

IR-Fernbedienungstester Nr. 1

Dieser Tester stellt wohl eine der einfachsten Möglichkeiten dar, eine Fernbedienung auf Aussendung von Infrarotlicht hin zu testen. Eine Infrarot-Sendediode wird als Element betrieben und liefert je nach Lichtstärke eine Spannung, die in einem hochohmigen Ohrhörer, wie er beispielsweise kleinen Transistorradios beiliegt, ein Knattern erzeugt. Die Reichweite liegt bei circa 10 cm.

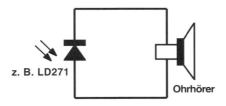

Bild 54. Tester Nr. 1

IR-Fernbedienungstester Nr. 2

Mit nur wenigen Handgriffen ist dieser Tester aufgebaut. Das Prinzip ist einfach:

Trifft Infrarotlicht auf den Phototransistor T1, steuert dieser den Transistor T2 durch. Durch die Anordnung der beiden Bauelemete in Darlingtonschaltweise wird eine hohe Verstärkung erzielt, die ausreichend ist, eine LED anzusteuern. Um die Schaltung gegen Umgebungslicht wie z. B. von Glüh- oder Leuchtstofflampen zu schützen, sollte man den Fototransistor in eine schmale geschwärzte Pappröhre mit davorliegendem Infrarotfilter montieren. Hält man eine IR-Fernbedienung vor das Gerät, flackert die LED im Rhythmus des gesendeten Codes. Ebenso kann das Gerät auch unsichtbare Infrarotlichtschranken aufspüren.

16. Schaltungen

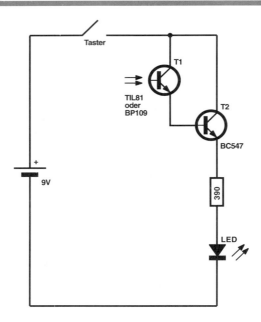

Bild 55. Tester Nr. 2

IR-Fernbedienungstester Nr. 3

Bei dieser Schaltung wird ein herkömmliches Foto-Modul, wie es in nahezu jedem Gerät der Unterhaltungselektronik als Infrarotempfänger eingebaut ist, verwendet und mit einer LED sowie Vorwiderstand beschaltet. Der gesendete Code, der am Ausgang von IC1 zur Weiterverarbeitung für ein Decoder-IC bereitgestellt wird, schaltet gemäß der Abfolge die LED ein und aus. Als Foto-Modul kommen beispielsweise die Typen SFH505A, SFH506, SFH5110 oder IS1U60 in Betracht. Der Vorteil bei der Verwendung solcher Module ist die hohe Empfindlichkeit sowie der integrierte Infrarot-

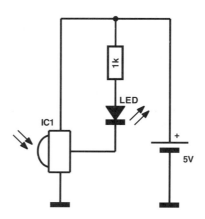

Bild 56. Tester Nr. 3

16.17 Infrarot-Fernbedienungstester

filter. Da fast alle Fernbedienungen Protokolle mit einer Trägerfrequenz im Bereich zwischen 30 kHz...40 kHz senden, sollte man ein Foto-Modul mit 36-kHz-Mittenfrequenz wählen, um möglichst den gesamten zu erwartenden Bereich abzudecken.

IR-Fernbedienungstester Nr. 4

In dieser Applikation wird das Infrarotlicht einer Fernbedienung in Töne umgewandelt. Mit Hilfe von IC1, einem Licht-Frequenz-Wandler von *Texas Instruments*, der für den Empfang von Strahlung im Bereich zwischen 800 nm...1100 nm optimiert ist, wird ein Buzzer angesteuert. Je nach einfallender IR-Lichtstärke wird das Lichtsignal in eine rechteckförmige Pulsfolge mit variabler Frequenz umgewandelt, die kapazitiv auf einen Piezo-Buzzer geleitet wird. Als Spannungsquelle eignet sich eine 3-V-Lithiumzelle, so dass das Gerät äußerst klein aufgebaut werden kann.

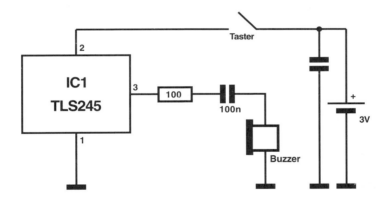

Bild 57. Tester Nr. 4

IR-Fernbedienungstester Nr. 5

Die mit einem Tageslichtfilter versehen Fotodiode BPW41 wird im Diodenbetrieb zusammen mit dem Vorwiderstand R1 betrieben. Je nach eintreffender Lichtmenge leitet die Photodiode mehr oder weniger und erzeugt damit einen schwankenden Spannungsabfall an R1. Diese Spannungsschwankungen werden kapazitiv über C1 an den Operationsverstärker IC1 geleitet, der das Signal um den Faktor 1.000 verstärkt. Dessen Ausgangssignal schaltet über einen Transistor eine Leuchtdiode ein, die im Rhythmus des gesendeten Codes flackert. Der Operationsverstärker LM392 arbeitet bereits mit einer unipolaren Versorgungsspannung von 5 V und ist ein Vertreter von so genannten Low-Power-ICs von *National Semiconductor*.

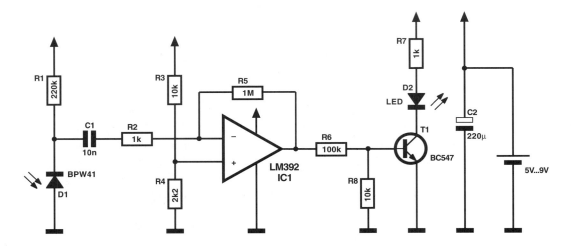

Bild 58. Tester Nr. 5

IR-Fernbedienungstester Nr. 6

Dieser Infrarot-Fernbedienungstester erlaubt eine qualitative Aussage über die abgestrahlte Leistung eines Senders. Zu diesem Zweck wird ein Spannungsmesser am Ausgang angeschlossen, an dem ungefähr für jedes Mikroampere Stromfluss durch die Fotodiode ein Volt gemessen werden kann. Die Fotodiode wird an einen CMOS-Operationsverstärker angeschlossen, der die Signale im Differenzmode verstärkt. Die LED am Ausgang flackert im Rhythmus des gesendeten Codes. Für vergleichende Messungen wählt man einen festen Abstand von beispielsweise einem Meter bei gleich bleibender Umgebungshelligkeit zwischen Infrarot-Sender und Tester.

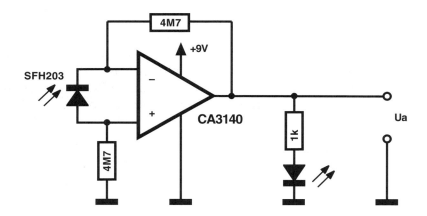

Bild 59. Tester Nr. 6

16.18 Objekterkennung mit Infrarot

Von der Firma *Sharp* wurde mit dem Typ IS471F ein IC entwickelt, das aufgrund seines komplexen Aufbaus eine einfache Möglichkeit bietet, Objekte in Entfernungen von circa 10…20 cm zu detektieren. Haupteinsatzgebiete sind z. B. Kopierer oder Drucker, in denen er als Papiersensor eingesetzt wird. In der Robotik bietet er eine preiswerte und technisch ausgereifte Möglichkeit, Hindernisse zu erkennen und dies einem nachgeschalteten Microcontroller mitzuteilen.

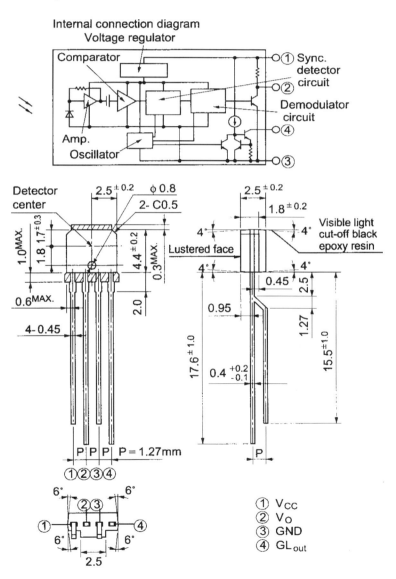

Bild 60. Abmaße des IS471F

16. Schaltungen

Der Baustein basiert auf der Technik einer Reflexlichtschranke. Das Besondere ist das Ansteuern einer extern angeschlossenen Infrarot-Sendediode mit circa 8 kHz Modulationsfrequenz, wodurch sich eine sehr gute Störfestigkeit gegenüber Fremdlicht ergibt. Die Einschaltzeit der Sendediode ist dabei mit circa 8 µs so kurz gewählt, dass der Gesamtstromverbrauch minimal ist.

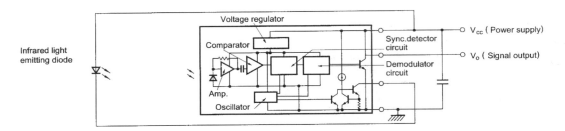

Bild 61. Blockschaltbild und Minimalbeschaltung des IS471F von Sharp

Das an einem Hindernis reflektierte Licht wird von der Empfangsdiode aufgefangen und verstärkt. Der Komparator formt daraus ein digitales impulsförmiges Signal. Der integrierte Synchrondetektor und der Demodulator vergleichen ausgesandtes und empfangenes Signal und schalten bei Übereinstimmung den digitalen Ausgang auf Low-Potential.

Die wichtigsten technischen Daten:

- 4,5...16 V Betriebsspannung
- circa 3,5 mA Stromverbrauch (ohne Sendediode)
- Eingebaute Strombegrenzung für Sendediode
- Modulation einer Sendediode mit circa 8 kHz
- Schaltzeit circa 400 µs
- Maximum der spektralen Empfindlichkeit bei 940 nm
- Hohe Störfestigkeit gegenüber Fremdlicht

Eine Infrarot-Leuchtdiode kann direkt an den Ausgang GL_{out} ohne Vorwiderstand angeschlossen werden, da der Strom intern auf maximal 50 mA begrenzt wird. Mit Hilfe eines zwischengeschalteten Potentiometers als Strombegrenzungs-Widerstand kann die Empfindlichkeit und damit der Detektionsabstand verringert werden, wenn die Applikation dies erfordert. Im anderen Fall, wenn die Empfindlichkeit zu gering ist, muss eine Treiberstufe angeschlossen werden, die einen höheren Stromfluss durch die Sendediode ermöglicht. Mit einem PNP-Transistor (wie beispielsweise in nachfolgender Schaltung) lassen sich problemlos Spitzenströme von bis zu 1 A realisieren, wodurch die Empfindlichkeit drastisch gesteigert wird. Als Beispieltransistoren sollen an dieser Stelle die Darlington-Typen BC516, ZTX712 oder BSR60 genannt werden. Als Sendedioden kommen alle handelsüblichen IR-LEDs in Frage, wobei die Strahlstärke natürlich direkten Einfluss auf die Reichweite der Reflex-Lichtschranke hat.

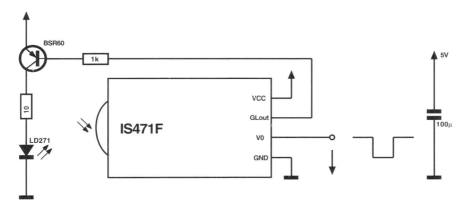

Bild 62. Erhöhung der Sendeleistung

Beim Einsatz einer externen Treiberstufe ist ein zusätzlicher Kondensator von mindestens 100 µ zu empfehlen, damit die relativ hohen Pulsströme keine störenden und damit empfindlichkeitsreduzierenden Rückwirkungen auf das IC ausüben können.

16.19 Abstandsmessung mit Infrarot

Von der Firma Sharp wird mit dem Typ GP2D02 ein Sensor angeboten, der mit Hilfe eines Mikrocontrollers eine relativ genaue Abstandsmessung im Bereich von etwa 10...80 cm vornehmen kann.

Ursprünglich für den Einsatz im Sanitärbereich (als Näherungsschalter) entwickelt, eignet sich der Sensor auch hervorragend zur Objekterkennung in der Robotik oder als Einparkhilfe für Fahrzeuge. Die Entfernung wird als digitaler 8-Bit-Wert seriell an einem Pin ausgegeben und kann von der Software weiterverarbeitet werden. Der Sensor enthält neben einer Infrarot-Sendediode auch den entsprechenden Empfänger mit einer Auswerteelektronik. Der Baustein ist so konzipiert, dass Umgebungslicht, Farbe und das Reflexionsverhalten des zu detektierenden Objekts kaum Einfluss auf das Messergebnis haben.

16. Schaltungen

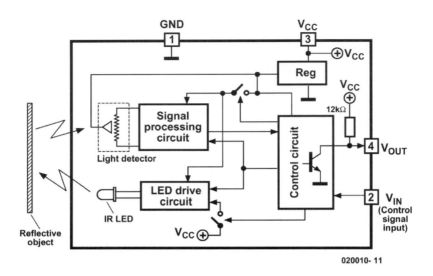

Bild 63. Blockschaltbild des GP2D02 von Sharp

Arbeitsweise des GP2D02

Das Herz des Sensors, dessen Innenschaltung in Bild 63 zu sehen ist, bildet ein PSD-Element (*position sensitive device*), das hinter einer optischen Linse angeordnet ist. Das Messprinzip beruht auf den Gesetzmäßigkeiten der optischen Triangulation. Ein Sender emittiert einen durch eine Präzisionsoptik scharf gebündelten Lichtstrahl, der vom Messobjekt reflektiert wird. Der Winkel des reflektierten Signals variiert mit dem Abstand zwischen Sensor und Messobjekt (Bild 64). Das Licht passiert im Empfänger wieder eine Optik, die den Strahl punktförmig auf ein Fotoelement fokussiert. Eine

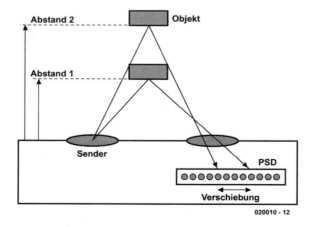

Bild 64. Abstandsmessung durch Triangulation

16.19 Abstandsmessung mit Infrarot

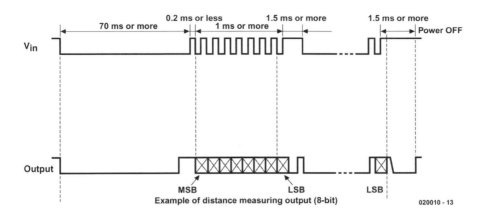

Bild 65. Timingdiagramm für das Auslesen des digitalen Abstandswertes

Änderung des Abstandes zwischen Messobjekt und Sensor führt zu einer Verschiebung des Lichtflecks auf dem Fotodetektor. Das positionsabhängige Ausgangssignal des Fotodetektors wird verstärkt, digitalisiert, umgerechnet und über eine Schnittstelle zur Auswerteeinheit übertragen.

Auslesen der Abstandsinformation

Der Sensor wird ausgelesen, indem der Eingangspin V_{in} für mindestens 70 ms nach Low gezogen wird. In dieser Zeit werden von der Infrarot-Sendediode 16 Bursts ausgesendet. Aus den 16 empfangenen Messwerten berechnet die interne Logik den mittleren Wert des digitalen Abstands zum Objekt und verringert damit den Einfluss von Messfehlern. V_{in} wird anschließend achtmal getaktet, und mit jeder fallenden Flanke kann ein Bit des digitalen Wertes vom Objektabstands am Pin V_{out} durch den Mikrocontroller eingelesen werden. Der Sensor muss daher immer von außen getaktet werden und arbeitet nicht ohne externe „Intelligenz". Bild 65 zeigt das entsprechende Timingdiagramm. Der Zusammenhang zwischen digitalem Wert und tatsächlichem Abstand ist nicht linear. Die Auflösung liegt im Nahbereich bei etwa 1 cm und fällt mit zunehmender Entfernung auf etwa 10 cm ab. Hintergrund für diese Nichtlinearitäten sind die optischen Gesetze und der relativ geringe Abstand von Sender und Empfänger innerhalb des Sensorgehäuses. Bild 66 zeigt exemplarisch den Zusammenhang zwischen dem Messwert (umgerechnet in dezimale Schreibweise) und dem tatsächlichen Abstand. Interessant sind hier die Bereiche unterhalb etwa 10 cm und ab ungefähr 80 cm. Im ersten Fall steigt der Messwert mit abnehmender Entfernung wieder an, was eine nachgeschaltete Auswerteelektronik durcheinander bringen könnte. Ab einem Bereich von etwa 80 cm wird die Kurve des Diagramms so flach, dass eine Entfernungsmessung kaum noch möglich ist. Zu beachten ist, dass die Kurve nur für ein bestimmtes Reflexionsmedium gilt. Andere Materialien zeigen einen anderen Zusammenhang zwischen Messwert und tatsächlichem Abstand. Der Sensor ist in verschiedenen Ausführungen erhältlich. Es soll hier nur noch auf den Typ GP2D05 hingewiesen werden, bei dem die Schaltschwelle für einen bestimmten Abstand zum Objekt durch ein Potentiometer eingestellt werden kann. Dieser Typ funktioniert ohne externes Taktsignal und benötigt nur ein Triggersignal, um

16. Schaltungen

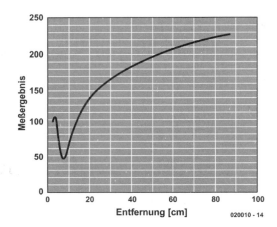

Bild 66. Zusammenhang zwischen digitalem Messwert und Abstand

einen Messvorgang auszulösen. Die Elektronik wird dadurch einfacher, erlaubt jedoch keine Distanzmessung. Obwohl der GP2D02 ausgelegt ist für eine Betriebsspannung von 4,4...7 V, darf die Spannung am Anschluss V_{in} 3 V nicht überschreiten. Wie im Schaltbild (Bild 67) ersichtlich, verhindert eine Schutzdiode das Überschreiten der zulässigen Parameter. In der Beispielschaltung wird permanent der Abstand eines Objekts gemessen. Der Messwert des GP2D02 wird auf einer Anzeige dreistellig in dezimaler Schreibweise ausgegeben. Zusätzlich schaltet der Pin P12 am Microcontroller IC1 einen Summer mit integrierter Elektronik ein, wenn ein Objekt näher kommt, als durch die Kodierung an P2.0 und P2.1 definiert ist. Hierbei gilt folgender Zusammenhang:

P2.0	P2.1	Schaltwert
H	H	>219
L	H	>209
H	L	>199
L	L	>179

16.19 Abstandsmessung mit Infrarot

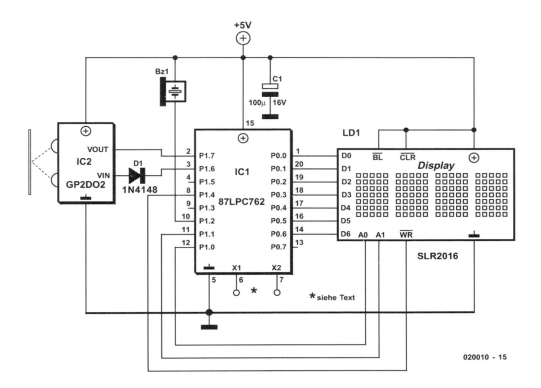

Bild 67. Schaltbild des Abstandsmesssystems

Die Pins P2.0 und P2.1 sind mit einem internen Pull-up-Widerstand bestückt, so dass sie für den Schaltwert >219 keine externe Beschaltung benötigen. Selbstverständlich kann am Schaltausgang auch alternativ ein Relais (mit Freilaufdiode!) zum Schalten weiterer Verbraucher angeschlossen werden. P1.2 ist ein Open-Drain-Ausgang und low-aktiv.

Anzeige-Modul

IC3 ist ein hochintegriertes Anzeigesystem, das auf kleinster Fläche ohne zusätzliche Elektronik die Möglichkeit bietet, 128 verschiedene Zeichen in LED-Technik darzustellen. Integriert in das mit den Maßen $20 \times 10 \times 5$ mm^3 sehr kleine Display sind neben einem ROM noch Multiplexer und Treiber für die einzelnen LEDs der 5×7-Matrix einer jeden Anzeigestelle. Insgesamt können vier Zeichen gleichzeitig dargestellt und separat adressiert werden. Anhand der Anschlüsse A0 und A1 wird die entsprechende Stelle adressiert, und die Daten, die an den Pins D0...D6 anliegen, werden mit einem Low-Pegel an Pin WR eingeschrieben. Ein Low-Pegel an Pin CLR löscht das interne RAM (was in dieser Applikation nicht genutzt wird). Über ein Rechtecksignal an Pin BL lässt sich das Display dimmen. Auch ist es möglich, mehrere Displays zu kaskadieren, wobei bis auf die Pins WR alle Datenanschlüsse parallel geschaltet werden.

16. Schaltungen

Programmierter Mikrocontroller

Der Mikrocontroller von Philips ist aufgrund seines Aufbaus und der einfachen Programmierung hervorragend für dieses System geeignet. Er enthält neben 2k ROM, 128 Bytes RAM noch zwei 16-Bit-Timer/Counter sowie weitere interne Schaltungen, die in dieser Applikation jedoch nicht benötigt werden. Interessant ist der Oszillator, der in RC-Ausführung komplett integriert ist und damit genau wie der Reset-Block keinerlei weitere Beschaltung erfordert. Die Software ist relativ einfach aufgebaut. Nach der Initialisierungsphase des Mikrocontrollers, in der alle 128 Bytes des RAMs gelöscht werden, beginnt das aus drei Unterprogrammen bestehende Hauptprogramm, das in einer Schleife permanent durchlaufen wird. Im Programm *Sensor* wird der Abstandssensor gemäß seiner Spezifikation im Datenblatt gelesen. Nach entsprechender Wartezeit wird der Pin V_{in} achtmal getaktet und mit jeder fallenden Flanke ein Bit gelesen, das MSB zuerst. Der GP2D02 befindet sich im Ruhezustand, wenn V_{in} für mehr als 1,5 ms auf High liegt. Im Programm *Grenzwert* wird der Messwert daraufhin untersucht, ob er einen Bereich überschritten hat, der durch die Kodierung an P2.0 und P2.1 festgelegt ist. Falls ja, schaltet der Ausgang P1.2 nach Masse und steuert damit einen angeschlossenen Summer an. Im Programm *Anzeige* wird der Messwert zunächst von der hexadezimalen in die dezimale Schreibweise umgerechnet. Das intelligente Anzeigemodul SLR2016 wird angesteuert, indem die Daten an die Pins D0...D6 und die Adresse des dazugehörigen Digits an A0, A1 angelegt werden. Mit der fallenden Flanke an WR werden die Daten übernommen und dargestellt.

16.20 Schaltungen mit Foto-Transistoren

Einfachstlichtschranke

Diese Lichtschranke ist an Einfachheit kaum noch zu überbieten und eignet sich sehr gut für Elektronikanfänger. Der Foto-Transistor T1 mit integriertem Tageslichtfilter vom Typ SFH309-3 von Infineon empfängt das Infrarotlicht von D1. Die Infrarotleuchtdiode wird über den Vorwiderstand R1 von einem Strom von circa 60 mA durchflossen. Trifft genügend Infrarotlicht auf den Foto-Transistor, wird dieser leitend und steuert T2 durch, so dass die rote Leuchtdiode D2 aufleuchtet. Eine Strahlunterbrechung wird damit durch das Verlöschen der LED angezeigt. Falls die LED auch ohne Infrarotlicht aufleuchtet, empfängt der Foto-Transistor zuviel Fremdlicht. In diesem Fall sollte T1 in ein kleines Röhrchen montiert werden, das diesen gegenüber Fremdlicht abschirmt. Die Reichweite der Lichtschranke beträgt etwa 10...15 cm und kann durch Variieren von R1 noch etwas erhöht werden.

Lichtsicherung

Bild 69 zeigt eine einfache, durch Licht getriggerte Schaltung. Im „Dunkelzustand" ist nach Einschalten der Betriebsspannung der Foto-Transistor T1 gesperrt und sperrt auch den Transistor T2. Bei dieser Anordnung fließt im Dunkelzustand kein Strom durch den Arbeitswiderstand R4, da der Kollektor des Transistors T2 in diesem Fall auf Masse liegt. Über den Rückkopplungspfad fließt kein Strom.

16.20 Schaltungen mit Foto-Transistoren

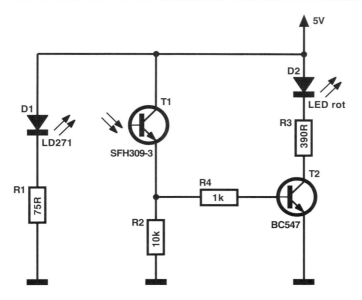

Bild 68. Schaltung einer Einfachstlichtschranke

Bei Lichteinfall gehen beide Transistoren in den leitenden Zustand über, wobei der Kollektor des Transistors T2 jetzt auf positivem Potential liegt, so dass der Basisstrom über den Rückkopplungswiderstand R3 in den Foto-Transistor T1 fließt. Dieser Zustand bleibt auch nach Ende des Lichtimpulses erhalten. Um den Anfangszustand wieder herzustellen, muss entweder die Spannungsversorgung unterbrochen oder die Basis von T1 an Masse gelegt werden.

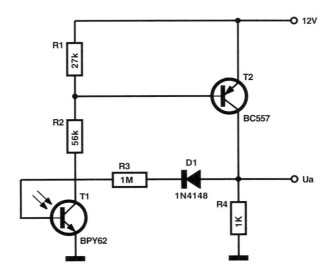

Bild 69. Lichtsicherung

16. Schaltungen

Grundschaltung eines Lichtmessgerätes

In dieser Schaltung wird der Spannungsabfall über dem 4,7-kΩ-Widerstand durch einen Operationsverstärker verstärkt und zur Weiterverarbeitung einem Analog-Digitalwandler zugeführt. Der digitale Messwert kann anschließend auf einem Display ausgegeben oder eine Zusatzbeleuchtung ab einem bestimmten Wert eingeschaltet werden. Letzteres findet Verwendung bei der automatischen Beleuchtung von LC-Displays, wo der Foto-Transistor hinter dem Display montiert ist und je nach Umgebungshelligkeit ein Microcontroller den Kontrast nachregelt oder eine Hinterleuchtung zuschaltet.

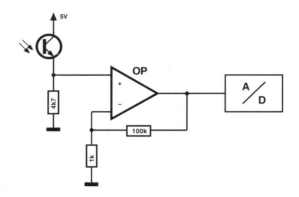

Bild 70. Grundschaltung eines Lichtmessgerätes

Lichtschalter

In dieser Applikation wertet ein Komparator den Spannungspegel am 4,7-kΩ- Arbeitswiderstand des Foto-Transistors aus, um ab einem bestimmten Schwellwert eine Leuchtdiode einzuschalten. Einer der beiden Widerstände am negativen Komparatoreingang kann zweckmäßigerweise durch ein Po-

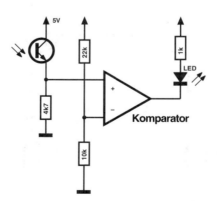

Bild 71. Einfacher Lichtschalter

16.21 IR-Lichtschranke

tentiometer ersetzt werden, um die Schaltschwelle den Erfordernissen des Anwenders anzupassen. Einsatzgebiete für diese Schaltung sind Dämmerungsschalter, Einbruchsicherungen oder Lichtschranken.

16.21 IR-Lichtschranke

Mit Hilfe dieser sehr einfach nachzubauenden und zuverlässig arbeitenden Lichtschranke können Türen oder Fenster einfach überwacht werden. Sie eignet sich daher als Alarmanlage wie auch zur Personenankündigung. Am Ausgang des Empfängers wird bei Lichtstrahlunterbrechung ein Summer angesteuert. Die Reichweite beträgt etwa 2…3 m.

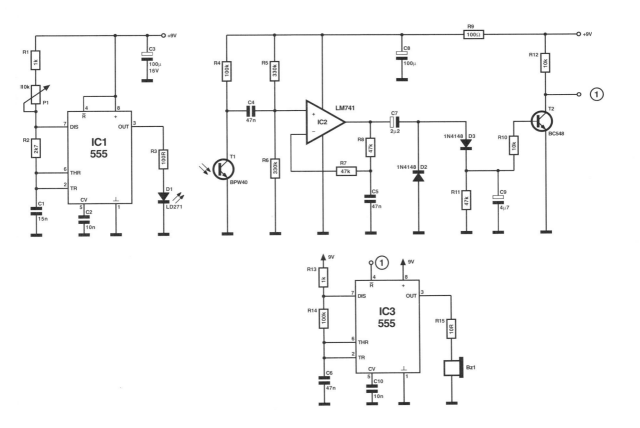

Bild 72. Schaltbild der IR-Lichtschranke

16. Schaltungen

Sender

Der Sender besteht aus dem Timer-IC 555, das als astabiler Multivibrator beschaltet ist und an seinem Ausgang Pin 3 ein Rechtecksignal von circa 7 kHz zur Ansteuerung einer Infrarot-Sendediode ausgibt. Der Kondensator C1 wird über die drei Widerstände R1, P1 und R2 aufgeladen und über R2 entladen. Damit wird das Tastverhältnis bestimmt, das die Anschaltzeitpunkte der Sendediode definiert. Die Frequenz des Multivibrators ist unabhängig von der Betriebsspannung.

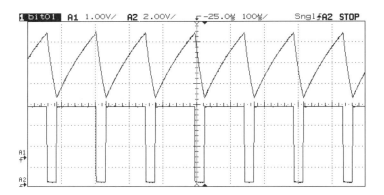

Bild 73. Signale an Pin 2 (A1) und Pin 2 (A2) des Timer-ICs

Der maximale Ausgangsstrom des Timer-ICs beträgt 200 mA, der jedoch in dieser Schaltung nicht ausgenutzt wird. Die Sendediode D1 wird über den Strombegrenzungswiderstand R3 mit Strom versorgt, der circa 80 mA beträgt.

Der Empfänger besitzt sein Empfindlichkeitsmaximum bei etwa 7 kHz, worauf der Sender mit Hilfe von P1 abgestimmt wird.

Empfänger

Zentrales Bauelement des Empfängers ist der Operationsverstärker IC2, der die schwachen Signale des Foto-Transistors vertärkt. Die verstärkten und gleich gerichteten Signale führen zu einer kontinuierlichen Aufladung von C9. Ab einem bestimmten Schwellwert wird T2 durchgesteuert und damit die nachfolgende Baugruppe zur Alarmtonerzeugung deaktiviert.

Der Foto-Transistor T1 kann bei Bedarf gegen einen Darlington-Typen ausgetauscht werden, was eine weitere Empfindlichkeitserhöhung bewirkt.

R11 bestimmt die Ansprechzeit der Schaltung auf eine Lichtstrahlunterbrechung. Wird sein Wert verringert, reagiert die Schaltung schneller.

16.21 IR-Lichtschranke

Alarmton

IC3 wird genau wie IC1 als astabiler Multivibrator beschaltet und ist für die Tonerzeugung verantwortlich. An dessen Ausgangspin liegt ein 2-kHz-Signal an, dass einen kleinen Piezo-Summer ansteuert. Das Signal wird so lange ausgegeben, wie der Reset-Eingang (Pin 4) auf High-Potential (d. h. T2 nicht durchgesteuert) liegt.

Abgleich

Für optimale Leistung und Reichweite sollte die Schaltung abgeglichen werden. Dies geschieht mit Hilfe eines Spannungsmessers oder Oszilloskops, die am Widerstand R11 angeschlossen werden. Bei eingeschaltetem und auf den Empfänger ausgerichteten Sender wird das Potentiometer P1 so lange verstellt, bis die Messgeräte das Spannungsmaximum anzeigen.

Stückliste

Widerstände:

P1	Potentiometer 10 k linear
R1, R13	1 k
R2	2k7
R3, R9	100 Ω
R4, R14	100 k
R5, R6	330 k
R7, R8, R11	47 k
R10, R12	10 k
R15	10 Ω

Kondensatoren:

C1	15 n
C2, C10	10 n
C3, C8	100 μ/16 V
C4…C6	47 n
C7	2,2 μ/1 V
C9	4,7 μ

Halbleiter:

D1	LD271
D2, D3	1N4148
T1	BPW40
IC1, IC3	NE555/LM555/TLC555
IC2	LM741

Außerdem:

Bz1	Buzzer

16. Schaltungen

16.22 Geschwindigkeitsmessung mit IR-Lichtschranke

Mit der Lichtschranke kann der „Speed" von Modellfahr-/-flugzeugen genau bestimmt werden, sie ergänzt in Forschung und Lehre einen Messaufbau mit einer berührungslosen Geschwindigkeitsmessung. Und dann gilt es ja noch herauszufinden, wer den Fußball am härtesten schießen oder den Golfschläger am schnellsten schwingen kann ...

Lichtschranken finden sich in vielen Bereichen unseres Lebens. Unbemerkt verrichten sie ihren Dienst an der Kasse im Supermarkt, in Parkhäusern, in Videorekordern zur Bandkontrolle oder auch zur Einbruchsicherung in Gebäuden. Aus Gründen der Unsichtbarkeit und der erhöhten Störsicherheit gegenüber Fremdlicht werden sie in der Regel mit Infrarotlicht betrieben. Während einfache Ausführungen als Gabellichtschranken zum Beispiel zur Kontrolle, ob eine CD oder Diskette in den PC eingelegt ist, ohne Modulation arbeiten und nur einfache Auswerteaufgaben zu lösen haben, müssen bei Parkhaus- oder Sicherungsanwendungen weitaus mehr Parameter berücksichtigt werden. Ein wesentlicher Punkt ist dabei die Immunität gegenüber Fremdlicht, die durch Modulation des Infrarotlichts mit typischerweise 36 kHz Trägerfrequenz erreicht wird. Die Empfänger reagieren damit nur auf eine Änderung dieser speziellen Frequenz, für die die internen Filterschaltungen optimiert sind. Ein nachgeschalteter Mikrocomputer muss das Ausgangssignal der jeweiligen Aufgabe entsprechend analysieren und die Unterbrechungsdauer bewerten, damit beispielsweise ein umherfliegendes Insekt keinen Alarm auslöst. Bei der Geschwindigkeitsmessung mit einer Lichtschranke kommt man prinzipiell mit einem Sender und einem Empfänger aus, wenn das Licht von einem Reflektor umgeleitet wird (Bild 74). Ein Nachteil bei dieser Anordnung ist die Verfälschung der Messung, wenn das

16.22 Geschwindigkeitsmessung mit Lichtschranke

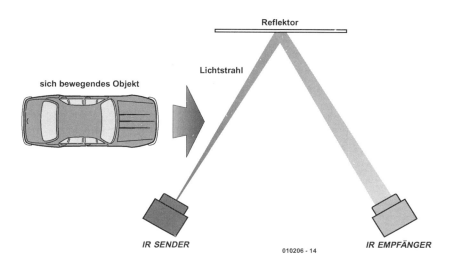

Bild 74. Geschwindigkeitsmessung mit einer Lichtschranke und Reflektor

sich bewegende Objekt unregelmäßig geformt ist und gegebenenfalls eine Mehrfachunterbrechung des Lichtstrahls hervorruft. Weiterhin ist oftmals nicht gewährleistet, dass das Messobjekt immer den gleichen, geraden und lotrechten Weg beim Durchfahren der Lichtschranke nimmt, wodurch sich große Verfälschungen der Messwerte ergeben können. In Elektor 9/93 wurde eine für dieses Prinzip geeignete Lichtschranke beschrieben. Der darin eingesetzte Empfänger SFH505A wurde für die Kommunikation mit Infrarotlicht entwickelt und findet sich in vielen Geräten der Unterhaltungselektronik. Die Bausteine sind zwar sehr preiswert, eignen sich jedoch für dieses Projekt weniger aus folgenden Gründen:

- Die Reaktion des Schaltausgangs bei unterbrochenem Lichtstrahl ist mit zu vielen zeitlichen Toleranzen behaftet.

- Das Infrarotlicht darf für eine akzeptable Reichweite nicht dauerhaft moduliert werden. Es müssen Pausen eingefügt werden, damit die interne Regelelektronik die Empfindlichkeit nicht drastisch zurückfährt.

- Aufgrund der notwendigen Pausen innerhalb des modulierten Signals ist keine reproduzierbare Geschwindigkeitsmessung zu realisieren, da eine Strahlunterbrechung durch das Messobjekt nicht von einer Pause zu unterscheiden wäre.

Trotz des Mehraufwands ist die Lösung in Bild 75 mit zwei Lichtschranken daher die bessere Wahl, wenn es um Genauigkeit und Reproduzierbarkeit von Geschwindigkeitsmessungen geht. Um die Anwendungen möglichst flexibel für den Benutzer zu gestalten, ist der Weg, den das Objekt zwischen den Lichtschranken zurücklegen muss, vom Anwender programmierbar und kann damit einfach den örtlichen Gegebenheiten angepasst werden.

16. Schaltungen

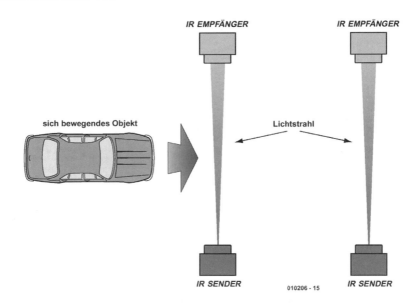

Bild 75. Geschwindigkeitsmessung mit zwei Lichtschranken

Features

- Geschwindigkeitsmessung im Bereich von 0,01...999 km/h
- Anzeige der Geschwindigkeit auf 1×16-Zeichen-Dot-Matrix-Display in m/s und km/h
- Anzeige der gemessenen Zeitdauer (max. 16,777215 s)
- Zeitauflösung 1 µs
- Lichtschrankenabstand einstellbar zwischen 1...255 cm
- optische Ausrichthilfe
- einmalige oder kontinuierliche Messungen möglich
- Batteriebetrieb mit 9-V-Batterie
- Stromverbrauch ca. 45 m

Sender und Empfänger

Die Firma Kodenshi hat für Lichtschrankenapplikationen zwei Module (Emitter PIE-310 und Detektor PID-310) entwickelt, die sich durch die Integration aller benötigten Bauteile auszeichnen, die für den Aufbau einer weitreichenden und störungsunempfindlichen Lichtschranke nötig sind. Die wichtigsten technischen Daten sind – wie Sie mit entsprechenden Sprachkenntnissen auch im koreanischen Datenblatt überprüfen können – folgende:

16.22 Geschwindigkeitsmessung mit Lichtschranke

- IR-LED mit interner Modulation und passendem Photodetektor in separaten, kompakten Gehäusen mit Linsen
- Maße circa $17 \times 8 \times 7$ mm^3
- Reichweite 1...8,5 m
- Low-aktiver Open-collector-Ausgang
- Steuereingang am Sender
- keine Beeinflussung durch Umgebungslicht durch optisches Filter und interner Modulation
- kostengünstige Sensoranwendungen bei größeren Abständen
- kann auch im Reflexionsmodus eingesetzt werden
- 3-poliger Kabelanschluss
- Betrieb mit 5 V/15 mA (Sender) und 5 V/5 mA (Empfänger)
- Schaltgeschwindigkeit 0,5 ms
- Winkel für halbe Empfindlichkeit ±5°
- Arbeitstemperatur –10...+60 °C

Die Module, deren Anschlussbelegung Bild 76 darstellt, sind für den Einsatz als Papiersensor, Abstandssensor im Reflexionsmodus, in Alarmanlagen, Zähl- und Registrieranwendungen oder

```
1 =   Sender 1 Vcc
2 =   Sender 2 Vcc
3 =   Empfänger 1 Vcc
4 =   Empfänger 2 Vcc
5 =   Empfänger 1+2 Gnd
6 =   Sender 1 Gnd
7 =   Sender 2 Gnd
8 =   Empfänger 1 Out
9 =   Empfänger 2 Out
```

(Ansicht Lötseite)

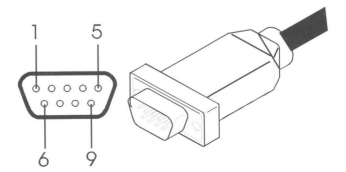

Bild 76. Anschlussbelegung der Sender/Empfänger-Kombination

16. Schaltungen

Näherungsschaltern geeignet. Durch die Vorfertigung der optischen Komponenten ist damit eine schnelle, kostengünstige und vor allem nachbausichere Schaltung gegeben. Die als Zubehör erhältlichen Anschlusskabel sind wichtig, da an die im Gehäuse liegenden Beinchen nur sehr schlecht ein Kabel angelötet werden kann.

Der Mikrocontroller

Der Schaltungsaufwand fällt dank eines programmierten Mikrocontrollers denkbar gering aus. Die Schaltung in Bild 76 und Bild 77 besteht im Wesentlichen aus den beiden Lichtschranken, einem Display, vier Tastern und dem Controller. Der „Low power, low price, low pin count"-Mikrocontroller 87LPC762 von Philips basiert auf der bewährten 51er-Architektur und wird wegen der intensiven Berechnungen und der gewünschten hohen Zeitauflösung mit einer Taktfrequenz von 6 MHz und damit einer Zykluszeit von 1 μs betrieben. Als wichtigste technische Daten nennt das Datenblatt:

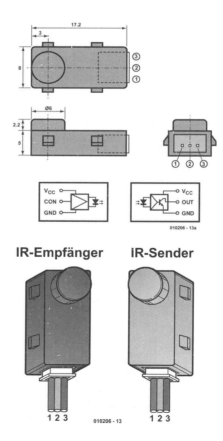

Bild 77. Schaltung der Sender/Empfänger-Kombination

16.22 Geschwindigkeitsmessung mit Lichtschranke

- 2k Bytes ROM
- 128 Bytes RAM
- 32 Bytes anwenderprogrammierbares EEPROM
- 2,7... 6 V Betriebsspannung
- zwei 16-Bit-Timer/Counter
- integrierter Reset
- interner RC-Oszillator auf Wunsch wählbar
- 20 mA Treiberfähigkeit auf allen Portpins

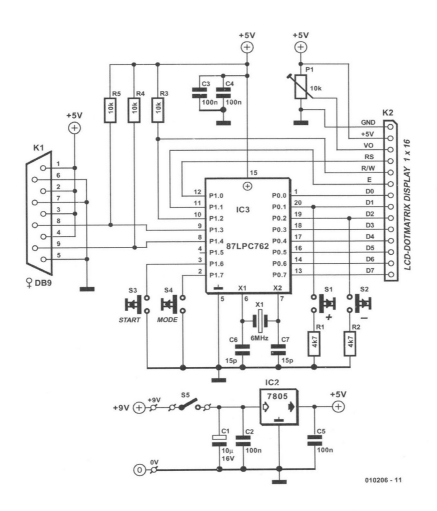

16. Schaltungen

- maximal 18 I/O-Pins
- zwei analoge Komparatoren
- I²C-Schnittstelle
- Full duplex UART
- seriell in-circuit-programmierbar

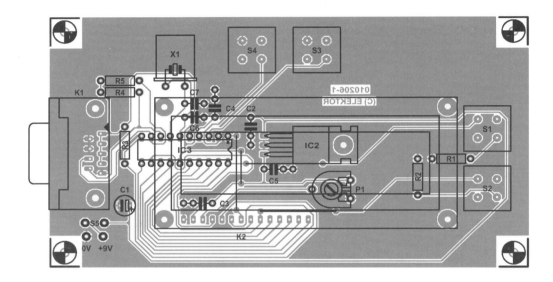

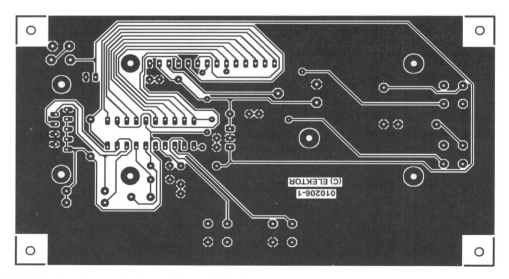

Bild 79. Platinenlayout für Controller und Display

16.22 Geschwindigkeitsmessung mit Lichtschranke

Stückliste

Widerstände:
R1, R2 = 4k7
R3 = 10 k
R4, R5 = 100 k
P1 = 10 k Trimmpoti

Kondensatoren:
C1 = 10 µ/16 V
C2...C5 = 100 n
C6, C7 = 15 p

Halbleiter:
IC2 = 7805
IC3 = 87LPC762 (programmiert)

Außerdem:
K1 = 9-poliger Sub-D-Verbinder, female, gewinkelt für Platinenmontage
K2 = 1 14-poliger Pfostenverbinder
S1...S4 = Drucktaster DR-6
S5 = Schalter 1 an
X1 = Quarz 6 MHz
44780-kompatibles Dot-Matrix-Display mit 1×16 Zeichen, Anschluss links oben
zwei Kombinationen IR-Sender PIE-310 und IR-Empfänger PID-310
(Kodenshi, bei Farnell 139-865)
vier Anschlusskabel für Module (Farnell 310-0728)
Platine EPS 010206-1
Diskette (Source und Hex) EPS 010206-11 (unter www.elektor.de)
Prog. Controller EPS 010206-41

Da nicht genügend I/O-Pins vorhanden sind (um die Taster anzuschließen und gleichzeitig das Display im 8-bit-Modus zu betreiben), müssen einige mit Softwaretricks doppelt belegt werden. Dies betrifft die Tastenanschlüsse „+" und „–", die sich zwei Leitungen mit dem Display teilen. Für die Displaysteuerung sind diese Pins als Push-Pull-Stufen programmiert. Für die Tastenabfrage wird kurzzeitig auf Input umgeschaltet. Die Widerstände R1 und R2 begrenzen den Kurzschlussstrom, wenn während der Displayansteuerung eine Taste gedrückt wird.

16. Schaltungen

Die Ausgänge der Lichtschrankenempfänger sind direkt mit Controllereingängen verbunden, wobei hier die interne Pull-up-Funktion genutzt wird, da die Lichtschranke einen Open-collector-Ausgang besitzt.

Die Schaltung und ihr Aufbau

Das Display ist ein alphanumerischer Dot-Matrix-Typ, der in einer Zeile maximal 16 Zeichen darstellen kann. Diese Ausführung wird von vielen Herstellern angeboten und basiert auf einem standardisierten HD44780-Befehlssatz, so dass eigentlich alle Typen mit einer Versorgungsspannung von 0 und 5 V (nicht zusätzlich –5 V!) passen sollten. Wichtig ist die Pin-Belegung und damit die Reihenfolge der Anschlüsse (links oben) sowie der internen RAM-Adressaufteilung. Nur die Typen mit einer Multiplexrate von 1/16 besitzen die richtige Aufteilung und Adressfolge 00, 01, 02, 03, 04, 05, 06, 07, 40, 41...47. Zwar müssen weitaus mehr Daten angezeigt werden, als auf eine Displayzeile passt, es ist jedoch viel preiswerter, diese erst auf Wunsch des Benutzers per Tastendruck darzustellen, als ein 4-zeiliges Display zu verwenden. Der Kontrast wird an Trimmpoti P1 eingestellt und sollte bei der ersten Inbetriebnahme von einem bis zum anderen Anschlag gedreht werden, wenn kein Text erscheint und sonstige elektronische Fehler ausgeschlossen sind. Die Spannungsversorgung erfolgt wie üblich mit einem 7805-Festspannungsregler.

Aus Kostengründen und der Einfachheit halber werden Sender und Empfänger zentral über eine 9-polige Sub-D-Buchse an die Auswerteelektronik angeschlossen. Die Kabel der Lichtschranken müssen entsprechend Bild 76 angelötet werden.

Die Steuereingänge der Sender werden in dieser Applikation nicht benutzt und bleiben un- beziehungsweise auf Masse geschaltet. Der Aufbau der Schaltung auf der Platine in Bild 79 ist ein Klacks

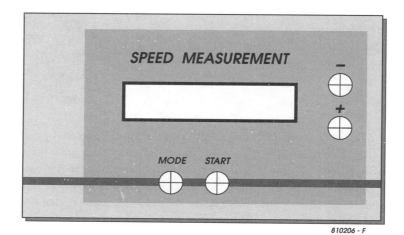

Bild 80. Ein Frontplattenvorschlag, passend für das Heddic-Gehäuse 222

16.22 Geschwindigkeitsmessung mit Lichtschranke

und in ein paar Minuten erledigt. Display, Taster und An/Aus-Schalter werden auf der Platinenunterseite montiert, der Controller in eine Fassung gesteckt.

Als Verpackung für die Elektronik eignet sich ein Klarsichtgehäuse (Heddic Typ 222), da dann für das Display kein Ausschnitt herausgearbeitet werden muss. Die Frontplatte in Bild 80 ist diesem Gehäuse angemessen und verleiht dem Gerät ein professionelles Outfit.

Der Umgang mit der Lichtschranke

Damit der Controller sofort auf eine Änderung bei den Lichtschrankenausgängen reagieren kann, erfolgt der Messablauf interrupt-gesteuert. Dies bedeutet, dass die entsprechenden Pins P1.3 und P1.4 nicht ständig von der Software abgefragt werden, sondern eine mikrocontrollerinterne Logik die Zeitmessung steuert. Der Vorteil: Neben der unmittelbaren Reaktion auf Ereignisse hat die Software genügend Spielraum, in der Zwischenzeit andere Aufgaben zu lösen, wie das Display anzusteuern oder die Tasten abzufragen. Dies lässt sich nicht mit jedem Portpin realisieren, P1.3 und P1.4 sind genau für solche Ereignisse vorbereitet. Bei einer fallenden Flanke stoppt das interne Programm sofort und springt in eine spezielle Routine, die die erforderliche Aufgabe bearbeitet.

Eine Geschwindigkeitsmessung beginnt, wenn die erste Lichtschranke einmal unterbrochen wird. Sofort wird der 16-Bit-Timer des Controllers mit einer Zählgeschwindigkeit von 1 µs gestartet. Überläufe werden in einem 8-Bit-Register addiert, so dass maximal eine Zeit von 16,777215 s ermittelt werden kann. Die Geschwindigkeit wird vom Mikrocontroller nach v = s/t aus dem Abstand der Lichtschranken (s) und dem Timerstand (t) berechnet.

Im Grundzustand geht die Software von einem Abstand der Lichtschranken von 0,1 m aus, die Anzeige erfolgt in m/s. Als Messart ist *continue* eingestellt.

Um die Berechnungen zu vereinfachen, erfolgen sie nur mit zwei Nachkommastellen. Dies dürfte in nahezu allen Einsatzfällen ausreichend sein. Wer es genauer haben möchte, kann mit einem Taschenrechner und dem angezeigten Timerstand noch etwas Genauigkeit „herauskitzeln". Zu berücksichtigen ist aber immer die Trägheit der Lichtschranke von etwa 0,5 ms, die jedoch bei beiden Empfängern etwa gleich ist und damit keinen Einfluss auf das Messergebnis haben dürfte. Wichtig für eine zuverlässige Funktion ist eine korrekte Ausrichtung und ein stabiler, wackelfreier, verdrehsicherer und idealerweise leicht justierbarer Stand von Sender und Empfänger.

Nach dem Anschließen der Lichtschranken und dem Einschalten der Betriebsspannung übernimmt die Software die gesamte Steuerung und führt den Benutzer durch ein Menü, das verschiedene Einstellungen ermöglicht.

Taste MODE

Mit dieser Taste wird bei jedem Druck einer der vier folgenden Menüpunkte nacheinander aufgerufen: TEST – DISTANCE – MODE – SPEED – TEST.

16. Schaltungen

Bei TEST wird der Zustand der Ausgänge der Lichtschrankenempfänger dargestellt. OK bedeutet High-Pegel und damit ein Empfang des Lichtstrahls. Ein Low-Pegel wird durch ? angezeigt und deutet auf eine Unterbrechung oder eine falsche Ausrichtung des Lichtstrahls hin. Bevor eine Messung gestartet wird, müssen beide Ausgänge ein OK signalisieren. Nach einem Reset beziehungsweise dem Einschalten erscheint dieser Menüpunkt zuerst. Zu beachten ist, dass ein nicht angeschlossener Lichtschrankemempfänger ebenfalls zu einer OK-Anzeige führt, da der Controller intern mit Pull-up-Widerständen bestückt ist. Man sollte also zur Kontrolle immer einmal manuell den Lichtstrahl unterbrechen und dabei die Displayanzeige beobachten. Fehlermöglichkeiten ergeben sich auch aus der keulenförmigen Abstrahlcharakteristik der Sender, bei der eine Überschneidung der Lichtstrahlen bei zu enger Montage der Sender auftreten kann.

Bei der Anzeige von DISTANCE wird der Wert in Zentimenter dargestellt, mit dem der Mikrocontroller seine Berechnungen für die Geschwindigkeitsanzeige vornimmt. Die Voreinstellung ist 10 cm. Es ist darauf zu achten, dass der angezeigte Wert mit dem tatsächlichen Abstand der Lichtschranken übereinstimmt.

MODE bezeichnet das Messverfahren:

single: Es wird nur eine Messung vorgenommen. Ein erneutes Triggern der Lichtschranken führt zu keiner neuen Messung.

continue: Es werden laufend neue Messungen vorgenommen. Der zuletzt gemessene Wert wird immer wieder überschrieben. SPEED zeigt den Messwert an. Dies erfolgt in den drei Varianten m/s, km/h und Sekunden. Als Maximalzeit ist 16,777215 s vorgesehen. Jede länger dauernde Messung wird mit einer ERROR-Anzeige abgebrochen.

Taste START

Die Taste START ist nur im Single-Modus aktiv. Sie startet eine Messung, wenn beide Lichtschranken nicht unterbrochen sind. Es erscheint der Schriftzug READY. Empfängt eine Lichtschranke kein Signal, wird sofort zur Anzeige TEST gesprungen, wo der Benutzer über das Problem informiert wird. Ist das Problem behoben, wird bei erneutem Druck auf START zur Geschwindigkeits- oder Zeitanzeige gewechselt.

16.23 Datenübertragung mit IrDA

Tasten „+" und „–"

Mit diesen beiden Tasten verstellt man die verschiedenen Parameter der einzelnen Menüpunkte. In DISTANCE kann hiermit der Abstand im Bereich zwischen 1 cm und 255 cm verändert werden. Bei MODE haben beide Tasten die gleiche Bedeutung und bewirken einen Wechsel zwischen single und continue. Im Menüpunkt SPEED wird mit diesen Tasten zwischen den Anzeigen m/s, km/h und Sekunden gewechselt.

Adressen:

Dot-Matrix-Display:

> www.datamodul.de/displaytechnik/ lcd-alpha/bt_11608.htm http://electronicassembly.de/ www.schukat.com (Display Fa. Sharp)

Mikrocontroller:

> www-us.semiconductors.philips.com/ mcu/

Datenblatt Lichtschranke:

> www.kodenshi.com/pdfs/g-1.pdf

16.23 Datenübertragung mit IrDA

Mit dieser kleinen Schaltung lässt sich jeder Microcontroller aus der 8051er-Familie mit einer IrDA-Schnittstelle ausrüsten. Verwendet wird das laut IrDA-Spezifikation festgelegte serielle Kommunikationsprotokoll. Die Kommunikation ist in zwei Stufen aufgeteilt: Zuerst übermittelt der Microcontroller über seine serielle Schnittstelle das zu sendende Byte an einen UART (= *Universal asynchronous receiver transmitter*). Dieser wandelt anschließend die Daten gemäß IrDA-Format um und sendet sie über eine Infrarot-Sendediode. Der in den meisten 8051er-Derivaten eingebaute UART ist aufgrund seines Timingverhaltens nicht direkt für die IrDA-konforme Ausgabe geeignet. Die beschriebene Schaltung lässt sich leicht an ein bestehendes System ohne großen Softwareaufwand anpasssen.

IC1 ist ein Baustein, der zusammen mit einem Microcontroller eine Kommunikation über RS-232, RS-485 und Infrarot ermöglicht. Der MAX3100 ist mit einem eigenen Quarz-Oszillator ausgerüstet, so dass alle gängige Baud-Raten zwischen 300 Baud und 230 kBaud einstellbar sind. Neben dem standardmäßigen UART-Timing wird zusätzlich das IrDA-Timing mit der auf 3/16 reduzierten RS-232-Bitlänge unterstützt. In dieser Applikation wird jedoch nicht die volle Geschwindigkeit aufgrund der preiswerten optischen Komponenten ausgenutzt. Bei Verwendung von IrDA-Modulen wie beispielsweise dem HDSL-1000 (HP) oder TFDS3000 (Temic) kann die Geschwindigkeit problemlos erhöht werden. Die Foto-Diode sollte mit einem Infrarot-Filter versehen werden, damit Umgebungslicht keine störenden Auswirkungen haben kann.

16. Schaltungen

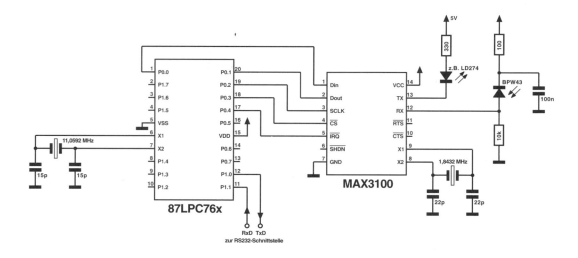

Bild 82. Schaltbild für IrDA-Datenübertragung mit UART und 8051-Microcontroller

Der Betriebsspannungsbereich der Schaltung liegt zwischen 2,7...6 V und ist damit für ziemlich alle Microcontroller passend. Das Zeitverhalten der seriellen Schnittstelle ist völlig unkritisch, da alle relevanten Funktionen vom UART übernommen werden. Damit spielt auch die Taktfrequenz des Controllers in weiten Bereichen keine Rolle. Es sollte aber darauf geachtet werden, dass für die serielle RS-232 Schnittstelle eine definierte Baud-Rate eingestellt wird, was eine bestimmte Taktfrequenz voraussetzt. Das Datenblatt des Microcontrollers aus der Familie 87LPC76x von Philips erläutert ausführlich den Zusammenhang.

Zunächst wird der UART über ein Kommando auf eine Ausgabegeschwindigkeit von 9.600 Baud programmiert. Anschließend wird die IRQ-Leitung, die einen gültigen Datenempfang des UARTs signalisiert, ständig abgefragt. Ein gültiges Telegramm wird vom Microcontroller eingelesen und sofort zur RS-232-Ausgabe weitergeleitet. Umgekehrt wird ein von der RS-232 Schnittstelle empfangenes Byte zur IrDA-Ausgabe an den UART übertragen. Es wird an dieser Stelle also nur das Prinzip der IrDA-Datenübertragung aufgezeigt. Mit einem PC, auf dem ein Terminalprogramm läuft und die IrDA-Schnittstelle aktiv ist, kann die Kommunikation sichtbar gemacht werden.

Programmbeispiel:

```
PCON      EQU   087H
DOUT      BIT   P0.0
DIN       BIT   P0.1
SCLK      BIT   P0.2
CS        BIT   P0.3
IRQ       BIT   P30.4
TX1       EQU   010H               ;Senderegister
TX2       EQU   011H               ;   #
```

16.23 Datenübertragung mit IrDA

```
RX1         EQU     012H                    ;Empfangsregister
RX2         EQU     013H                    ;    #
;******************************************************************
            ORG     0H
START:      MOV     SP,#070                 ;Initialisieren des Stacks
            CLR     SCLK                    ;Clock-Pin auf Low
                                            ;initialisieren
                                            ;Initialisieren des 8051
                                            ;internen UARTs:
            MOV     TMOD,#020H              ;Timer 1 bestimmt die
                                            ;Baud-Rate
            MOV     TH1,#250                ;Vorbelegung für 9600 Baud
            MOV     SCON,#050H
            MOV     PCON,#080H              ;
            MOV     TCON,#040H              ;
                                            ;Initialisieren des MAX3100
                                            ;für IrDA 9600 Baud
            MOV     TX1,#0E4H               ;Die Programmierung erfolgt
                                            ;in 16-Bit-Blöcken
            MOV     TX2,#0CAH ;
            CALL    KOMMUNIKATION
;******************************************************
;*      Hauptprogramm          *
;******************************************************
LOOP:       JNB     IRQ,EMPFANG             ;Liegen Daten vom MAX3100
                                            ;an?
            JB      RI,SENDEN               ;Liegen Daten von der RS-232
                                            ;Schnittstelle an?
            JMP     LOOP

;******************************************************
;*      Byte vom MAX3100 liegt an     *
;******************************************************
EMPFANG:    MOV     TX1,#0
            MOV     TX2,#0
            CALL    KOMMUNIKATION
            MOV     A,RX2
            MOV     SBUF,A
            JMP     LOOP

;******************************************************
;*      Byte an MAX3100 senden    *
;******************************************************
SENDEN:     CLR     RI
            MOV     A,SBUF                  ;
            MOV     TX1,#080H
            MOV     TX2,A
            CALL    KOMMUNIKATION
            JMP     LOOP

;******************************************************
;*      Kommunikation mit UART    *
;******************************************************
KOMMUNIKATION:
            CLR     CS                      ;Chip Select aktivieren
```

16. Schaltungen

```
            MOV     A,TX1               ;
            CALL    BYTESHIFT           ;1 Byte zum UART senden
            MOV     RX1,A               ;1.empfangenes Byte
                                        ;abspeichern
            MOV     A,TX2               ;
            CALL    BYTESHIFT           ;2.Byte zum UART senden
            MOV     RX2,A               ;2.empfangenes Byte
                                        ;abspeichern
            SETB    CS                  ;Chip Select deaktivieren
            RET                         ;

;*****************************************************
;* 8 Bits ausgeben und gleichzeitig einlesen         *
;*****************************************************
BYTESHIFT:
            MOV     R4,#8               ;8 Bits sollen gesendet
                                        ;werden
            SETB    DIN                 ;DIN muss als Eingang
                                        ;konfiguriert sein
ROT:        RLC     A                   ;MSB vom Accu rotiert ins
                                        ;Carry
            MOV     DOUT,C              ;Ausgabe vom Carry an Pin
                                        ;DOUT
            SETB    SCLK                ;Clock-Pin auf High
            MOV     C,DIN               ;Daten holen, wenn Clock auf
                                        ;High
            CLR     SCLK                ;Clock-Pin auf Low
            MOV     ACC,0,C             ;
            DJNZ    R4,ROT              ;
            RET                         ;
```

17. Adressenverzeichnis und Bestellhinweise

Adressenverzeichnis

Komplette Fernbedienungen, auch nach Kundenwunsch:

Alps Electric Europa GmbH
Hansaallee 203
40549 Düsseldorf
Tel. 0211 / 59770
Fax 0211 / 5977146
www.alps-europe.com

Interlink Electronics
Camarillo/USA
Tel. 001/805/484-8855
www.interlinkelec.com

Philips Industrial Activities N.V.
Interleuvenlaan 74-76
B-3001 Leuven-Heverlee, Belgium
www.remotecontrol.philips.com/

Remotec Technology Limited
Rm. 1301, Swire & Maclaine House
19-23 Austin Avenue
Tsimshatsui, Kowloon
Hong Kong
Tel: (852) 23140330
Fax: (852) 23141006
www.asiansources.com/remotec.com
www.remotec.com.hk

17. Adressenverzeichnis und Bestellhinweise

Ruwido
Entwicklungs- und Vertriebs GmbH & Co. KG
Bahnhofstr. 26–28
D-85635 Höhenkirchen
Tel. +49 (0) 8102 / 781 - 225
www.ruwido.com

Ersatzfernbedienungen:

Firma Laubenthal
Hauptstraße 17
52146 Würselen
Telefon 02405/72011 Telefax 02405/74964
www.laubenthal.de/fb.htm

KMS – Klaus Männel Schönheide
Wiesenstraße 8,
08304 Schönheide
www.fernbedienungs-service.de

Versender von Schaltplänen:

Schaltungsdienst Lange oHG
Zehrensdorfer Str. 11
D-12277 Berlin
Tel.: +49 (030) 723 81-3
www.schaltungsdienst.de

ELV Elektronik AG

Elektronik-Versender:

Bürklin
Schillerstr. 41
80336 München
Tel. 0 89 / 5 58 75-0
www.buerklin.com

Conrad Elektronik
Klaus-Conrad-Sraße 1
92240 Hirschau
Tel. 09604 / 408988
www.conrad.com

17. Adressenverzeichnis und Bestellhinweise

ELV Elektronik AG
26787 Leer
Tel. 0491 / 600888
www.elv.de

Halbleiterhersteller:

Atmel:	www.atmel-wm.com
Citizen:	www.c-e.co.jp/english/html/products/
Fairchild	www.fairchildsemi.com/products/
Holtek:	www.holtek.com/products/selection/total.htm
Jrc	www.jrc.com
Kodenshi:	www.kodenshi.com
Nec:	www.necel.com/
Infineon:	www.infineon.com/
Optek:	www.optekinc.com/
Panasonic:	www.mec.panasonic.co.jp/e-index.html
Princeton:	www.princeton.com.tw
Radiometrix	www.radiometrix.com
Rohm:	www.rohm.com/products/index.html
Samsung:	www.samsungsemi.com
Silonex:	www.silonex.com/optoelectronics/sensors.html
St:	www.st.com/stonline/products/index.htm
Vishay:	www.vishay.com/
Zetex	www.zetex.com

Zubehör für LEDs:

www.mentor-components.de

Plexiglas Formmasse:

Röhm GmbH
Kirschenalle
64293 Darmstadt
Tel. 06151 / 1801

17. Adressenverzeichnis und Bestellhinweise

Kreuzknüppel:

Der deutsche Distributor für CTS ist die Firma
 EurocompElektronik GmbH
 Terrassenstraße 4
 D-61231 Bad Nauheim
 Tel.: 06032 / 9308-0
 Fax: 06032 / 9308-30

CTS: http://www.ur-home.com

Bezugquellen und Datenblätter für Dot-Matrix-Displays:

http://www.datamodul.de
http://electronicassembly.de
http://www.schukat.com

Bestellhinweise

Viele Platinen und Microcontroller der in diesem Buch beschriebenen Schaltungen sind über den Elektor-Verlag zu beziehen. Für Leser, die die Microcontroller selber programmieren wollen, findet sich die Software unter der Internetadresse des Verlags http://www.elektor.de.

Folgende Übersicht zeigt eine Zusammenfassung der lieferbaren Komponenten mit Bestellnummer (Stand 03/2002):

16.3 RC5-Code-Sender
   Platine   n. lieferbar

16.4 Modellbaufernsteuerung mit RC5-IR-Signalen
   Microcontroller   ESS 000160-41
   Platine   EPS 000160-1

16.5 RC5-Fernbedienungs-Empfänger Nr.1
   Microcontroller   ESS 000189-41
   Platine   EPS 000189-1

16.6 RC5-Fernbedienungs-Empfänger Nr.2
   Microcontroller   ESS 000081-41
   Platine   EPS 000081-1

16.7 Lernfähiger Multicode-Empfänger
   Microcontroller   ESS 012018-41
   Platine   EPS 012018-1
   Diskette   ESS 012018-11

17. Adressenverzeichnis und Bestellhinweise

16.9 IR-gesteuerter Schalter
        Platine   EPS 936066

16.11 Laufschrift (gesteuert von PC-Tastatur mit Infrarotübertragung)
	Sender	Microcontroller	ESS 996527-1
		Platine	n. lieferbar
	Empfänger	Microcontroller	ESS 996527-2
		Platine	n. lieferbar

16.12 Übertragung des Tastencodes einer Computer-Tastatur durch Infrarot
	Sender	Microcontroller	ESS 996527-1
		Platine	n. lieferbar
	Empfänger	Microcontroller	ESS 004055-41
		Platine	n. lieferbar

16.13 Infrarot-Fernbedienungsanalysator
	Microcontroller	ESS 010029-41
	Platine	EPS 010029-1

16.14 PCM-Modellbaufernsteuerung mit Infrarot
	Sender	Microcontroller	ESS 010205-41
		Platine	EPS 010205-1
	Empfänger	Microcontroller	ESS 010205-42
		Platine	EPS 010205-2

16.19 Abstandsmessung mit Infrarot
	Microcontroller	ESS 020010-41
	Platine	n. lieferbar
	Diskette	ESS 020010-11

16.22 Geschwindigkeitsmessung mit Lichtschranke
	Microcontroller	ESS 010206-41
	Platine	EPS 010206-1
	Diskette	ESS 010206-11

Akuelle Informationen über die bei Elektor lieferbaren Platinen und Software erhalten Sie auch im Internet unter www.elektor.de.

18. Quellenverzeichnis

IrDA – ein Protokoll zur Datenübertragung mit Infrarotlicht
Rudi Latuske, 06/1998

Das große Werkbuch Elektronik
Nührmann
Franzis-Verlag

Elektronik 3 / Grundschaltungen
Beuth / Schmusch
Vogel-Fachbuch

Halbleiter Berichte Firma Temic
Einsatz von Empfängermodulen der TFMS5..0/TFMT5..0 – Serien in Infrarot Puls –
Code Fernsteueranwendungen.
Herausgegeben 1993

Datenbuch Firma ITT
Transistors

Datenbuch Firma Siemens
Si-Foto-Detektoren, IR-Lumineszenzdioden, Lichtschranken
Ausgabe 03/96

Schaltbeispiele, Firma Siemens
Ausgabe 1980/81

Neue fotoelektrische Bauelemente in Anwendungsschaltung, Firma Siemens